나의
관찰자는
나다

나의 관찰자는 나다

초판1쇄 인쇄 2022년 7월 19일
초판1쇄 발행 2022년 7월 27일

글쓴이 | 임종대
펴낸이 | 임종관
펴낸곳 | 미래북
편   집 | 정광희
디자인 | 디자인 [연:우]
등록 | 제 302-2003-000026호
본사 | 서울특별시 용산구 효창원로64길 43-6 (효창동 4층)
영업부 | 경기도 고양시 덕양구 삼원로73 고양원흥 한일 윈스타 1405호
전화 031)964-1227(대) | 팩스 031)964-1228
이메일 miraebook@hotmail.com

ISBN 979-11-92073-18-7   03320

내 안의 나와 세상이 만나는 인문학적 성찰

나의 관찰자는 나다

글쓴이 · 임종대

미래북
miraebook

내 안의 나를 찾기

"사람은 말을 통하여 자기의 생각과 뜻을 전달한다. 그래서 말은 그 사람의 생각과 사상을 실어 나르는 수레나 배와 같다"라고 고려의 익재益齋 이제현李齊賢(1287~1367) 선생은 말했다. 이어서 "돛단배에 노가 있고 순풍이 불어도 사람이 운용해야 목적지에 도달할 수 있다"라고 했다. 어디로 갈 것인지 내비게이션이 있어야 한다는 말이다.

필자는 인문학적인 측면에서 한없이 넓고 깊은 인간의 내면세계를 짚어보고 싶었다. 그 첫 번째가『나의 관찰자는 나다』이다. 나를 대신해 어제와 그제, 1년 전과 2년 전, 10년 전과 30~40년 전의 내 추억을 더듬어 줄 사람은 아무도 없다. 나를 대신해 살아 줄 사람이 없듯이 내 경험과 삶의 궤적은 75억 인류가 있어도 내가 아니면 소용없다. 그래서 어떤 상황에서도 나의 관찰자는 나일 수밖에 없다. 그다음의 명제는 '삶이 무엇인가'이고, '죽음이 무엇인가'이다.

삶과 죽음은 생명의 기원과 실체 세계에 대한 근원으로 거시巨視 세계와 미시微視 세계에 맞닿아 있다. 극대極大의 거시 세계는 우주宇宙와 맞닿아 있고, 극소極小의 미시 세계는 티끌 속을 들여다보는 구조로 미묘한 관계를 말한다.

그런데 인간의 사고는 무한한 시간과 공간을 자유로이 헤집고 다니며 존재하는 모든 것과 존재하지 않는 모든 것에 미칠 수 있다. 인간은 유형有形 세계와 무형無形 세계를 혼합한 실체상實體狀으로 이루어져 있기 때문이다. 따라서 인간의 높은 지성知性과 영성靈性만이 절실한 삶에 대한 문제와 죽음에 대한 문제를 밝힐 수 있다고 제안해 보면서 자연 세계에 눈을 돌린다.

그것은 세상에서 가장 완벽한 교육자는 자연밖에 없기 때문이다. 새삼스럽지만 자연은 인간을 포함한 온 우주를 말한다. 천태만상을 이루고 있는 인간을 중심으로 한 우주의 구성을 보면, 초소단위超小單位인 원자原子가 모여서 구성되어 있다. 100여 종류의 원자가 두 개 이상이 모이면 분자分子가 되고, 많은 수의 원자가 모이면 고분자高分子가 된다. 그런 가운데 한 원자의 물질을 원소라 하고, 여러 종류의 원자가 모여 만들어진 물질을 화합물질이라 한다.

생명체도 결국 여러 가지 분자가 모여서 세포가 되고, 그 세포가 모여서 더 큰 물질을 이룬다. 인간을 중심으로 한 우주 공간의 모든 천체도 이런 원리로 구성되어 있다. 다만 그중에서 인간은 유·무형을 자유자재로 넘나드는 영성까지 지닌 영장靈長이다.

이런 현상 세계를 짚어보면서 사려思慮되는 것은 무형, 즉 형체가 없는 형이상학形而上學에 대하여 한없는 동경심을 가지며 '빛의 끝은 어디쯤일까?' 하고 시선을 던진다.

너무나 당연한 물음이지만 삶이란 보이지 않는다. 죽음이란 것도 보이지 않는다. 보이지 않지만 존재한다. 뿐만 아니라 뜨거운 것, 차가운 것은 그냥 느낌일 뿐이다. 지식도 마음도 눈에 보이지 않는다. 그럼 보이는 저 하늘은 보이는 그대로 보이는 것일까?

세상에는 안 보이는 것 천지지만 생각의 끝은 보인다는 틀 속에 갇혀 있는 것이다. 우주 공간에 꽉 차 울리는 소리도, 바람도 볼 수가 없다. 이처럼 인간은 보이는 유형에 갇혀 보이지 않는다는 생각을 못하고 내부의 영성을 넓히지 못한 채 근시안적인 사고에 빠져 있다.

검은 것 흰 것은 빛이 있어서 보이는데, 그럼 빛과 어둠은 유형인가? 무형인가? 동·서·남·북, 상·하가 다 무엇이겠는가? 없는데 한 점을 찍어놓고 그렇게 부르자고 약속한 것 아니겠는가? 생각해 보면 시간이라는 것은 언제부터 있었을까? '지금'이 현재라면 과거와 미래를 어떻게 논할 수 있을까? 저 하늘의 해는 떠 있는 것인가? 박혀 있는 것인가? 아니면 매달려 있는 것인가?

해가 없으면 지구의 생명체는 어떻게 될까? 해는 나를 일깨워 준 우주의 대 스타이다. 그런데 해도 1천억 개의 별 중 하나밖에 되지 않는다.

저 허공이라는 것은 시작도 없고 끝도 없어 나고 죽는 생사조차도 없지 않은가? 나고 죽는 것이 없으니 없다는 것조차도 무의미한 것일 뿐 종적을 논할 수 없다.

또 좋다, 나쁘다, 추하다, 아름답다 등 더하거나 덜하거나 앞이나 뒤가 다 뭐겠는가? 크다 작다가 무슨 의미가 있겠는가? 뭐라고 문자文字를 붙여 불러도 바꿔 부른다고 틀린 것도 아니고 맞는 것도 아니지 않은가?

저 하늘을 보면 위도 없고, 아래도 없고, 옳음도 없고, 그름도 없이 넓고 넓어서 있다면 있고 없다면 없는 것처럼 풀 수 없는 난제이다.

인생 문제를 중심에 두고 풀리지 않는 여러 가지를 나름대로 짚어보고 싶었는데 이것저것 쓰다 보니 환쟁이가 솜씨 없이 알록달록 색칠한 듯싶어 부끄러움이 앞선다.

『최후의 심판』에서 묘사한 은방울꽃은 구원의 상징으로 피어 있고, 노아가 방주에 있을 때 비둘기가 처음 물고 온 것은 올리브나무의 가지였다. 시작할 때의 생각은 이 글이 구원의 새 소식을 알리는 은방울꽃은 못되더라도 올리브나무의 작은 가지였으면 했는데 필자의 욕심이 과해 결례를 범한 듯싶어 민망스럽기만 할 뿐이다.

그래도 긴 괴로움을 참고 읽어주신 분들에게 날마다 좋은 날이 함께 하기를 기원하며, '지구야 멈춰라. 내가 뛰어내리고 싶다'는 첫 장을 열어 보길 권한다.

| 차례 |

MY OBSERVER IS ME **3**

마음의 문을 열고 나를 찾아보기

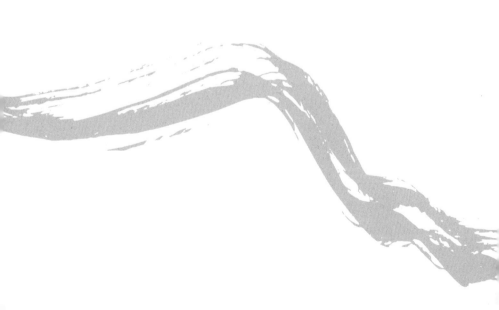

MY OBSERVER IS ME **4**

나의 관찰자는 나일 수밖에 없다

끊임없이
나를 뒤돌아보기

우리는 지구에 살면서 매일매일 태양과 달과 별을 바라보면서 살고 있다.
그렇지만 그것들이 어떻게 만들어진 것인지 그리고
왜 그 자리에 있는지에 대하여 생각해 볼 엄두와 기회를 가져보지 못했다.
그냥 하루하루 살면서 이렇게 살아야만 할까?

MY OBSERVER IS ME

지구야 멈춰라
내가 뛰어내리고 싶다

'지구야 멈춰라. 내가 뛰어내리고 싶다'는 1960년대 영국의 수도 런던에서 상연된 연극 제목이다. 제목이 관심을 끌었는지 관객이 쇄도하여 1년 내내 공연이 이어졌다. 이 연극은 지구에서 살기가 어려우니 차라리 다른 위성으로 뛰어내리고 싶다는 도발적이고 충격적인 내용을 담고 있다.

지구에서 뛰어내린다면 어디로 뛰어내릴 것인가? 또 뛰어내린다 하더라도 어떻게 뛰어내릴 것인가? 도저히 뛰어내릴 수 없다는 것을 뻔히 알면서도 버럭 소리라도 질러보고 싶은 것이다. '얼마나 속이 터지고 답답했으면 이런 작품을 무대에 올려놓았을까?' 하고 되뇌게 된다.

그런데 이 지구 호號의 21세기 대한민국이라는 삶의 터전도 사나운 파고에 좌충우돌 휩쓸리고 있다. 뛰어내릴 수만 있다면 어디론가 뛰어내리고 싶은 충동에 심지가 흔들린다. 동방의 한 귀퉁이에 남북으로 갈라져 으르렁거릴 뿐만 아니라 남쪽에서도 동서로 분열되고 진보와 보수가 치고받는 격투장을 연상시킨다.

동녘 하늘에 태양이 떠오르면 서로 반가운 얼굴로 인사를 나누며 환하게 미소로 반겨주기보다 누구에겐가 태클을 걸고 넘어뜨리려는 것만 같아 안타깝다. 무엇이 잘못되었을까? 왜 그럴까? 언제까지일까? 너 나 할 것 없이 이 분열과 혼란의 터널에서 어서 빨리 벗어나야 할 텐데 길이 보이지 않는 듯하다.

지구 위에서 벌어지는 온갖 현상을 되짚어 보면, 전생에 무슨 원수라도 진 것처럼 사람의 목숨을 빼앗는 짓을 서슴지 않고 있다. 한시도 조용할 틈이 없는 75억 인류의 온갖 사건을 끌어안은 지구호는 어디로 가고 있으며, 앞으로 어떻게 될까?

우주 물리학계의 아이콘icon인 영국의 스티븐 호킹Stephen William Hawking(1942~2018) 박사는 '우주가 어떻게 만들어졌는지는 알겠는데 왜 만들어졌는지는 모르겠다'라고 했으며, 1981년에는 '우주는 시작과 끝이 없을 수도 있다'라는 가능성을 제시하기도 했다. 이것이 '하틀-호킹상태'라는 모델이다. 천재 물리학자조차도 모른다고 고백한 우주의 내밀한 비밀을 밝히기는 쉽지 않다. 그것은 마치 서른 살의 내가 예순 살의 나를 예상하는 것보다 더 어렵다. 그런데 왜 만들어졌는지도 모르는 우주와 지구를 알 수는 없지만 "우리가 원하는 것을 믿을 자유는 있다"라고 말하고 있다.

20억 년 전에는 1년이 800일

과학자들은 지구가 46억 살이라고 한다. 그리고 20억 년 전에는 1년이 800일이었다고 한다. 그러니까 하루가 11시간 정도였다는 것이다. 이는 서울대학교 출판부에서 발행한 최덕근 저자의 『지구의 이해』에서 밝히고 있다. 지금의 지구는 자전주기가 365.2422일로 24시간 하고 조금 더 걸린다.

지구의 1년이 365일이고, 1년이 12달이라는 달력을 처음 사용한 사람들은 고대 이집트인들이다. 이집트는 나일강 물이 흘러넘쳐 이따금 나라 전체가 잠기곤 했다. 사람들은 강물이 주기적으로 흘러넘치는 시기를 예측할 수 있게 되었다. 왜냐하면 나일강 물이 흘러넘칠 때는 시리우스라는 밝은 별이 해가 뜨기 직전에 떠올랐기 때문이다. 시리우스 행성이 떠오르면 강물이 넘치는 그 주기를 1년으로 삼았는데, 달이 초승달에서 보름달을 거쳐 그믐달로 변하기를 12번 반복하는 것을 보고 1년을 12달로 정하게 되었다.

그래서 달의 모양 변화를 기준으로 만들어진 달력을 태음력(음력)이라 하며, 이는 고대 중국과 우리나라에서도 발전했다. 한 달은 달이 초승달·상현달·보름달·하현달 그리고 그믐달의 순으로 모양이 계속 순환하는 것에서 착안했다.

이집트인들은 시리우스가 1년 동안 그 위치가 바뀌는 것을 지구에서 바라보는 태양의 위치가 바뀌는 것임을 알게 되었다. 이처럼 태양의 움직임을 바탕으로 만든 달력을 태양력(양력)이라 한다.

　한편 미국의 지질학자 존 웰스John Wells는 산호의 석회질 껍질을 연구하여 1년은 365일이고 하루는 24시간이라는 사실을 과학적인 탐구를 통하여 처음 밝혀냈다. 웰스는 산호의 석회질 껍질에서 가는 줄기는 산호가 하루 동안 자란 부분으로 계절에 따라 성장 속도가 차이가 있으며, 이로 인해 1년 동안 자란 부분을 알 수 있다고 했다.

　그래서 3억 년 전 석탄 시기에는 산호의 390줄기로 1년이 390일이라는 것을 알 수 있었고, 데본기 4억 년 전에는 400여 개의 성장선이 있어서 1년이 400일이었음을 알게 된 것이다.

　놀라운 사실은 과학자들의 계산에 의해 약 75억 년 후에는 지구의 자전이 멈출 것이라는 점이다. 지구의 자전이 점점 늦어져 임계점에 이르면 멈춰 서게 된다는 말이다. 75억 년 뒤의 일이지만 내가 살고 있는 지구의 이야기를 그냥 넘길 수는 없지 않은가?

　우리는 지구에 살면서 매일매일 태양과 달과 별을 바라보면서 살고 있다. 그렇지만 그것들이 어떻게 만들어진 것인지 그리고 왜 그 자리에 있는지에 대하여 생각해 볼 엄두와 기회를 가져보지 못했다. 그냥 하루하루 살면서 이렇게 살아야만 할까? 다른 행성에서는 다르게 살 수 있지 않을까? 그래서 지구에서 뛰어내릴 생각까지도 해보게 된 것이다. 그러나 과학자들은 천체를 보며 많은 것을 캐내고 있다. 달이 지구로부터 1년에 3cm 비율로 멀어지는 것은 무엇 때문인지 알지 못하는 것까지도 알기 위해 머리를 싸맨다.

　모든 물체는 서로 잡아당기는데 가까이에 있는 물체일수록 더 큰 힘으로 잡아당긴다. 이것을 '만유인력'이라 하고, 반대로 밀어내는 힘을 '만유원력'이라 한다. 옛날에는 지구와 달이 가까웠고, 그만큼 지구의 자전 속도가 빨라서 20억 년 전에는 1년에 800회전이었다.

그런데 미래에는 하루의 길이가 점점 늦어져 지금의 24시간이 아니라 30시간이나 50시간으로 숫자가 커질 것이라고 한다. 이렇게 계속 늦춰지다가 75억 년 후에는 지구의 자전이 멈출 것이라고 한다. 이 얼마나 놀라운 일인가?

이런 현상은 인간의 의지와 뜻으로도 어찌할 수 없고 지혜와 과학적인 지식으로도 어떻게 해볼 수 없다. 이는 마치 내가 태어나고 보니까 이 세상에 온 것 같은 그런 것이라고 생각할 뿐이다.

『성경』 전도서 1장 4절에는 '한 세대는 가고 한 세대는 오되 땅은 영원히 있도다'라고 적혀 있다. 이 무슨 변괴일까? 우리는 어쩌다가 이 세상에 왔는지, 왜 우리 아버지와 어머니를 부모로 그 아들딸로 태어났는지 전혀 알지 못한다. 이렇게 온 길도 모르지만 앞으로 가야 할 길도 모르는 상황에서 '지구야 멈춰라. 내가 뛰어내리겠다. 아니 이대로 있을 수 없으니 어디론가 뛰어내리고 싶다'라고 소리쳐 보고 싶은 심정이다.

MY OBSERVER IS ME

인간의 전생前生과 이승, 내생來生인 후생後生

인간의 생명관에 있어서 흔히 전생과 금생今生 그리고 내생을 말하는데, 과연 전생이 있을까? 정말로 있다면 어떻게 있을까? 속 시원히 말해줄 사람은 없다.

철학자 안병욱安秉煜은 '만남'이라는 글에서 이렇게 적고 있다.

춘원 이광수李光洙와 이야기 끝에 전생에 대한 이야기가 나왔다. "선생님은 전생이 있다고 믿으십니까?"라고 물었더니 "있다"라는 것이다. "나는 그것을 믿을 수 없습니다"라고 했더니 춘원이 나에게 반문하는 것이었다.

"안 선생, 10살 때 기억이 있소?"

"예, 있습니다."

"그러면 5살 때 기억이 있소?"

"있는 것도 있고 없는 것도 있습니다."

"그러면 1살 때 기억은 있소?"

"전혀 없습니다."

"왜 없습니까?"

춘원의 말에 할 말이 없었다.

"분명히 1살 때 있었지요?"

"분명히 있었습니다. 그러나 기억은 다 스러져 없어지고 말았습니다."

"그것 보시오. 있었는데 기억은 못하지요. 전생도 그렇다고 나는 생각하오. 우리는 분명히 전생을 살았습니다. 다만 기억이 스러졌을 뿐입니다."

춘원의 말에 나는 할 말을 잃었다. 그리고 춘원의 생각이 참으로 재미있다고 생각하면서 호주머니에서 무엇을 꺼내듯 가끔 생각에 잠기곤 한다. 그렇다. 전생과 이승과 저승이 있는 것일까? 살고 있는 이승은 있는데 그럼 전생도 혹시 있지 않을까?

요즘 사람들은 좀 더 과학적이고 합리적인 이론을 요구한다. 그런 면에서 오늘 우리가 살고 있는 금생(이생)에 대해서는 보고 듣고 만지고 있기 때문에 의문의 여지가 없지만 '전생에 대해서 그리고 후생에 대해서 좀 더 구체적이고 실체적인 것은 없을까?' 하고 생각하게 된다.

이에 대해 전생의 첫발인 1살 때의 기억은 없지만 존재해 있었던 사실은 부정할 수가 없다. 1살 때에는 어머니 배 속에 있었던 사실을 누구나 알고 있기 때문이다. 이것이 전생이라면 전생이다. 그럼 1살 이전은 어디에 있었을까?

그 자리는 어머니 배 속 이전으로 아버지 배 속이었을 것이다. 그럼 아버지 배 속에 있기 이전에는 어디에 있었을까? 아마 자연 속에 있었을 것이라고 생각할 수 있다. 왜냐하면 자연은 순환의 원리로 최초에 온 자리로 돌아가기 때문이다.

이는 물이 수증기가 되어 대기 중에 떠 있다가 비가 되거나 눈이 되어 다시 땅에 떨어져 물이 되듯 사람도 결국 금생을 살다가 온 자리인 땅으로 되돌아가게 된다는 뜻이다.

그러나 놀라운 사실은 이것은 필자의 단순한 생각일 수도 있지만 누구나 한 번쯤은 의구심에서 벗어날 수 없는 문제이다. 바로 전생에서 금생으로 올 때의 결과물인 인간의 생김새를 보고 놀라지 않을 수 없다.

전생에서 어떻게 알고 눈을 가지고 나오게 되었으며, 귀와 코와 입과 이 세상의 온갖 것을 감지할 수 있는 모든 기관을 빠짐없이 철저하게 준비하고 태어났을까? 신비의 왕궁 같은 인체의 구조를 보면 새삼 놀라지 않을 수 없다. 나 자신도 전혀 모르는 사실이지만 어떻게 설계도에 의해 준비된 구조물처럼 남녀를 구분하고, 또 서로 사랑하며 존속할 수 있도록 주도면밀하게 준비했을까? 코 달릴 데 코 달리고 눈 달릴 데 눈 달리고 입 달릴 데 입 달리고 귀

달릴 데 귀 달리는 한 치의 오차도 없이, 그러면서도 개성을 부여하여 각각 다르면서도 같게 빚어졌을까?

이는 전생의 내밀한 세계가 현생, 즉 금생이 이러하니 가지고 나갈 수 있도록 배려한 과정일 것이다. 아니면 무슨 조화일까? 그것도 아니라면 내생으로 가기 위한 노정일까?

가려진 빗장을 열고 들여다보고 싶은 곳이지만 아득하기만 한 전생과 내생을 생각 밖으로 미뤄둘 수만도 없다.

내 생명을 유지하게끔 쿵쾅거리며 뛰는 심장은 언제부터 시작되었을까? 이는 의심의 여지 없이 정자와 난자가 결합하는 순간부터 시작되어 세상을 나와 죽을 때까지 쉼 없이 뛰는 내 목숨이다. 이는 아무리 생각해도 한 마디로 기적이다.

자연 세계는 모두가 기적의 연출이 아닌 것이 없다. 매미가 17여 년의 긴 세월 동안 땅속에서 애벌레로 지내다가 성충이 되어 한여름 청아하게 아우성을 친다. 결국 짝짓기를 위해 황금기인 1~2주를 지난 뒤에는 종족 번식의 알을 낳고 사라진다.

인간의 삶은 다르겠지만 우주라는 큰 수레바퀴가 굴러가는데 다 같이 편승한 일부분은 아닐런지! 매미가 종마다 울음소리가 다르듯 인간도 조금씩 달라서 백인과 흑인이 있고 황인이 있듯이 사람마다 다른 것이 있다.

매미의 금생과 전생이 그렇듯 인간은 얼마나 다를까? 네팔 카트만두에는 할단鶡鳴새라는 전설적인 새가 있다. 이 새는 히말라야 고지의 혹독한 추위에 떨며 잠을 잘 수가 없어 내일은 꼭 집을 지어야겠다고 마음먹는다. 그런데 날이 밝고 따뜻한 햇볕이 들면 간밤의 결심을 까마득하게 잊어버리고 하늘을 날며 즐겁게 지낸다. 그리고 밤에는 또 '내일이면 집을 지어야지' 하면서 수많은 고통을 겪지만 낮이면 또 잊고 밤이면 절규한다. 끝내 집을 짓지 못하고 전설의 새가 되었다. 그래서 할단새의 별명이 내일이면 집을 지으리라는 망각의 새가 되어 밤이면 후회하며 우는 '야명조夜鳴鳥'가 되었다고 한다.

　인간도 어릴 적을 기억하지 못하는 대목에서는 할단새와 별다를 것이 없다. 인간이 전생에 대해서 모르고 사는 일, 이 비밀의 창문을 열어 속 시원하게 말해 줄 사람은 없을까?

해 중심의 일력 日曆 은 태양력 太陽曆,
달 중심의 월력 月曆 은 태음력 太陰曆

달력은 달을 중심으로 한 월력을 말하며, 흔히 말하는 음력陰曆이다. 이에 비해 양력陽曆은 해(태양)를 중심으로 한 일력을 말한다. 태양력은 지구가 태양을 한 바퀴 도는 1년으로 365일을 말한다. 일진日辰이란 그날에 있었던 일들이라는 의미로 그날에 중요한 일을 적었던 것을 떼어 내거나 젖히도록 묶어 놓은 책력冊曆을 말한다.

좀 더 세분한다면 초·분·시·일·주·달·해로 구분할 수 있으나 날과 달과 년을 위주로 한다.

그러므로 음력은 달의 움직임에 따라 만들어진 달력을 말하며, 오늘 보름달을 보고 다음 보름달을 볼 때까지가 한 달이다. 그 기일이 정확하게 29.53일이다. 이 29.53일의 열두 달을 합치면

354.36일로 태양의 공전 주기인 365일의 약 10여 일이 모자라게 된다. 그래서 이 모자란 부분을 공달로 채워 넣어 양력과 음력이 같아질 수 있도록 맞춰 처리하고 있다.

이렇게 공달을 끼워 넣지 않으면 16년 후에는 음력 1월이 한여름에 이르게 된다. 이런 현상을 방지하기 위하여 동서양이 19년 동안에 7번의 윤달을 넣기로 역법曆法을 개발했다. 그런데도 음력은 양력만큼 숫자가 정확하게 맞춰지지 않는다.

일례로 1993년 6월 1일이 음력 4월 12일이었다. 음력과 양력이 거의 2개월 차이를 보이는데, 이 해는 음력 4월 바로 앞에 윤 3월이 끼어 있어서 그렇게 된 것이었다.

전통적으로 오랜 세월 동안 음력을 써온 우리 조상들은 이런 불편한 문제를 해결하기 위해 24절기를 표시하여 태양의 움직임을 알 수 있도록 했다. 이것이 우리 전통력인 태음·태양력이다.

전통력의 동지는 12월 22일에 해당한다. 여기서 한식날은 동지로부터 105일째 되는 날로 조상의 묘를 찾아 제사를 지내고, 사초莎草하는 날이다. 이 한식날은 대개 한식寒食·식목일植木日·청명淸明이 겹치는데 대체적으로 4월 5~6일이다. 청명이라는 절기가 있는 만큼 화창한 햇살과 더불어 하루 시간이 길어지고 일사량이 많아지면서 서서히 더워진다.

밤이 가장 길고 추운 날이 동지冬至라면 찌는 듯 더운 날은 대서大暑로 추운 혹한과 더운 폭서는 대자연이 가져다주는 매섭거나 무더운 선물이다.

우리 선조들은 4~5천 년 전에 통계수치를 통해 천체의 변화를 해득하여 태음력을 사용했다. 또한 춘·하·추·동 4계절과 24절기를 짚어 계절을 운용하는 지혜를 발휘했다. 거기다가 절기에 맞춰 씨를 뿌리고 가꾸며 별들의 위치나 달의 모양을 살펴보고 상황에 대처하면서 심고 거두어들이는 시기를 맞췄다.

이처럼 일기의 계절표가 24절기였으며, 이 24절기를 모르면 '철부지', '철모른다'라고 했다. 말하자면 지금 무엇을 해야 하는 때인지, 즉 씨를 뿌려야 할 때인지, 추수를 해야 할 때인지를 모른다는 의미로 철부지라고 했던 것이다.

지금 우리가 쓰는 일력은 그레고리우스력

여기서 우리는 1582년까지 사용했던 태양력인 로마의 시저가 만든 율리우스력(B.C. 46)에 주목할 필요가 있다.

로마의 교황 그레고리우스Gregorius 13세가 기존에 쓰던 율리우스Julius Caesar력은 하루가 365.25일이어서 130년에 하루의 오차가 생겨난다. 이렇게 세월이 흐르다 보니 역법상 10일의 오차가 발생하여 수정해서 공포했다. 오늘날 우리나라를 비롯, 세계 여러 나라가 사용하고 있는 지금의 태양력은 그레고리우스력이다. 그러니까 율리우스력에서 오랫동안 누적된 역법의 오차로 3월 21일이 춘분이어야 하는데, 그해는 3월 11일이어서 10일을 건너뛰어 3월 21일로 맞춘 것이다.

춘분은 기독교에서 부활절을 정할 때 기준이 되는 날이므로 중차대한 일이었다. 그래서 10일간의 오차는 매우 골치 아픈 문제였다. 결국 교황은 각 교회와 의논한 끝에 1582년 10월 5일을 건너뛰어 10월 15일로 한다는 새 역법을 공포하게 되었다. 이것이 현재 사용하고 있는 그레고리우스 역법이다.

그레고리우스 역법은 윤년을 4년에 한 번 두되 연수가 100의 배수일 때에는 평년으로, 400년으로 나누어떨어지지 않는 해는 윤년으로 했다. 보통 사람들은 이해가 쉽지 않다.

이 역법은 첫째, 1개월의 길이에 불합리한 차이가 있으며 둘째, 주週와 역일曆日을 맺는 법칙이 없으며 셋째, 연초의 위치가 무의미하며 넷째, 윤년을 두는 방법이 번잡하다는 걸림돌이 지적되고 있다.

천체의 주기적인 운행을 시간 단위로 구분하여 정하는 방법을 체계력이라 하고, 그 역을 편찬하는 원리를 역법이라 한다. 현재 인류가 쓰고 있는 역법은 모두 윤역閏曆의 범주에 속하며 한 달을 28일, 29일, 30일, 31일로 정하고 있다. 그리고 년·월·일 배수가 정배수로 떨어지지 않기 때문에 윤년·윤달·윤일·윤초 등을 삽입하여 사용하게 되어 있다.

그래서 서기 연수가 4로 나누어지는 해는 윤년이다. 단, 서기 연수가 100으로 나누어지는 해는 평년, 서기 연수가 400으로 나누어지는 해는 윤년으로 한다고 했다. 태양과 달과 지구라는 천체의 움직임이어서인지 이해할 수 없는 복잡한 체계력이다.

　다만 율리우스력에는 365.25일이었던 1년의 길이가 그레고리우스력에서는 365.2422일로 정교해졌다. 따라서 그레고리우스력에서는 3000년에 하루 정도 오차가 난다.

　24절기를 모르면 철부지 또는 철모른다고 한 우리 선조들은 계절에 대한 것만이 아니라 형태와 장소에 따라서도 이 말을 사용했다. 이는 오랜 시간을 거쳐 오면서 '때'를 모른다는 의미에서 장소로까지 확장되었다. 예를 들면 여름에 털옷을 입거나 겨울에 짧은 바지저고리를 입어도 철부지라고 말했다. 뿐만 아니라 말을 조심할 자리에서 함부로 말해도 철부지라는 소리를 들었다.

　요즘 사람들은 쌀밥을 먹으면서도 벼나무에서 쌀이 나오는 것으로 알 만큼 농촌과 상관없이 살고 있다. 도시 사람들은 사시사철 비가 오나 눈이 오나 사무실에 앉아 일하고, 난방과 에어컨 시설이 잘 되어 있어 봄·여름·가을·겨울의 차이에도 큰 불편 없이 산다. 이 또한 '철'모르는 사람들일 수 있어 걱정스러울 정도다.

　그렇다고 문화생활이 철을 모르는 생활이라는 말은 아니다. 해가 동쪽에서 뜨건 달이 서쪽으로 지건 먹고사는 데 큰 문제가 없으니 익명의 개념파악권에서 보면 '때를 모르는 사람은 아닐까?' 하는 문제제기를 할 뿐이다.

　벽에 걸어놓고 필요한 날짜에 표기하는 달력의 사연이 조금은 복잡미묘해서 추적해 보면 삼국시대 때도 세 시기를 두어 통치에 인용한 역사를 읽을 수 있다.

꽃은 언제나 최상의 모습을 보여줄 뿐이다

꽃은 온 힘을 다 기울여 최상의 자태를 지상에 터트린 아름다움의 총체이며 총화다. 꽃망울은 그 식물의 전체이며, 꽃봉오리는 천상의 노래이고, 내일의 소망인 열매를 가지려는 지대한 뜻을 발현해 내고 있다. 그래서 꽃은 어느 꽃이나 최상의 아름다움을 이 세상에 내뿜고 있는 것이다.

그런 꽃의 자태를 보면 인간도 마음의 문이 열린다. 꽃은 벌, 나비가 오면 꿀로 대접하는 환영 인사까지 빠트리지 않는다. 손님인 벌, 나비는 꽃이 상하지 않게 꽃의 암술과 수술을 옮기고 잘 차린 꿀을 대접받고 떠난다. 꽃을 대하는 인간은 형형색색의 신비로움과 열매의 향기로움이 곧 나의 피와 살이 되는 것임을 아는 순간, 나를 위한 고귀한 선물임을 느끼게 된다. 자연이 인간에게 베푸는 위대한 향연이다.

그 한 알의 꽃씨가 땅에 묻히고 따스한 봄날의 햇볕이 간질이면 두 팔을 뻗어 히죽 웃으며 떡잎을 내미는 그때부터 일산화 작용으로 힘을 키우고 채운다. 그러나 아직 연약하고 쇠약하여 힘들고 버거우며 험난한 과정이다.

꽃을 활짝 피운다는 것은 벌, 나비를 부르고 열매를 보장받는 몸짓이다. 인도의 현인은 "피어나는 꽃에는 세계의 모든 힘이 들어 있다. 꽃의 신비로운 능력을 아는 자는 꽃을 통하여 치유를 아는 자이다. 그래서 꽃의 효능을 아는 자는 신의 작품을 통해 인간에게 흘러드는 신비로운 능력을 아는 자이다"라고 했다.

이런 꽃 중에 백합百合은 꽃말이 말해주듯이 백 가지를 합하여 아우르는 깊고도 오묘한 뜻이 담겨 있다. 우리나라에 자생하는 백합과의 나리꽃은 어디서나 볼 수 있다. 북부의 백두산에서부터 남해의 한라산에 이르기까지 고산지대나 심산계곡에 꽃을 피워 우리의 강토를 화려하게 장식한다. 아마 화사한 백합이 우리말 '나리'라면 생소할지 모르지만 나리는 백합과 식물임이 틀림없다. 백합은 아름다움과 순결을 상징하고 깨끗함과 섬세함이며 고결함의 결합체이다.

우리나라에 자생하는 백합인 '나리'는 말나리, 중나리, 노랑 하늘말나리, 솔나리, 검솔나리, 큰애기나리, 금강애기나리, 얼레지, 흰얼레지, 나도개감채, 큰두루미꽃, 큰연영초, 참나리, 개나리 등이 있다. 풍요를 상징하는 나리꽃은 한 해의 기상을 예고하고, 풍년을 기약하는 꽃으로 탐스러움이 그 상징이다. 야산이나 돌 틈에서 자라는 야생 나리와 이른 봄에 노랗게 피는 물푸레나무의 꽃도 개나리라고 한다. 개나리는 참나리와 상대되는 개념으로 인식되어 왔다.

관아에 나아가 나랏일을 맡아 보는 사람을 '벼슬아치'라고 한다. 그 벼슬자리에서도 정삼품과 정이품의 관원을 일컬어 '영감令監'이라고 부른다. 그런가 하면 '나리'는 아랫사람이 당하관堂下官을 높여 부르거나 왕자를 존칭하는 것으로 자기보다 지체 높은 사람을 높여 부르는 말이다.

관아에 들어가 벼슬자리에 있으면서 행여 눈 밖에 나거나 백성의 눈에 거슬리면 "맨드라미꽃도 벼슬이냐, 닭벼슬도 벼슬이냐"라고 하면서 벼슬아치들을 질책하며 웃었던 서민들이다.

영감에 대해서도 군수 영감, 검사 영감, 판사 영감이라며 지체 높은 사람으로 대했지만 나이 많은 남편이나 노인을 영감이라고도 불렀다. 우리 속담에 '영감 밥은 누워서 먹고, 아들 밥은 앉아서 먹으며, 딸 밥은 서서 먹는다'라고 한 것은 그만큼 딸 집 밥이 어렵다는 의미다.

나리라는 호칭도 면장 나리, 군수 나리, 나리님이라고 불렀다. 그런데 재물을 탐하는 탐관오리를 흉보며 속닥거릴 때도 "나리, 나리, 개나리"라고 불렀다.

월남 이상재李商在 선생이 일제 강점기에 강연을 하게 되었는데, 일본 헌병과 경찰이 강연장을 감시하는 것을 보고 이렇게 말했다.

"여러분, 이곳 강연장에 봄도 아닌데 웬 개나리꽃이 군데군데 피었으니 잘 살피셔야겠습니다."

그러자 청중은 웃었고, 이 은어와 풍자를 모르는 일본 헌병과 경찰은 어리둥절해했다고 한다.

나리는 백합과의 다년생 풀로 알뿌리는 비늘 조각이 합해져서 이루어진다. 또한 향기가 깊고 단아하면서 고결하여 색시처럼 수줍으며, 청초함을 나타낸다고 하여 천상의 꽃이라고 불린다.

나리는 고이 간직된 순결성과 탈속성까지 띠며, 거기다가 외롭고 연약하여 사랑받는 나리꽃이라고 했다. 천상의 꽃이어서 그런지 지상에서 한생을 살다가 홀연히 떠난 애도와 추모를 상징하는 꽃이라고도 한다.

김지하 시인은 '피투성이의 내 죽음과 그 죽음 위에 피어난 나리꽃'이라고 읊었으며, 노동 현장에서 죽은 사람의 관 위에 놓인 흰나리꽃은 고인의 일생을 정직하고 진실하게 살았던 깨끗한 영혼을 상징한다고 했다.

서양에서는 에덴동산에서 쫓겨난 이브의 뉘우침의 눈물에서 돋아난 꽃이 백합꽃이라고 말한다. 또 성서에서는 백합꽃에 대하여 다음과 같은 감동적인 찬사가 기술되어 있다.

'들의 백합이 어떻게 자라는가 보아라. 수고도 하지 않고 길쌈도 하지 않는다. 그러나 내가 너희에게 말한다. 온갖 영화를 누린 솔로몬도 이 꽃 하나만큼 차려입지 못했다.'

백합과 나리는 아름다움과 순결을 상징했기에 이스라엘의 화폐를 비롯해 솔로몬의 성전과 기둥에 무늬를 수놓게 되었다.

어쨌든 백합은 우선 그 청아하고 단아한 아름다움에 매료될 수밖에 없으며, 온 우주의 신비로움을 모두 합하여 지어낸 태고의 아름다움에 눈뜨게 된다.

이제 이 백합꽃의 상징성뿐만 아니라 우주 공간에 한 송이의 꽃으로 피어오르기 위해 백합꽃만이 가진 황홀한 아름다움을 바라보면서 이 창조의 신비에 행복한 꿈을 꿀 수밖에 없다.

이것이 나리 곁에서 얻는 신비의 치유력이 아닐까?

나리의 꽃망울과 함께 지상에 피어 있는 모든 꽃에 한없는 시선을 던져본다.

천상병 시인이 본 꽃과
미켈란젤로의 조각상

"꽃을 본다는 것은 꽃을 눈 안으로 옮겨 오는 것이다. 그 꽃을 눈 안으로 옮겨 오는 것은 마음의 결정이다."

천상병 시인은 마음의 섬세한 움직임을 털끝 하나 놓치지 않고 위와 같이 표현했다. 누구나 마음속의 아상我像을 천문만제千聞萬題로 풀어낼 수 있다. 그래서 마음을 끝도 갓도 없는 하늘이라고 한다. 마음은 작자면 한없이 작고 크다면 한없이 커서 못 담을 것이 없다.

마음은 위나 아래도 없고, 더럽거나 깨끗함도 없으며, 너와 나의 구별도 없다. 정체 없는 그 마음이 어느 여인을 사랑하면 그 여인에게로 가고 자연을 사랑하면 자연에게로 간다. 배고플 땐 비위로 가고 소변이 마려울 땐 방광으로 간다. 그 마음이 숨 쉴 땐 폐로 가고 분노할 땐 간으로 간다. 한마디로 마음을 몸 안에 두면 몸 안에 있고, 몸 밖에 두면 몸 밖 천지간에 있다.

마음은 저 바다의 파도처럼 일어났다가 물거품처럼 사라진다. 마음에서 좋은 생각이 일어나고 그 좋은 생각을 이웃에게 전달하면 이웃을 밝게 한다. 그래서 많은 사람의 마음이 밝아지면 온 세상이 밝아지고 우주까지도 밝아진다고 말한다.

눈은 사람의 신체에서 한 부분에 지나지 않지만 그 이상의 넓은 의미를 지닌다. 눈은 마음의 깊은 부분까지도 드러내 보여주는 창문의 역할을 하기에 그렇다. 흔히 사람들은 눈으로 보고, 귀로 들어 보고, 코로 냄새를 맡아 보고, 혀로 맛을 보고, 피부로 느껴 본다고 한다. 결국 사람은 형상이 없는 것을 말할 때도 '본다'고 말하는 것이다. 눈으로 보는 것이야 형상을 보는 것이지만 귀로 듣는 것, 코로 냄새를 맡는 것, 입으로 맛보는 것은 결국 형상이 없는 것들인데 모두 이것을 보는 것으로 표현한다.

보이는 것만 보는 것이 아니라 안 보이는 것까지 보는 것을 관觀이라 한다. 이처럼 오감五感으로 본 지식을 그 이면의 것까지 심층적으로 보는 것을 관법觀法이라 말하고, 그 관법은 지혜의 눈으로 보는 것이라고 말할 수 있다.

동전은 둥글다. 그러나 동전을 세워놓고 수직으로 내려다보면 사각일 수 있다. 보는 각도와 위치에 따라 다르게 보일 수 있다는 말이다. 그래서 사물을 볼 때도 실체를 보아야 하고, 겉만 보지 말고 본체本體를 입체적으로 들여다봐야 한다.

지혜의 눈으로 본다고 하지만 태양이 중천에 떠 있는 것도 착각의 안개에 싸여 있는 상태이다. 햇빛이 대기권에 들어올 때는 굴절되어 비친다. 그렇기 때문에 지금 보는 해는 우리 머리 위에서 보는 각도와 다른 곳에서 비치고 있는 것이다. 그런가 하면 별 중에는 수백 년 전에 없어져 버린 것도 지금 우리 눈에는 보인다. 없어져 버리기 전에 보였던 빛이 지구까지 도달하는데 몇 수백 광년을 쫓아와서 눈에 보이고 있다는 것이다.

그렇게 본다면 실체가 없어져 버린 허상을 보면서 보고 있다고 착각하는 것이다. 미시의 세계에서 거시의 세계에 이르기까지 바꿔 말하면 마이크로micro 10⁻⁶배의 세계에서 거대한 우주, 유니버스universe 세계에 대하여 밝혀야 할 것들이 너무나 많다.

흔히 사물을 볼 때 조감도鳥瞰圖적인 시각과 충감도蟲瞰圖적인 시각으로 관찰하고 말한다. 조감도는 새처럼 높이 떠서 내려다보는 시각이므로 숲만 보인다. 숲속에 들어가면 나무는 보이지만 숲은 보이지 않는다. 그 숲속에 더 작은 벌레가 아름드리나무를 도는 데는 하루가 걸린다. 그 벌레는 무엇을 볼 것인가? 충감도의 벌레는 숲은커녕 나무도 보지 못하고 부토, 즉 흙만 보인다. 사람도 작은 일에 매이면 이웃이나 사회, 나라가 어떻게 돌아가는지 알 길이 없다.

눈으로 보는 것에도 시See·見와 룩Look·看의 차이는 '보다'와 '살핀다'는 것으로 음미해 볼 수 있다.

미켈란젤로Michelangelo(1475~1564)는 세기적인 조각가로 명성이 높다. 그에게 제자들이 물었다.

"선생님, 움직이는 듯한 사실적인 작품을 어떻게 하면 만들 수 있습니까?"

이에 대해 미켈란젤로는 간단명료하게 마음의 눈인 심안心眼에 대하여 이야기했고, 동양의 한비자韓非子(B.C. 280~233)는 환혁桓赫의 각삭지도刻削之道라는 기본에 충실할 것을 말했다.

"조각 작품의 정도는 코는 크게 깎고, 눈은 작게 파야 한다. 비대목소鼻大目小이다. 그것은 코가 크면 깎아서 작게 할 수 있지만 작게 만들어 놓으면 크게 만들 수가 없다. 눈은 작게 파 놓으면 점점 크게 할 수 있지만 통방울처럼 크게 해 놓으면 작게 할 수가 없다. 이렇게 기본을 충실하게 한 다음에 제재題材를 놓고 만들고자 하는 상像을 떠올리며 상을 투영시켜 직시하면 새기고자 하는 상이 살포시 떠오른다. 그러면서 제재 속에 갇혀 있는 상이 답답하게 생각하면서 '나를 이 속에서 어서 꺼내 주시오. 도저히 답답해서 견딜 수가 없습니다'라고 호소하는 듯한 생각이 밀려올 때 정을 들고 그 속의 상을 다칠세라 조심스럽게 필요 없는 부분을 제거하다 보면 작품이 '후유~'하면서 제 모습을 드러내게 된다. 이처럼 분별하는 마음의 눈을 작품에 온통 쏟아부어 만들다 보면 힘이 솟고 꿈틀거리는 동적인 작품이 탄생하게 되는 것이다."

미켈란젤로는 조각가, 화가, 건축가로 아페닌 산중 출신이었다. 레오나르도 다빈치와 라파엘로와 함께 이탈리아의 르네상스 최고 예술가였다. 그런 미켈란젤로가 제재 속에서 만들고자 하는 심상을 투영시켜 사실화한 것은 천상병 시인이 말한 꽃을 눈 안으로 옮겨오고 그것을 새기는 마음의 결정과 같은 것이라 할 수 있다.

한비자의 기본을 미켈란젤로도 보고 그것을 천상병 시인도 본 것이라고 생각할 때 거시적으로 본 것과 미시적으로 본 것은 같은 것이 아니겠는가?

불은 빛이고
생명이며 진리이다

사람의 몸에는 무슨 불씨가 있어서 늘 36.5도를 유지하는 것일까? 체온을 계속 따뜻하게 유지하려면 끊임없이 산화散花작용을 일으켜야 한다. 산화oxidation는 환상의 물질이라고 일컫는 산소酸素(공기 중 20%)가 다른 물질과 결합하는 것을 말한다.

이 산화가 일어나면 열이 발생한다. 산화가 빠르게 일어나는 것을 연소燃燒라 하고, 연소combustion는 불이 타는 상태를 말한다. 우리 몸에서 열에너지가 생겨나는 것도 음식물로 인한 산화이며, 이런 산화는 아주 천천히 그리고 조용히 진행된다. 산화는 필수적으로 산소가 필요하다. 이 산소는 프랑스 화학자 라부아지에Lavoisier(1743~1794)가 '물건이 왜 타는가'를 연구하면서 산소의 정체를 밝혀냈다.

산소는 무색·무미·무취의 기체로 모든 물질의 분자량을 측정하는 기준이 되며, 동물과 식물의 생활에 불가결의 물질이다.

산화는 물질이 산소와 결합하는 상태라고 했는데, 이는 어떤 물질이 전자를 잃는 변화를 말한다. 때문에 산소 반응에는 양자가 한 짝이 되어 있는 것이기도 하다.

또한 열熱과 온도溫度를 오랫동안 혼돈하여 왔다. 이탈리아의 갈릴레이Galilei(1564~1642) 이래 온도계의 발달과 18세기 비열·잠열潛熱의 발견으로 열량의 개념이 정립되었으며, 열은 에너지의 한 형태로 간주되기에 이르렀다.

불은 산소와 물질이 산화하면서 화학적인 변화로 빛과 열을 발산한다. 빛이 없이도 열을 발산하는 연소도 있다. 바로 인간 몸 안에서 일어나는 열과 같은 경우이다. 일반적으로 효과적인 연료라는 것은 연료가 산소와 반응하여 발열의 값이 높은 것을 말한다. 대개 연소 온도가 낮을 때는 열방사선이 붉게 빛나지만 연소 온도가 상승하면 열방사선이 점차 단파장이 되어 연소물이 희게 빛난다. 이를 백열白熱이라고 한다. 이처럼 불은 빛을 발산하고 그 빛은 어둠을 물리치고 밝음을 가져온다.

우리나라 신화에서는 단군의 셋째 아들 부소夫蘇가 불을 발명했다. 부싯돌로 불을 일으켜 맹수와 독충과 돌림병까지 물리쳤다. 부싯돌이라는 말은 부소석夫蘇石이라는 말이 변하여 된 말이다. 그리스의 신화에 프로메테우스가 신으로부터 불을 훔쳐 인간에게 주었다는 것에 비하면 신, 즉 천상의 불을 지상에서 구했다는 엄청난 차이가 있다.

인간에게 눈이 있는 것은 밝음과 어둠은 물론 해와 달을 분별하기 위한 것이다. 그리고 눈을 뜬다는 것은 외부 세계의 사물을 보는 눈과 내부 세계인 마음의 눈, 즉 정신세계의 깨달음을 의미한다. 막 태어난 아기는 눈을 뜨고 있지만 사물을 구분하지 못한다. 얼마간의 시간이 지나야 사물을 감지한다. 마음의 눈도 시간이 지나야 지혜의 눈이 뜨이고 깨달음에 이른다.

깨달음이란 멀리 있는 것이 아니라 손을 뻗으면 닿는 곳에 있다. 그것은 세수할 때 코를 만지는 것만큼 가까운 자리에 있다. 깨달음의 내용을 위앙종의 초조 위산영우의 예를 들어본다.

백장선사와 영우의 불씨 이야기

백장선사百丈禪師(당唐720~814)와 영우靈祐(당唐771~853) 제자 사이에서 불씨에 대한 이야기가 그 예다.

백장은 강서의 대웅산大雄山과 백장산百丈山에 기거하면서 선종禪宗의 규범인 『백장청규百丈淸規』를 제정한 스님으로 유명하다. 백장선사가 야심한 밤 정적 속에 방장실의 창문 너머로 나직한 음성으로 입을 열었다.

"게, 누구 있느냐?"

"네, 시자侍者 영우입니다."

부름에 냉큼 나서자 선사가 말했다.

"영우야! 화로 좀 뒤적여 보아라. 불이 아직 남아 있는지?"

"네."

영우가 화로를 끌어다 놓고 한참 동안 재를 뒤적여 보았지만 불이 사위어 보이지 않았다.

"불은 벌써 꺼지고 재뿐입니다."

"뭐? 어디 화로 좀 보자."

노스님은 화로를 당겨놓고 화젓가락으로 이리저리 깊게 헤치며 화로 밑바닥에서 반딧불만 한 불씨 하나를 찾아냈다. 그리고 그것을 집어 들더니 느닷없이 영우의 눈앞에다 바짝 갖다 대며 말했다.

"이것이 무엇이냐? 불이 다 꺼졌다더니 이걸 보아라."

영우는 대꾸할 말을 잊었다. 그러나 그 순간 불가사의不可思議한 영감과 같은 것을 희미한 불씨로부터 받게 되면서 묘하게 깊은 감명을 받았다. 마치 눈앞에 가로막혔던 태산준령이 툭 터져서 모든 어둠이 물러가고 훤히 내다보이는 것과 같은 탕탕무애蕩蕩無碍에 빠지게 되었다. 동시에 걸림과 막힘이 없는 자유자재한 경지에 들어가 한없는 즐거움을 맛보았다. 그는 조용히 일어나더니 바른 자세로 두 무릎을 꿇고 노스님을 향해 머리가 땅에 닿도록 공손히 삼배를 했다.

노스님은 자각에 눈을 뜬 영우의 마음을 꿰뚫어 보고 환하게 웃으며 마냥 굽어보았다. 이로써 영우의 깨달음을 인가하는 것이었다.

화로 속 불씨의 유·무가 심법心法의 자리를 일러준 것이며, 그
것은 하늘과 땅을 온통 환하게 밝혀준 것이다. 그 자리에서는 스
승과 제자가 본래부터 하나였던 동일체同一體를 깨달아 이심과 전
심의 자리에서 제자를 지긋한 눈으로 바라본 것이다.

불과 빛이란 깨달음의 상징이다. 그래서 우리의 전통 풍습에서
새해를 맞이할 때는 온 집안에 불을 밝게 켜놓았다. 새해에 어둠
(잡귀)을 물리치고 희망찬 새해를 맞이하겠다는 뜻이 담겨 있다.
인륜지대사인 혼례 때 신랑이 청사초롱을 밝히고 신붓집으로 가
는 것도 앞날을 밝게 한다는 뜻이 담겨 있다. 제사를 모실 때 촛불
을 켜는 것도 조상신을 편안히 맞이하여 모시자는 뜻이다. 그런가
하면 새집을 짓거나 살던 집에서 이사할 때 화로에 불을 담아 살
집으로 옮겨 가는 풍습도 바로 이런 의미였다.

촛불이나 횃불은 제 몸을 태워 빛을 밝히는 숭고한 희생과 승화

와 환희를 상징한다. 햇불은 예부터 어둠을 몰아내고, 맹수의 위험을 막으며, 생명을 지켜주고, 정화의 능력을 가졌다고 믿었다.

그래서 옛 어른들은 빛은 곧 도道라고 말했다. 창조의 신 하나님께서는 '빛이 있으라 하니 빛이 생겼다'라고 했으며 '하나님은 빛이요, 하나님 안에는 어둠이 조금도 없다'라고 했다. 그리스도는 '세상의 빛이니 나를 따르는 자는 어둠에 다니지 아니하고 생명의 빛을 얻으리라'고 했다.

올림픽 때에 성화가 타오르는 것은 인류애를 상징하고, 그리스 유적지에서 태양광선이 채화되어 릴레이로 올림픽 주경기장까지 옮겨지는 것은 인류의 결속을 상징한다. 빛은 생명이고 진리이며, 인간은 하늘의 해와 달과 별의 빛을 보면서 영원성을 얻고 정신적인 깨달음 속에 살아왔다.

부언하건대 불은 빛이고 빛은 빨, 주, 노, 초, 파, 남, 보 등의 색으로 나뉜다. 색은 생명이고, 곧 자아이다. 나의 생명이 존귀한 인류의 한 사람이고 우주의 구성 요소이다. 그래서 천체와 하나이고 인간은 소우주인 것이다.

MY OBSERVER IS ME

처칠과 플레밍이
인류에게 준 가치

영국의 정치가 윈스턴 처칠Winston Churchill(1874~1965)은 어렸을 때 템즈강변에서 놀다가 발을 헛디뎌 물에 빠지게 되었다. 물에 빠진 처칠은 허우적거리며 "사람 살려"라고 외쳤다. 때마침 플레밍Fleming(1881~1955)이 그 상황을 목격하고 강으로 뛰어들어 허우적거리는 그를 구출해 주었다.

나중에 이 사실을 안 처칠의 할아버지는 손자의 생명을 구해준 플레밍에게 고마움의 사례를 하고 싶어서 무엇이 필요한지를 물었다. 그러자 플레밍은 의외의 대답을 했다.

"저는 의학 공부를 하여 장차 많은 생명을 구하고 싶습니다."

이 말을 들은 처칠의 할아버지는 플레밍에게 말했다.

"너의 꿈이 참으로 크고 가상하다. 네가 그런 꿈을 갖고 공부한다면 너의 모든 학자금을 대주겠다. 부디 그 꿈을 꼭 이루거라."

스코틀랜드 태생인 플레밍은 런던대학교에서 미생물을 연구하다가 세균에 저항하는 일종의 효소酵素를 발견하게 되었다. 1928년 포도상구균을 배양하던 중 우연히 푸른곰팡이가 생기면 그 주위의 포도상구균이 녹아버리는 현상을 발견했다. 그런데 포도상구균이 녹아서 투명하게 된 것을 동물의 몸에 투입했더니 동물에게는 아무런 해로움도 주지 않으면서 세균만을 죽이는 것이었다. 플레밍은 여기에 착안하여 그 유효성분을 정밀하게 추출抽出하여 페니실린을 만들어내 유명한 세균학자가 되었다.

한편 처칠은 샌드허스트Sandhurst 육군사관학교를 졸업한 후 신문기자가 되어 남아프리카 전쟁에 종군하다 귀국했다. 처칠은 1900년에 보수당 의원을 지내고, 1908년에 상무원 총재를 지낸 뒤, 1910년에 내상內相을 역임했다. 제1차 세계대전 때에는 주전론主戰論을 지도하여 육군상까지 역임했고, 1922년에 총선거에 패하면서 은퇴했다.

저널리스트였던 처칠은 강철같은 정신과 의지로 영국 정치계에 새로운 바람을 불러일으킬 집필을 하다가 다시 보수당에 들어가 활약했다. 2년 뒤 1924년에는 내각의 재무상이 되어 화폐단위인 금金본위제를 부활시켰다. 1929년에 사직하고, 그 후 10년간 재야에 있으면서 특히 나치스의 대두를 강력히 경고하기도 했다.

제2차 세계대전이 발발하자 거국일치 내각을 조직했으며, 영국의 국운이 기로에 서 있던 1940년에 60세의 나이로 총리가 되어 하루에 16시간씩 일하며 영국의 각료와 국민을 설득했다.

'히틀러와 협상할 것이냐, 저항할 것이냐'로 내각의 핵심멤버 7명이 모이게 되었다. 전황은 시시때때로 급변하면서 사태가 심각했다. 네덜란드와 벨기에가 무너지고, 덴마크가 4시간 만에 백기를 들었으며, 프랑스도 항복 직전이었다. 오스트리아와 체코슬로바키아는 전쟁 전에 독일에 흡수되었고, 폴란드는 지도에서조차 사라져버렸다. 사실상 유럽에서는 영국 홀로 히틀러와 싸워야 하는 절체절명의 위기에 처해있었다. 이때 처칠이 25명의 각료 앞에서 단호하고도 명철한 사자후를 토했다.

"협상을 시작하는 순간 영국은 독일 히틀러의 노예국가로 전락합니다. 영국이 최후를 맞이한다면, 우리가 이 땅 위에 쓰러져 자기의 피로 질식해 죽은 후여야 합니다."

처칠의 절규에 각료들은 환호했고, 그의 강철같은 의지에 협상론은 사라졌다. 결국 처칠은 프랭클린 루스벨트와 더불어 연합국의 승리를 견인했다. 이후 1955년에 다시 수상에 취임했다가 은퇴했다. 1953년에는 『제2차 세계대전』 회고록으로 노벨상을 받았다.

영국의 유명한 세균학자가 된 플레밍은 제2차 세계대전으로 해상이 되어 아프리카로 출정한 처칠이 폐병에 걸려 위독하다는 소식을 듣게 되었다. 이를 전해 들은 플레밍은 자신이 발명한 페니실린을 가지고 아프리카까지 달려가 처칠을 치료해 사지에서 구원해 주었다. 그리고 연이어 스트렙토마이신, 오레오마이신, 클로로 마이세틴을 연구하여 인류문화의 발전에 크게 기여했다.

사실 미생물은 주로 세균과 박테리아, 곰팡이, 원생동물로 분리되지만 우리가 흔히 미생물이라고 할 때는 세균과 박테리아를 가리키는 것이 보통이다.

미생물이 이처럼 세균이나 박테리아로 지칭되는 것은 우리 인류에게 갖가지 질병을 일으키고 있기 때문이다. 많은 사람이 이 미생물에 의한 질병으로 고생하면서 생명을 잃었다.

실제로 세균이나 박테리아에 의한 천연두가 인류의 공포로 떠오른 때가 있었다. 영국의 에드워드 제너Edward Jenner가 종두법을 발견하여 천연두를 예방하게 되었다.

이 종두법이 발견되기 전까지는 많은 사람이 천연두에 시달렸고, 파스퇴르Pasteur에 의해 광견병 왁친이 발견되기 전까지는 병원체에 대한 면역성을 길러주지 못해 많은 사람이 고통에 시달렸다. 파스퇴르는 세균의 자연발생설을 타파하고 각종 질병이나 부패 현상 등이 저절로 생기는 것이 아니라 특정한 원인균에 의한 것임을 것을 밝혀 세균학의 창시자가 되었다.

또한 로베르트 코흐Robert Koch(1843~1910)에 의해 결핵균이 밝혀지기 전까지는 결핵이라는 균 앞에 손을 들어버린 인류였다. 그러나 미생물의 연구에 의하여 어떤 유기물질이 분해되어 생기는 물질이 우리에게 도움을 주는지에 대한 연구로 극복할 수 있었다. 지금은 인형균人型菌, 우형균友型菌, 서형균鼠型菌, 조형균鳥型菌, 냉혈동물의 결핵균으로까지 분류될 정도로 발전했다.

처칠과 플레밍은 참으로 귀한 인연이며 역사에 서로 은혜를 주고 받는 소중한 관계로 남았다. 생명을 구해준 은혜가 나중에 수많은 생명을 구해준 계기가 된 것이다. 한 생명을 이끌어주어 그가 연구에 몰두한 결과 전 인류가 그 질병에서 벗어날 수 있는 획기적인 전기가 마련되어 행복을 누릴 수 있는 하나의 단초가 되었다.

과일 속의 씨가 몇 개인지는 과일을 쪼개 보면 알 수 있지만 그 씨가 땅에 떨어져 미래에 열릴 과일의 개수는 알 수 없는 것처럼 한 인간의 잠재능력도 가히 짐작할 수가 없다. 더욱이 인간의 잠재능력을 나무의 열매에 비교할 바가 아니지 않은가.

처칠과 플레밍이 서로 사랑으로 주고받은 온정이 온 인류에 더없이 아름답게 꽃 피운 것은 그들의 정신적인 가치가 높기 때문이다.

움벨트Umwelt에 갇혀 동물과 곤충의 세계를 모르는 인간

모기는 파란색을 좋아한다고 한다. 곤충학자 프드레스는 스코틀랜드 지방의 모기가 파란색을 좋아한다는 것을 발견했다. 곤충학자 샤리프는 5년 동안 아프리카에서 생활하면서 분홍색과 노란색의 모기장에는 모기가 적게 내려앉는다는 것을 알게 되었다.

또한 포터와 프리도는 빛에 프리즘을 통화시켜 가시광선 영역의 스펙트럼을 통해 무지개색을 얻어낼 수 있었다. 이렇게 태양으로부터 가시광선을 비롯하여 적외선, X선 등을 통해 분해하는 연구에서 여러 가지 색을 재현했다. 이 중에 야행성 곤충들이 파란색 쪽으로 더 많이 모여드는 것을 알아낼 수 있었다. 한편 붉은색과 노란색 쪽에는 곤충들이 적게 날아들었다. 이는 색에 따라 전자기파의 진동수가 다르기도 하지만 결론은 곤충들이 파란색을 선호하는 것이며, 파란색이 자외선과 비슷한 색이어서 그렇다는 사실을 알아냈다. 빛 속에 여러 가지의 색이 포함된 것을 발견한 사람은 뉴턴이었다.

곤충 중에 나비는 최초로 하늘을 난 생명체이다. 새보다 1억 5천만 년이나 먼저 나타나 높은 양치식물 위를 날아다녔다. 인간은 나비와 새를 동경하며 하늘을 나는 꿈을 키웠다. 이 꿈이 레오나르도 다빈치를 거쳐 라이트 형제에 이르러 실현되기까지 많은 시행착오와 희생이 있었다. 마침내 날고자 하는 꿈이 비행기를 만들어 나비와 새의 대열에 합류하게 되었다.

모기나 나비, 새에 대해 인간이 가진 지식이나 가치 기준이 얼마나 편협하고 독선적인가에 대한 몇 가지 예를 들면 다음과 같다.

에스토니아 출신의 생리학자 야콥 폰 웩스쿨은 1957년에 쓴 『동물과 인간 세계로의 산책』이라는 저서에서 곤충이나 동물들이 인식하는 세계관을 그렸다. 거기에 나오는 용어 '움벨트'는 모든 동물이 공유하는 경험이 아니라 개개의 동물이 느끼는 감각 세계를 각각 움벨트라고 적고 있다. 움벨트는 모두가 자기중심적 세계라고 번역할 수 있다.

『과학적으로 세상 읽기』라는 책에서 김보일 저자는 색맹이 보는 세상과 정상인이 보는 세계는 같을 수가 없는데, 이때 정상인과 색맹은 다른 움벨트를 가지고 있는 것이라고 했다. 이런 논리를 확대해 본다면 이 세상에 존재하는 개체의 수만큼이나 움벨트가 존재한다고 말할 수 있다. 이어서 저자는 인간이 가진 움벨트만이 절대적인 것은 아니라고 말한다. 한 예로 암컷 진드기의 기막힌 종족 번식에 대한 생존내용은 다음과 같다.

짝짓기를 한 뒤 암컷 진드기는 키가 작은 나무를 타고 올라간다. 그리고 따스한 포유동물인 멧돼지나 다람쥐나 토끼들이 그 나무 밑으로 스쳐 지나가기를 기다린다. 동물이 나타나면 몸에서 발산하는 뷰티르산의 냄새를 순간적으로 감지한다. 그리고 동물이 지나가면 몸을 떨어뜨려 털을 헤집고 들어가는데 거의 백발백중이다. 나뭇가지에 매달려 있는 진드기는 눈도 없고 귀도 없이 가까이 다가오는 동물을 후각으로 알아차린다. 포유동물의 따스한 피에 알을 낳기 위한 행동이지만 그 여정은 참으로 지난하다.

로스토크Zoo Rostock 동물연구소의 발표에 의하면 진드기는 포유동물이 오기를 기다리며, 자그마치 18년 동안이나 굶주린 채 나무에 매달려 있다고 한다. 이런 진드기와 인간의 시간 감각은 같을 수 없으며, 진드기는 기다리는 동안 잠자며 멈춰있다기보다는 수년 동안 정지해 있는 상태라고 한다. 그러다 포유동물이 지나갈 때 뷰티르산 징후가 진드기를 깨워 다시 활동하게 되면 그때부터 시간이 흐르기 시작하는 것이다.

앞에서 말한 모기에 대한 것이나 나비에 대한 것뿐만 아니라 인간이 생각하고 느끼는 것은 오직 인간의 것으로 인간 세계의 움벨트일 뿐이다.

곤충 중에 수나방은 2.4km 떨어진 곳에 있는 암나방의 아주 희미한 냄새를 감지하고 따라가 짝짓기를 한다. 그런가 하면 돌고래는 160km나 떨어진 곳에 있어도 암수가 대화하며 만날 수 있다.

아프리카의 '나이프피쉬'라는 물고기는 1초에 1,600가지의 전기충격을 구별한다. 이에 비해 인간은 1초에 겨우 18개에서 24개의 이미지만을 인지할 수 있다.

또한 방울뱀은 시각·후각·청각·촉각이 필요하지 않다. 방울뱀은 온도 변화를 감지하는 능력이 있는데, 이것이 방울뱀의 제3의 눈과 같은 역할을 한다. 방울뱀은 눈 바로 아래 움푹 패인 기관에 15만 개가 넘는 온점이 있다. 이 온점으로 섭씨 1도를 몇십 등분한 미세한 차이까지 구별하여 감지한다. 이처럼 개별 동물들은 자신만의 감각을 통해 얻어진 정보를 총체적으로 조직하여 자기 경험의 움벨트를 만들어 생존하고 있다.

인간의 귀에 들리는 가청주파수를 넘는 진동수 2만Hz 이상의 음파를 초음파라 하는데, 박쥐는 50~90kHz의 초음파를 내어 그 반사파를 이용해 곤충을 포식한다. 초음파는 파장이 짧아 물속에서도 잘 전해져 음향측심기나 어군 탐지로도 이용되며, 진단이나 치료에도 이용된다.

이처럼 움벨트를 탐구하다 보면 '인간이 눈으로 보고 듣고 생각하는 세계가 어느 정도일까?' 하는 의문을 가지게 된다. 이런 생각으로 박쥐 세계에 움벨트를 적용한다면 인간이 보고 듣는 세상을 보듯이 온통 초음파의 반향으로 이루어진 완전히 다른 움벨트의 세계를 인지하는 것이다.

인간의 경험은 인간 세계에서만 가지는 경험일 뿐으로 '각인각

색'이며 '제 눈에 안경'일 수 있다는 말이다. 내가 이렇게 보았으니 너희도 이렇게 보라는 것은 곤충이나 동물도 이렇게 보라는 말일 수 있다. 그것은 색상을 구별하는 프리즘을 없애버리는 지독한 독선이다.

지금까지 인간이 알지 못하는 것에 대해 아무것도 구분 못하는 움벨트에 빠져 함께 살고 있는 동물이나 곤충, 식물에 잘못 범해진 것이 있다면 지금이라도 겸손을 보여주어야 한다. 그래서 이 세계가 인간 세계의 것만이 아닌 다 함께 하는 공존과 통섭의 지혜로운 공유의식을 가져야 한다.

야곱 폰 웩스쿨이 만들어 낸 움벨트의 용어는 지금은 여우 움벨트, 딱정벌레 움벨트, 부엉이 움벨트 등 존재하는 수만큼 나누어질 수 있다. 11년 또는 17년을 굼벵이로 사는 매미는 어떤 움벨트를 가지고 있는 것일까?

세상의 주인공은 인간 외에 나비도 있다

• 탈바꿈 변태變態도 살아남기 위한 방편 •

나비는 어떻게 생존을 이어가는 것일까? 곤충 중에서 나비는 알-애벌레-번데기-성충의 4단계를 거친다. 이것을 갖춘탈바꿈이라 하며, 참으로 신비로운 동물이다. 나비의 알이나 번데기는 환경 조건이 적당하지 않을 때는 동면하면서 최대한 에너지를 아끼고, 환경이 좋아지기를 기다렸다가 다시 활동을 재개하는 놀라운 동물이다. 나비의 탈바꿈을 '변태'라고도 하며, 이는 형태나 상태가 달라지는 것을 말한다.

탈바꿈에도 못갖춘탈바꿈이 있다. 메뚜기나 잠자리처럼 번데기 단계가 없이 애벌레에서 바로 어른벌레가 되는 것을 말한다. 이외에도 반탈바꿈, 점탈바꿈, 지나친탈바꿈 등 조금씩 다른 탈바꿈 형태가 있으며 전혀 탈바꿈하지 않는 곤충도 있다.

곤충이 이렇게 몇 단계의 탈바꿈을 거치는 것은 단계마다 먹이의 습성이 다른 데 있다. 그것은 먹이의 부족을 해결하고 생활하는 장소를 다양화하는 데 초점이 맞춰진다.

육상 동물 중에 탈바꿈을 거듭하며 성장하는 것은 곤충뿐이다. 이 모두가 살아남기 위한 방편이다. 곤충의 탈바꿈은 사람이 옷을 입었다가 벗는 것처럼 간단한 문제가 아니다. 탈바꿈은 산모가 모진 산고를 겪듯 힘든 고통을 이겨내야 한다. 여러 번 탈바꿈한다는 것은 그때마다 생사를 넘나드는 듯한 시련과 고통을 겪는 것이다. 자칫 허물을 벗다가 몸을 다칠 수도 있고, 때로는 체력이 떨어져 못 나온 채 죽을 수도 있다. 해가 떠오르기 전에 허물을 빠져나오지 못하면 햇볕에 말라 죽을 수도 있다. 그런가 하면 버둥대는 움직임을 보고 다른 동물의 공격을 받아 죽거나 불구가 되는 것이 성장통의 과정일 수도 있다.

이처럼 사선을 넘나드는 고통과 시련을 넘어 사뿐사뿐 날갯짓하는 화려한 나비가 되는 것은 천신만고의 어려움을 이겨낸 환희이고 기쁨의 선물인 것이다.

따지고 보면 우리 앞에 나타난 하늘거리는 나비 한 마리는 천지 창조의 조물주가 우리가 보고 기뻐하는 것을 보기 위하여 태초부터 준비해서 보내준 최고의 선물이다. 천지간에 하나밖에 없는 고귀한 선물에 한없는 경의를 표하고, 기쁨으로 함께 나누면서 나비가 날갯짓하듯 감사의 박수를 보내야 도리이다.

이렇듯 눈을 뜨고 세상을 보면 신비롭고 경이롭지 않은 것이 없다. 이에 대해 너무나 무심하게 살아온 것이 왠지 송구할 뿐이다. 왜 진즉 마음의 눈이 떠지지 않았을까? 마음의 문이 열리지 않아 보이지 않았겠지만 지금부터라도 신비롭고 경이로운 세상을 느끼며 살아야겠다고 다짐해본다.

필자는 어느 날 오리농장 사장의 이야기를 듣고 깜짝 놀랐다. 오리 새끼는 스스로 알의 껍질을 깨고 나오는 고통을 겪어야만 살아가는 힘을 얻는다고 한다. 만약 껍질을 깨고 나오는 과정에서 누군가가 힘을 가해 도와주면 그 오리는 몇 시간도 못가서 죽고 만다는 것이다.

카프만 부인이 쓴 『광야의 샘』에서 나비가 고치에서 나오는 경이로운 광경을 글을 통해 읽고 또 다른 깨달음을 얻게 되었다. 카프만 부인의 실험적인 체험은 너무나 생생하여 곧장 그 속에 빠져들었다.

책상 위에는 여러 개의 고치가 놓여 있다. 그중에서 금방 누에나방이 고치를 뚫고 나오려는 것을 카프만 부인은 유심히 보고 있었다. 옆에는 누에나방이 나온 고치의 작은 구멍이 있는데 '큰 나방이 어떻게 저 작은 구멍으로 나올 수 있었을까?' 하고 의아스럽기만 했다. 마침 지켜보던 고치에서 구멍을 뚫고 나오려는 누에나방을 직접 목격하게 되었다. 누에나방은 그 작은 구멍을 나오려고 몸부림을 치면서 날갯죽지를 뻗으려고 하는가 하면 몸통을 버둥거리며 힘껏 내미는 것이 힘들고 고통스럽게만 보였다. 잠시도 쉴틈 없이 움직이면서 몸을 비트는 등 작은 구멍에서 나오려고 온갖 몸짓으로 비벼 힘겹게 날개를 내밀며 나오는 것이었다. 천신만고 끝에 드디어 고치에서 나오는 데 성공하는 순간이었다.

그런데 또 다른 고치에서도 작은 구멍을 통해 나오기 위해 몹시 힘들어하는 누에나방이 보였다. 카프만 부인은 한참을 지켜보다가 가엾다는 생각이 들어 가위를 가져와 나오려고 꿈틀대는 구멍을 넓게 뚫어주었다. 쉽게 구멍에서 나온 나방은 윤기가 반지르르 흐르며 훨씬 커 보였다.

카프만 부인은 나방을 보며 대견스러운 일을 했다는 듯이 어깨를 으쓱했다. 넓은 구멍에서 힘들지 않게 나온 나방이 책상 위에서 푸드덕거리며 부산을 떨었다. 그러나 푸드덕거리며 날갯짓을 할 뿐 좀처럼 날지를 못하는 것이었다. 고통을 겪으며 뚫고 나온 나방은 자유롭게 훨훨 날아다니는데 넓은 구멍에서 나온 나방은 한동안 책상 위에서만 푸드덕거리더니 얼마 후에는 지쳐서 비실거리다가 곧 잠잠해졌다.

이를 지켜보던 카프만 부인은 자신을 대견스럽게 생각했던 마음이 잘못된 선택이었다는 것을 알고 겸연쩍어했다. 대자연의 순리에 따라 누에나방 스스로 해내야 하는 통과의례와 같은 과정인 것을 뒤늦게 깨달은 것이다.

누에나방이 작은 구멍에서 나오려는 것은 혹독한 고난을 겪으면서 전신에 있는 모든 에너지를 날갯죽지 쪽으로 끌어들여 그 힘으로 구멍을 뚫고 나오는 숭고한 몸짓이며 생리적인 현상인 것이다. 나비가 스스로 성숙으로 가는 필연적인 과정으로 반드시 거쳐

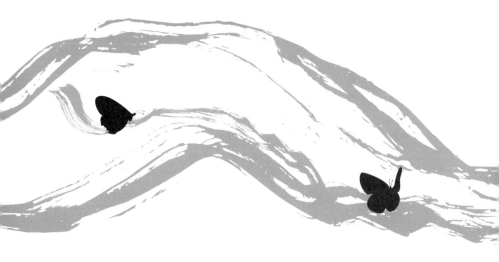

야 할 통과의례에서 인공적인 힘의 자극으로 방해를 받으면 나비는 치명적인 손상을 입게 된다. 나비에게는 그런 방해는 결단코 있어서는 안 되는 무력이다.

나비는 세상에 나오자마자 날갯짓으로 생명을 보존해야 하고, 양력揚力으로 힘차게 날아올라야 한다. 1초당 10~12회 정도 날개를 펄럭이며 지그재그로 움직여 천적을 따돌리고 유선형의 날개로 공기의 저항을 최소화하면서 공기의 중량을 떠받쳐 가볍게 날 수 있도록 설계된 대로 훨훨 날아야 한다.

또한 부력浮力을 이용하여 자유자재로 활약해야 한다. 생존을 위해 날개의 힘으로 펄럭이며 수많은 난관과 장애를 뚫고 여생을 즐기고 후대를 잇는 사명을 완수해야 한다. 사명의 완수야말로 결국 인간인 우리가 누리는 행복이다. 이토록 깊고 오묘한 섭리라는 것을 알며 감탄하지 않을 수 없다.

그리고 우리가 사는 이 땅을 아름답게 수놓으며 우리를 위하여 향기롭고 고운 꽃을 찾아 애무해주고 열매를 맺게 하여 풍요롭고

아름다운 세상을 만드는 동반자이다. 따라서 나비는 나비로서 섭리의 주인공이 될 수 있도록 그 자리에서 그 노릇을 해주고 있는 것이다.

그래서일까? 나비는 부활을 상징한다. 중국의 철학자 장자는 꿈에 나비가 되어 날아다니면서 온갖 꽃의 꿀을 먹으며 행복을 맛보았다고 했다.

우리나라에서는 나비가 금실 좋은 부부를 상징하고 혼수물건이나 함, 병풍에 넣어 기쁨을 상징했다. 『청구영언』의 옛 시에 '나비야 청산 가자'에서 꽃과 나비는 넌지시 남녀관계를 노래하고 있다.

신비로운 삶을 영위하는 나비의 숭고한 모습을 지켜보면 자연히 머리가 숙여진다. 채송화는 나비가 꽃송이에 앉으려는 순간 자기 수술을 20~30도 정도 구부려 나비가 앉기 쉽게 해준다는 배려의 말을 들을 때 묘한 감정이 흐르는 것을 느꼈다.

융합의 메카
메디치 효과와 르네상스

메디치Medici 가문은 14세기에 발흥한 이탈리아의 명문가로, 금융업을 기초로 피렌체와 토스카나 공화국의 지배자가 되었다. 연대기에는 12세기부터 나타나 동가문의 조반니 디 비치 데 메디치(1360~1429)는 상업으로 거부가 되었다. 그의 장남 코시모(1389~1464)는 귀족당에서 추방되었다가 귀환하며 정권을 장악하고 유럽 전역에 16개의 금융지점을 운영했다. 전성기에는 길드의 상인 및 수공업 업체를 장악하고 피렌체를 대표하는 명가가 되었다.

1444년에는 피렌체 산 마르코 수도원 내부에 도서관을 만들어 유럽은 물론이고 오스만제국과 비잔틴제국에까지 전문가를 보내 지혜의 보고인 고문헌을 수집했다. 그리스와 라틴 고전 수만 권의 사본이 소장되어 피렌체는 자연스레 학예의 중심지가 되었다. 그

외 피렌체는 메디치 가문의 후원하에 예술가, 철학자, 과학자, 시인 등 다양한 분야의 전문가가 모여 교류하는 문화풍토를 만들었다. 이처럼 전혀 다른 학문 분야 역량의 융합을 통해 창조와 혁신을 이끌어내 유럽에서 르네상스가 불붙는 동력을 제공했다.

메디치 효과Medici effect란 서로 다른 전문 분야의 과학자, 예술가, 철학자들이 모여 벽을 허물고 서로의 재능을 융합하여 큰 시너지 효과를 내게 된 것을 말한다. 이는 이질적인 집단의 역량을 유연하게 융합해 중세시대의 폐쇄성을 뛰어넘는 메디치 가문의 전폭적인 지원으로 마침내 이탈리아의 르네상스 문화를 일으키는 기반을 만드는 계기가 되었다. 그래서 르네상스 문화는 '세계와 인간의 발전'을 비롯, '고전 미술의 재생'이라는 의미와 '시민문화의 육성기'로도 불린다.

당시 상업과 공업의 발전으로 모직물과 견직물, 자연과학 및 경험주의와 동방무역을 통해 아라비아와 비잔틴의 두 문화를 받아들이게 되었다. 새로운 문화를 받아들이면서 '코페르니쿠스의 지동설'에 이어서 '갈릴레이의 지동설'에 대한 실증이 있었다. 또한 3대 발명이라고 일컫는 나침반, 화약, 인쇄술 등이 르네상스 시대의 소산물이었다.

이런 도시문화의 배경에는 귀족의 경제가 보호막이 되었다. 일례로 메디치 가문의 후원을 받은 레오나르도 다빈치나 라파엘 그리고 미켈란젤로 등 여러 작가의 작품들이 귀족 내지는 교회를 위한 것이었다. 마키아벨리의 『군주론』에서도 '덕은 힘이다'라는 말

속에 귀족의 힘이 함축되어 있는 표현이다.

메디치는 피렌체의 동북부 무젤로 출신 집안이 역사적인 혜안에 눈을 떠 학문을 장려하고 문화를 육성하는 르네상스라는 찬란한 인문의 빛을 탄생시켜 인류 앞에 위대한 업적을 남길 수 있었다.

메디치 가문의 이름을 딴 메디치 효과는 학계에서조차 새로운 경영의 기법으로 21세기에 급부상되어 주목받고 있다. 이는 색다른 감성과 엉뚱하면서도 미처 깨닫지 못한 관점을 부각시켜 소와 닭만큼이나 거리가 멀 수 있는 것들을 융합으로 독창적인 시너지를 창출해 내는 것이다. 전혀 다른 한류와 난류가 만나서 황금어장을 만들 듯이 서로 다른 것이 만날 때 조화롭게 융화되면 또 다른 문화의 간극을 형성하여 르네상스와 같은 꽃을 피우고, 금계가 되어 황금알을 낳게 된다는 것이다.

예를 든다면 화장품 제조업체에서 식품 제조에서나 쓰이는 발효법을 도입하여 히트상품을 만들어 흑자경영을 이끌어내는 것과 같은 것이다. 화장품에 식품 발효법을 도입하여 단번에 스타덤에 올라서게 된 것은 융합 덕분이다. 이처럼 전혀 다른 이질적인 경험들이 내부에서 융합되어 새로운 상품을 만드는 것을 이름하여 메디치 효과로 명명하게 된 것이다.

메디치 가문도 약사藥師를 의미하는 '메디코'에서 유래한 것이며, 약업으로 재산을 모은 다음 금융업으로 부를 축적했다. 메디치 가문의 출현은 피렌체의 북쪽 시골 농가 무젤로에서 독약을 개발한 잠부오노 메디치가 선조이다. 1169년 이미 부호로 알려졌다.

14세기 초 메디치가는 프랑스와 스페인과의 교역으로 큰 부를 이루고, 알베르도 대에 와서는 도시정부 사업에도 참여했으며, 은행을 세워 메디치가의 재산을 늘렸다. 1434년에는 조반니 디 비치의 장남인 코시모 데 메디치가 피렌체 공화국의 비공식 지도자가 되었다.

위에서 말한 대로 알베르도에서 조반니 대에 와서는 메디치가의 전성기를 맞으면서 은행과 국가 원수元首의 지위를 겸임하여 국부의 칭호를 받았다. 코시모는 수도원 내에 도서관 설립은 물론 교황청에 자금을 대출하여 막대한 이익을 얻었으며, 이때 메디치가의 영업이익은 피렌체 시의 65%를 상회했다. 그는 기업가에게는 원조로 회유하고, 정책으로는 대폭 감세를 단행했으며, 자선금과 공공비용을 출연했다. 또한 바르디가와는 혼맥으로 유대를 강화해 나갔다. 유럽 각 도시에 막대한 자금으로 16개의 은행을 세웠으며, 교황청의 재정을 장악하여 부를 축적하고 사재를 시의 정책에 투입했다.

메디치가의 세력 확장으로 교황 레오 10세 조반니 디 로렌초 데 메디치Giovanni de Medici(1475~1521)는 차남으로 13세에 추기경이 된 후 율리우스 2세의 뒤를 이어 교황이 되었다. 그는 학자와 예술가를 로마로 불러들여 보호했으며, 이 시기에 르네상스의 중심이 로마로 옮겨졌다.

교황청의 재정이 어렵게 된 것은 사치와 성베드로 성당 건립 및 토스카나와의 패권 다툼으로 프랑스와 항쟁했으나 실패하여 오랜 전란에 처했기 때문이다. 1521년 루터를 파문했지만 레오 10세는 종교개혁의 혼란 속에 사망했다.

메디치 가문은 클레멘스 7세와 레오 11세의 교황을 배출하기도 했다. 그 밖에 프랑스의 유명한 앙리 4세 마리아 데 메디치 왕비도 메디치가 출신이었다.

그리고 영국 왕가는 물론 각국의 군주들과의 혼맥으로 연결되어 토스카나 대공국의 통치자로 군림했다. 이 가운데 로렌초는 정치적 수완이 뛰어나 예술가들을 후원했으며, 그는 루이 13세의 어머니로도 유명하다.

메디치가는 15세기에 들어 영국 왕 에드워드 4세에게 전 재산의 반을 대출했는데, 에드워드 4세가 실각하면서 처음 금액의 반도 안 되는 금액을 환수받아 어려움에 처하게 되었다. 1530년 피렌체의 공화국이 몰락하면서 그 후 메디치가는 1737년 잔카스토네가 죽음으로서 메디치가의 혈통이 막을 내렸다.

메디치가는 이탈리아의 명문가로 르네상스를 일으켰으며, 학문을 장려하고 문화를 육성하여 인문학의 빛을 탄생시켜 현대문화의 꽃을 피우는 초석이 되었다. 또 하나 1280년 이탈리아에서 안경을 발명하게 되었는데, 이 역시 메디치가의 고질적인 유전병인 근시의 시력에서 유래되었다고 한다.

메디치 효과는 서로 다른 분야의 요소가 결합할 때 각 요소가 갖는 에너지의 합보다 더 크게 분출하는 것을 말한다. 그래서 서로 다른 분야 간에 장벽을 허물고 이질적인 것까지 끌어안아 융합하는 것을 일컫는다. 예를 들면 전자공학자가 법을 배운다거나, 심리학의 전공자가 범죄학을 연구하는 식으로 학습의 다원화와 다각화가 오히려 시너지 효과를 나타낸다는 사실을 간과해서는 안 된다는 것이다.

금쪽같은 사람을 만드는 용광로가
피그말리온 효과

피그말리온Pygmalion은 그리스 신화에서 유래되었다. 그리스·로마 신화는 서양문화의 뿌리로 문학과 예술작품에 인용되고 현대에까지 그 소재를 활용하고 있다.

피그말리온 효과는 교육용어로 장래가 불투명한 학생도 지성으로 지도하면 모범생이 된다는 이론이다. 그리스 신화에서 빌려온 말이지만 '교사의 태도나 기대감이 학생들에게 어떤 영향을 주는가?' 하는 심리적 경향을 말한다. 즉 긍정적인 효과와 부정적인 낙인 스티그마Stigma 효과는 사태를 긍정적으로 또는 부정적으로 바라보며 접근하면 결과도 그렇게 나타난다는 것이다. 피그말리온이라는 신화가 교육용어가 된 것은 신화의 조각 작품이 생명을 가지게 된 것에서 비롯되었다.

피그말리온은 키프로스섬의 왕이자 조각가였다. 왕으로 있으면서 여자들의 문란한 생활을 지켜본 피그말리온은 혐오심이 생겨 결혼하지 않기로 결심했다. 그러나 한편으로는 이성에 대한 상념으로 여자의 아름다움에 대한 관심이 많았다. 생각은 경계가 없기에 자유자재로 기상천외한 생각이 떠오르면 그 묘상에 매달리기도 했다. 그러다가도 이런저런 요망한 상이 떠오르면 그 생각을 다잡기 위하여 온 정신을 쏟아붓는다. 그렇기에 더러는 자기 자신을 객관화하여 들여다볼 필요가 있다.

섬의 왕이었던 그는 마음에 꼭 드는 여인상을 조각하고 싶었다. 그는 상아에다가 정성을 다하여 여자의 입상을 섬세하게 조각하기 시작했으며, 몇 날 며칠을 먹는 것도 자는 것도 잊은 채 조각했다. 정성을 다 쏟아부어 만든 조각상은 얼마나 아름다웠던지 어떠한 미인도 그 아름다움을 따르지 못할 정도였다.

그는 자기 손으로 만든 조각상이 꼭 살아있는 듯한 감성이 느껴졌다. 그래서 그 조각 작품을 위해 선물도 사주고 예쁜 옷도 입혀주었다. 그의 솜씨는 누가 봐도 완벽했으며, 그 여인 조각상은 사람의 손으로 만들어진 것이 아니라 신의 창조물같이 보였다. 피그말리온은 자신이 만든 작품을 보면서 감탄한 나머지 그 입상을 사랑하게 되었다.

조각상에 흠뻑 빠진 피그말리온은 미美의 여신 아프로디테의 축제 날 신전으로 가서 조각상과 똑같은 여인을 아내로 달라고 간절히 기도했다. 기도를 마치고 돌아오는 길에 꽃과 구슬, 진주와 보석, 드레스 등을 사가지고 와서 조각상에 옷을 입히고 손가락에 보석을 끼우며 진주목걸이를 걸어 주고 귀걸이를 달아 주었다. 화려한 드레스에 귀걸이와 목걸이를 하자 조각상은 정말로 매력적이었다. 피그말리온은 소파에 조각상을 뉘이며 아내라고 불렀다. 아프로디테는 피그말리온의 이 말을 듣고 그 마음을 꿰뚫어 봤다. 그리고 그의 소원을 들어주겠다는 약속으로 제단의 불꽃을 세 번 솟아오르게 했다.

피그말리온은 그 조각상의 입술에 키스를 했다. 그러자 그 조각상의 입술이 붉어지더니 팔다리에 따스함과 부드러운 살결이 있음을 느꼈다. 피그말리온은 놀라고 도저히 믿기지 않았지만 한없이 기뻤다. 여인을 만지고 안아보면서 부드럽고 따뜻한 살결을 피부로 느끼게 되었다. 그제야 키프로스섬의 앞바다에서 탄생한 미의 여신 아프로디테에게 깊은 감사를 드렸다. 이 결합으로 딸 파포스Paphos가 태어났고, 나중에 그 이름이 바로 도시의 이름 파포스가 되었다

피그말리온 효과는 하버드대학교의 사회심리학 교수인 로버트 로젠탈Robert Rosenthal이 1968년 학생들을 상대로 한 실험에서 알려지게 되면서 교육용어로 쓰이게 되었다.

로버트 로젠탈 박사는 '학생들과 쥐'를 실험 대상으로 했다. 우선 학생들을 세 그룹으로 나눈 뒤에 각 그룹의 학생들에게 쥐를 똑같이 나누어준 다음 이렇게 말했다.

"A그룹 여러분은 행운아들입니다. 천재들의 쥐만 골라 뽑은 쥐

를 다루게 된 여러분에게 크게 기대가 됩니다.”

B그룹의 학생들에게도 쥐를 주면서 당부했다.

“여러분은 보통의 쥐들을 다루게 되었으니 크게 기대하지는 않지만 열심히 해주기를 바랍니다.”

C그룹의 학생들에게도 남은 쥐를 주면서 말했다.

“여러분은 바보 쥐들을 다루게 되었으니 기대하지 않지만 그래도 끝까지 임해주기를 바랍니다.”

그리고 6주 후 똑같은 조건 아래서 실험을 한 뒤에 결과를 알아보게 되었다. 실험결과 천재적인 쥐라고 소개한 A팀의 쥐들은 능란하게 행동했다. 보통의 쥐라고 소개한 B팀의 쥐들은 보통의 움직임을 보였다. 바보 같은 쥐들이라고 소개한 C팀의 쥐들은 형편없는 행동을 했다.

이러한 실험결과는 세 팀에게 똑같은 상태의 쥐를 공평하게 나누어 제공했는데도 학생들의 반응이 쥐들에게 그대로 반사된 것을 보여준다. 쥐들은 학생들의 자세에 따라 그대로 행동한 것이다. 이로 인해 기대와 자세는 무언의 언어임을 확인한 셈이다. 따라서 어떤 기대와 자세를 가지고 임했느냐에 따라 그대로 상대에게 옮기게 된다는 사실을 확인한 것이다.

이 실험에 의해서 피그말리온의 효과가 밝혀지게 되었다. 이는 교사가 학생들을 대할 때 긍정적인 기대를 가지면 학생들도 교사의 기대에 어긋나지 않으며, 인정과 기대를 높일수록 훌륭한 학생들이 된다는 것이다. 이 실험은 나이가 어릴수록 더욱 효과적이라고 한다. 결론은 그의 장점을 칭찬하며 기대를 가지고 정성껏 가르치면 성적이 올라가고 그 장점들이 성장한다는 것이다. 반대로 열등하다는 선입견을 가지면 그들의 단점과 결점만 눈에 들어와 바로 잡으려고 책망하게 되면, 그 단점이 점점 더 크게 부각되고 강화될 수 있다는 것이다.

결과적으로 사람은 자극을 가하는 부분은 발달하고 자극을 주지 않는 부분은 쇠퇴한다는 사실이 위 실험에서 증명되었다. 피그말리온이 밥 먹는 것도, 자는 것도 잊은 채 조각 작품을 만들었다는 자체가 정성을 다하여 학생을 가르치는 선생님의 마음이다. 드레스를 입히고 손가락에 보석을 끼우며 진주목걸이와 귀걸이를 달아 준다는 것은 선생님이 여러 가지 방법으로 배우는 학생들을 칭찬하고 이끌어주는 기대치라고 말할 수 있다. 그러나 그 무엇보다도 피그말리온의 효과는 인형에게 생명을 불어넣은 일이다. 이는 학생이 성장하려면 교사의 믿음과 기대가 무엇보다도 강력한 메시지를 담고 있다는 말이다.

교사의 칭찬은 풀무이고, 교실은 쇠붙이를 녹이는 도가니이며, 그곳에서 칭찬과 기대는 금쪽같은 사람을 만드는 용광로의 불길이다. 칭찬과 교사의 기대야말로 신화적인 피그말리온의 효과이다.

아놀드 토인비의
역사 동시성과 청어 이야기

아놀드 토인비Arnold Toynbee(1889~1975)는 영국의 역사학자로 고대와 현대 사이에 철학적 동시성同時性 시대를 발견하고 그 내용을 발표했다. 역사는 발생, 성장, 해체가 주기적으로 반복된다는 사실을 제시한 것이다. 한편 문명의 추진력에 대해서는 고차문명高次文明과 저차문명低次文明에 대한 도전과 응전의 상호작용에 있다고 규명했다.

토인비의 이 발표로 마르크스주의자들이 만들어낸 결정론의 감옥으로부터 역사 연구를 해방시키고, 역사의 개념을 우롱하는 실존주의 함정으로부터 구제한 20세기 역사 철학의 쾌거이다.

또한 토인비는 인류 역사는 만남의 산물이라고 했다. 만남은 경쟁을 야기하는데, 이긴 자는 전리품을 가지고 패자는 다시 이기기 위해 불철주야 노력한다. 그래서 끝내는 이기고 만다. 이렇게 역사는 지금까지 흘러왔다. 하지만 이겼다 하더라도 진정한 뜻이 없으면 이긴 것이 아니요, 졌다 하더라도 뜻이 서려 있다면 결코 진 것이 아니라고 하면서 역사는 그렇게 발전해 왔다.

토인비는 기독교에 대해서도 '로마제국에서 얻는 기독교의 승리는 사도바울과 초기 기독교회의 교부들이 기독교의 교리를 헬레니즘적인 철학으로 풀이하고 해석하여 얻은 것'이라고 했다.

기독교의 체제인 계급제도는 로마의 행정형태를 토대로 세웠으며, 기독교의 의식 또한 신비종교의 형태를 모델 삼아 가다듬었다고 했다. 심지어 이교도의 축제의식을 기독교의 의식으로 바꾸었으며, 그중에 이교도의 숭배의식을 기독교의 성자 숭배로 대신했다. 그리고 기독교를 헬레니즘화 하지 않았다면 그리스도 사상 속에 휴머니즘, 즉 인문주의가 자리 잡지 못했을 것이고, 그러면 고등 종교로서 지금의 위치를 차지하지 못했을 것이라고 날카롭게 꼬집고 있다. 토인비는 종교의 역할이 인류 문명 발생의 근본임을 피력하고 긍정적인 입장을 취했다.

토인비는 문명의 붕괴를 연구할 때에 수평적인 분열이 나타난 결과에 많은 비중을 두어 강조하고 있다. 이러한 현상의 등장은 문명의 몰락을 연구하는 그의 전체 이론의 근본적인 열쇠가 되었다. 그는 "역사는 우리에게 붕괴현상을 통하여 전쟁에서 평화로 내닫는 움직임을 보여주며, 결국 음에서 양으로 향한다"고 말했다. 그리고 귀중한 것을 마구 야비하게 파괴하는 것에서 창조의 새로운 움직임을 볼 수 있다고 했다. 이 새로운 작업을 할 수 있는 특수한 자질은 그들이 그때까지 달구어 두었던 타오르는 불길의 화력에 의거한다고 말하고 있다.

위의 내용에서 보듯이 분열과 재생은 아주 긴밀한 관계를 갖고 있으며, 심지어 붕괴기에도 일어난다고 했다. 왜냐하면 지배적 소수는 단지 보편적 국가뿐만이 아니라 고차원적인 철학도 만들어 내는데 그러는 동안 내부의 민중은 보편적인 종교를 만들어낸다는 것이다.

예수 그리스도는 니고데모 질문에 "하나님의 왕국으로 들어가려면 사람은 거듭나야 한다"라고 말했다. 이 말에 토인비는 오직 정신적인 부활에 의해서만 살아남을 수 있다는 말이며, 서구가 직면한 딜레마에 영적인 의미를 마음에 두고 한 성서적 의미는 아니라고 밝히고 있다. 이처럼 토인비는 기독교회를 객관적인 시각으로 보고 긍정적인 입장을 취했다.

역사의 맥은 청어를 자극하는 것과 같다

토인비는 가까운 생활 속에서 공감할 수 있는 이야기를 즐겨 사용했다. 그중에 청어에 대한 이야기는 역사 비평가로서 날카로운 그 무엇을 짚어내는 듯싶다.

북대서양 가운데 자리 잡고 있는 영국은 어부들이 북해쪽 먼바

다에서 등이 푸르고 배가 은색인 청어를 잡아 올린다. 그런데 잡
은 청어를 어떻게 런던까지 산 채로 가져올 수 있을지가 문제였
다. 맛 좋은 청어를 싱싱하게 살려서 생물로 가져와야 제값을 받
을 수 있었기 때문이다. 어부들은 아무리 노력해도 배가 런던에
도착하여 어항 뚜껑을 열면 청어들이 거의 다 죽어 있었다.

그런데 어떻게 된 일인지 한 어부의 청어만은 싱싱하게 산 채로
있는 것이었다. "북해의 먼바다에서 잡은 고기인데 어떻게 죽지
않게 가져올 수 있었느냐?"라고 물었으나, 그 어부는 좀처럼 비밀
을 가르쳐 주지 않았다. 여러 동료가 끈질기게 묻자 어부는 마침
내 입을 열었다.

"나는 청어를 넣은 통에 작은 상어 한 마리를 넣습니다."

이 말을 듣자 어부들은 의외라 곧이듣지 않고 반문했다.

"아니, 왜 상어를 넣는단 말이요?"

여러 동료가 의심스러워 하며 눈을 동그랗게 뜨며 되물었다.

"상어를 넣으면 청어를 잡아먹지 않겠소?"

그러자 당연하다는 듯이 그 어부가 말했다.

"네, 상어가 청어를 잡아먹지요. 그러나 그놈이 잡아먹어 봤자 한두 마리밖에 못 잡아 먹지요. 하지만 통 속에 들어 있는 많은 청어는 잡아먹히지 않으려고 필사적으로 도망쳐다니지요. 그래서 살아 있는 청어가 있게 된 거랍니다."

청어들은 결국 살기 위해 비좁은 물통에서 상어를 피해 도망을 다니다 보니 살아 있게 된 것이다.

시골에서 미꾸라지를 서울로 가져오면 3~4시간 후 기진맥진하여 흐물흐물하게 된다. 그런데 거기에 메기 한 마리를 미꾸라지통발 속에 넣어 놓으면 5~6시간을 싣고 와도 생생하다고 한다. 생존을 위한 몸부림은 역시 같은 논리인 것이 아니겠는가.

토인비는 문명의 탄생 조건에서 자연환경 요건이 불리한 것은 필수조건이라고 보았다. 왜냐하면 불리한 환경 조건은 일종의 도전이므로 이에 응전해 문명사적 업적을 남기는 것이라는 이론을 정립했기 때문이다.

고대 4대 문명을 탄생시킨 곳은 4대 강 유역이다. 모두가 강물이 범람하여 위험이 크고 기후가 건조하거나 고온인 악조건이었다. 청어들이 상어가 휘젓는 악조건 속에서도 살아남아 제 몫을 해줄 수 있었던 것을 거대한 역사에 견주어보기는 무리가 따르는 듯하지만 상통하는 바가 있다.

'스트레스 반응反應'과 '스트레스 역치閾値'라는 말이 있다. 스트레스 반응은 외부의 자극에 대하여 보이는 비특정 반응이라면, 스트레스 역치는 스트레스 반응이 가져올 수 있는 자극 수준을 넘어 자극이 극심하면 역치가 붕괴되어 문제가 된다는 이론이다. 상어가 청어를 너무 극심하게 자극하면 역효과가 나타날 수도 있다는 말이다.

역사 속에서 인류사회가 끊임없이 발전하려면 역치가 붕괴되지 않도록 견제해야 한다. 인류역사를 누구는 전쟁의 역사라고 했으나 전쟁의 근본은 내가 살기 위한 방편이었다고 생각하는 것이 정설이다. 그렇다면 인간 사회나 역사가 이어져 온 것을 보면 하늘의 섭리는 오묘하다 하지 않을 수 없다.

성 어거스틴과 소년

인간은 누구나 가면mask을 쓰고 있다고 한다. 이 가면은 성격 persnality의 어원이다. 그래서 인간이 하루하루를 살아가는 것은 인생이라는 무대에서 각본 없는 연극을 연출하는 것이라 했다.

그런데 가면은 언제나 굳어버린 표정만 하고 있다. 살아 있는 표정은 주변 환경이나 기타 영향에 따라 달라진다. 웃는 가면을 쓰면 울 때도 웃고 있다. 화날 때도 웃고 있고, 초조할 때도 웃고 있지만 가면을 벗으면 본 모습대로 돌아온다.

서산대사로 알려진 청허휴정淸虛休靜 선사는 보는 눈을 도적이라 하면서 현란한 빛의 경계를 벗어나면 마음에 인색함이 없어진다고 했다.

또 귀에 들리는 도적을 막으면 요란한 소리에 휘둘리지 않는다고 했다. 코의 도적인 향기에서 균등하게 길들어야 부심에 빠지지 않는다 했으며, 혀의 도적을 억눌러 다스려야 삿된 맛에 탐내지 않고 바른말과 싫어하는 마음을 다스린다고 했다. 또한 몸의 도적을 항복시켜 애욕에 초연하여 요동이 없어야 선정에 들 수 있고, 마음의 도적을 제어해야 모든 번뇌에서 벗어날 수 있어 지혜를 얻을 수 있다고 했다.

그리고 참다운 지혜는 자제할 수 있는 자유를 얻는 것이라고 했다. 허공과 같이 시작과 끝이 없고, 더하거나 덜하지도 않으며, 크거나 작지도 않고, 위와 아래도 없으며, 옳고 그름도 없는 초월이므로 대자유를 말했다.

대자유는 여기에서는 가면이 아니라 진실 바로 그것이다. 진실은 시작과 끝도 없고, 위와 아래도 없으며, 옳고 그름도 없다. 그래서 진실인 것이다.

성 어거스틴과 만난 동자 이야기

역사 속에서 진실을 본 사람을 꼽으라면 필자는 서슴없이 어거스틴Augustinus(354~430)을 꼽는다. 어거스틴은 서방교회의 아버지로 불릴 만큼 유명하며 사도바울 이후 기독교 역사에서 가장 위대한 교부신학자이다. 그는 필자에게 너무나 큰 영감을 준 인물이다.

어거스틴은 아프리카 타가스테에서 이교도인 아버지와 그리스도인 어머니 모니카 사이에서 출생했다. 젊어서는 기독교에 대해 적대감을 가지고 있었으나 페르시아 마니교에 들어가 인간의 영혼은 빛의 산물인 데 반해 어둠에서 기인하는 것은 악의 기원이라고 했다. 어거스틴은 그 이론이 많은 문제를 일으킨다고 믿으면서도 허랑방탕한 젊은 시절을 보냈다. 나중에 암브로시우스Ambrosius에게 확신에 찬 설교를 듣고 감화를 받아 33세에 개심하여 주교가 되고, 신학자로 그리고 중세사상에 결정적인 영향을 준 대사상가로 활약했다.

어거스틴에 대한 일화를 소개하면 다음과 같다.

어거스틴이 깊은 사색에 잠긴 채 바닷가 모래밭을 걷고 있었다. 그때 한 어린 소년이 모래밭에 웅덩이를 파놓고 표주박으로 바닷물을 떠다 붓고 있었다. 어거스틴은 어린이의 놀이라 크게 신경 쓰지 않고 가던 길을 걸어갔다. 얼마쯤의 시간이 지나서 되돌아오는데 그때도 소년이 바닷물을 떠다 웅덩이에 붓고 있었다. 가만히 지켜보니까 하는 짓이 무척이나 진지해 보였다. 어거스틴은 어린 소년의 행동을 지켜보다가 의아해서 물었다.

"애, 꼬마야! 넌 아까부터 그 표주박으로 바닷물을 떠다 이 작은 웅덩이에 붓고 있던데 무엇 때문에 그러느냐? 얼른 집에 돌아가 책을 읽거나 어머니의 일이라도 도와드리는 것이 어떻겠느냐?"

그러자 소년의 대답은 의외였다.

"예, 저는 이 작은 표주박을 가지고 저 바닷물을 이 웅덩이에다 몽땅 옮겨 담으려고 합니다."

어거스틴은 이 이야기를 듣고 조용한 음성으로 달래듯 말했다.

"애야, 너의 뜻은 높고 가상하지만 이 일은 절대로 불가능한 일이다. 허니 그만두거라. 생각해 보렴. 저 무한한 바닷물을 이 작은 웅덩이에 그 작은 표주박으로 언제 다 떠 담을 수 있겠느냐?"

이 이야기를 들은 소년은 예를 갖추어 허리를 굽힌 다음 어거스틴에게 정중히 말했다.

"선생님, 선생님께서는 무엇을 생각하시며 이곳을 왔다 갔다 하셨습니까? 선생님은 그 작은 머리로 저 우주의 무한대한 진리를 몽땅 알아내고자 애쓰고 계시지 않습니까? 바닷물은 많긴 하지만 그래도 한계가 있습니다. 퍼담고 또 퍼담다 보면 언젠가는 바닥이 나겠지만 저 우주의 무한대한 삼라만상의 진리는 고원하고 영원합니다. 그런데 선생님의 그 머리는 우주에 비해 한없이 작으며, 100년도 안 되는 유한한 삶으로 저 영원무궁하고 무한대한 진리의 세계를 모두 알아내시려고 하십니까?"

어거스틴은 소년으로부터 이 말을 듣자 앞이 캄캄해지면서 해머로 머리를 얻어맞은 듯 어지러웠다.

어거스틴은 그대로 땅바닥에 주저앉아 무릎을 땅에 대고 눈물을 흘리면서 하나님께 기도를 올렸다. 그리고 일어나서 주변을 둘러보았지만 소년은 보이지 않고 하늘 아래 끝없이 넘실거리며 밀려오는 파도만 출렁거렸다.

어거스틴의 얼굴에는 수심이 내려앉았고 가슴은 파도처럼 일렁거렸다. 그리고 아무것도 들리지 않고 보이지 않아서 멍하니 지평

선 위로 눈길을 두고 움직일 줄 몰랐다. 어거스틴은 지금까지의 일상에 길들여진 습관의 가면을 벗어 던지고 본래의 어거스틴으로 돌아오고 있었다.

어린 소년의 한마디에 어거스틴은 일상에서 쓰고 있었던 가면을 벗어 던지고 본성의 눈을 뜨게 된 것이다.

프로쿠르스테스의 침대가 아닌
꽃에서 꿀 따는 것이 교육

세상에서 진귀한 만남은 내 마음과 몸의 만남이다. 이는 참으로 인간의 머리로는 헤아리기 힘든 만남이다. 보이지 않는 마음이 몸의 옷을 입고 있지만 둘 같지 않고 하나 같으며 하나 같으면서 둘이다.

일을 하거나 공부하려고 혼자 있을 때 마음이 하고자 하는 것과 몸이 하고자 하는 것이 다르다. 마음속으로는 작정한 일을 끝내고 나서 쉬고 싶은데, 또 다른 한쪽의 마음은 몸이 뒤틀리고 머리도 아프니 나가 놀다가 와서 일을 하면 어떠냐고 타협하는 것이다. 결단력이 없는 행위라고 하는 사람도 있겠지만 이때 마음과 몸은 하나이면서 둘이고 둘이면서 하나인 마음이고 몸이다.

오늘의 교육환경을 들여다보면 선생이나 부모는 학생을 꽂꽂이

식으로 공부라는 틀에 꽂으려고 하는 것 같다. 왜곡된 표현일지 모르겠지만 공부하는 틀에 집어넣고 빵을 굽듯이 구어 내고, 꼿꼿이 작품을 만들듯이 꽂아 놓고 보려는 것이 아닌데 멈출 기미가 보이지 않는다.

한 생명이 이 세상에 태어나는 것은 헤아릴 수 없이 많은 인연을 따라 탄생한다. 생명의 씨앗이 땅에 떨어져 뿌리를 내리게 하고 튼튼하게 자라도록 하는 것이 교육이다. 흙과 물과 공기와 햇빛이라는 교육의 이념을 제공하여 충실한 열매를 맺게 하는 것처럼 성공한 인격체로 인생을 살아가게 하는 것이 교육의 목표이다. 농부가 봄과 여름에 열매를 맺기 위해 땀을 흘리면서 작물을 가꾸듯이 한 인격체의 삶을 위해 최상으로 보살피는 것이 진정한 가치의 교육이다.

하지만 자녀교육을 위한 보살핌이 그 범주를 넘어 간섭에 가깝지 않나 싶다. 간섭은 식물이 빨리 자라도록 하기 위해 억지로 줄기를 뽑아 올리는 것에 해당될 수도 있다. 요즘 우리 사회 시스템이 그렇게 만들도록 작동되고 있지만, 학부형들이 조장하는 느낌도 지울 수 없다. 사람들은 자기도 모르는 사이에 자기가 생각하는 자尺를 가지고 남을 재고 자녀도 그 자로 잰다.

쉴 새 없이 청소년들이 이 학원 저 학원으로 다니는 것을 보면 그리스 신화에 나오는 프로쿠르스테스Procrustes의 침대를 연상하게 된다.

프로쿠르스테스의 침대라는 이야기는 몸서리쳐지는 산 도적의 이야기이다. 프로쿠르스테스는 아키다라는 깊은 산속에 집을 지어 놓고 집 옆으로 지나가는 행인을 유인하여 자기가 특별히 제작한 침대에 눕힌 다음 행인의 키가 침대보다 크면 머리나 다리를 자르고, 침대보다 작으면 늘려서 죽였다.

남보다 더 잘해야 된다는 생각, 그것은 자기가 만든 잣대다. 그리고 공부를 잘하게 하기 위해 자녀를 이 학원 저 학원으로 보내는 것은 익명의 프로쿠르스테스의 침대일 수도 있다.

자녀마다 생김이 다르고 그들이 갖고 있는 소질과 재능이 다른데 한 침대에 뉘어 놓고 길면 자르고 짧으면 늘려 빼는 획일적인 잣대가 학부형이고 교육기관이다. 이 모두가 하나같이 방조하는 것은 아닐까?

다자녀 시대가 아니다 보니 십분 이해는 하지만 억지로 밥을 먹이듯 학원에 내모는 것이 개성의 신장인지 아니면 사회성의 신장인지 사려 깊게 생각해 볼 일이다. 전인교육이라는 말 역시 프로쿠르스테스의 침대를 말하는 것인지 아니면 자율성이 확보된 소질과 재능에 따른 교육인지를 구별해야 한다.

우리 사회에서는 언제부터인가 마음의 수양修養이라든가, 행동을 조신하는 수신修身이라든가, 마음을 닦는 수심修心이라는 말을 들을 수 없다. 덮어 놓고 순위 경쟁에만 치중하는 경향이 있다. 이렇게 되다 보니 가까운 친구 간에도 간격이 조성되어 양보와 배려가 보이지 않고 오직 경쟁에만 치중되어 있다.

얼 쇼리의 인문학적 교육의 효과

큰 뜻을 품고 원대한 포부를 이루려면 수양과 수신을 결코 게을리해서는 안 된다. 미국의 작가이자 교육실천가인 얼 쇼리스Earl Shorris는 1995년에 노숙인과 마약중독자를 대상으로 인문학(사회·역사·철학·문학)에 관련된 문화교육을 제공했다.

이 교육은 교도소에 수용된 한 여성으로부터 '가난하고 소외된 계층의 사람들에게는 정신적인 삶을 스스로 헤쳐나갈 수 있는 소양이 필요하다'라는 힌트를 얻은 데서 시작되었다. 그래서 클레멘트 기념관에서 인문학 강좌를 시작했고, 기념관의 이름을 따서 '클레멘트 코스'라고 명명했다.

이 실험 교육이 뜻밖에 놀라운 성과를 가져왔다. 1년 코스 첫해 수료자 가운데 2명이 공부를 꾸준히 하여 치과의사가 되는 등 놀라운 결과를 거두었다. 그러자 이 교육의 의외의 성과에 주목하게 되었고, 지금은 7개국에서 60여 개의 코스가 개설되었다.

마음에 없으면 보아도 보이지 않는다. '심불재언心不在謬이면 시이불견視而不見'은 『대학大學』에 나오는 말이다. 이어서 '들어도 들리지 않는다'하여 '청어불이聽於不聞'라고 했다. '먹어도 맛을 모른다'하여 '식이불지기食而不知其'라 했다.

『대학』 전7장에 있는 말대로 마음에 없으니 보일리 없고, 들어도 소외된 계층이니 들릴 리 없다. 마음을 잡지 못해 방황하는데 무슨 말이 들리겠는가. 답답한 마음을 어디에다 표현할 길이 없어

짜증이 겹치고, 그러다 보니 거칠어지고 과격해져 사회에 동화되지 못하고 유리되어 사회 저변에 휩쓸렸던 것이다. 바로 여기에 클레멘트 코스라는 교육을 통해 눈을 뜨게 하고 새로운 세상의 소리를 듣게 한 것이다.

어렸을 때 필자는 토끼를 키웠다. 토끼가 새끼를 낳으면 일주일 이상 지나야 눈을 뜨게 되는 것을 볼 수 있었다. 사람도 갓난아기는 눈은 떴어도 상당한 시간이 흘러 눈동자의 움직임이 있고 난 다음에 사물을 인지한다.

사회 저변에 소외된 사람들에게 사회를 바르게 보는 눈을 뜨게 하는 시視와 올바르게 듣고 똑바르게 판단하는 귀인 청聽이 있어야 한다. 그리고 자기 자신이나 남에게 부드럽게 하는 얼굴인 안顔과, 자신을 가꾸고 품위를 유지하게 하는 용모容貌와, 일에 임하여 정성스럽게 하는 일인 사事를 익혀야 한다. 그런 다음 의심이 나거나 모르는 것이 있을 때에는 곧바로 물어 깨우치는 문聞과, 이득이 생기면 옳은 것인가 그른 것인가를 판단하는 의義 등이 인문학에서 갖출 수 있는 클레멘트 코스의 한 과정이라 할 수 있다.

이렇게 하여 마음과 몸이 따로 노는 이들에게 마음과 몸을 다잡아 사회성을 열어주고, 눈을 뜨게 하여 사회 저변에서 주류로 합류하게 하는 일이 진정한 교육이다.

이를 시대적으로 대별한다면 연구가들에 의해 앎을 깨우쳐 행동하게 하고, 그 행동을 가다듬어 통일에서 연합으로, 그런 다음 융합으로 그리고 한 시대를 끌어안고 대동하는 통섭統攝이 아니겠는가 하고 되묻고 있다. 어느 시대가 되었든 함께 가는 클레멘트 코스의 아름다운 빛깔과 향기가 지혜의 꿀을 제공하는 일에 변함이 없기를 바란다.

벌들이 꿀을 모으기 위해 꽃에 모여도 그 꽃의 빛깔과 향기는 그대로 두고 꿀만 취해가듯 사회의 교육기관이 그리고 클레멘트 코스가 그렇게 항상 활짝 열려 있기를 기원한다. 그리고 어느 누구에 의해서도 프로쿠르스테스와 같이 자기의 자尺가 아닌 만인의 자인 사랑과 자비의 자로 따뜻하게 감싸 안았으면 한다.

이태백이 학문을 갈고닦아
두보와 만난 이야기

'달아달아 밝은 달아 이태백이 놀던 달아'는 어렸을 때 보름달을 보며 불렀던 동요다.

중국 성당盛唐 때 음유시인吟遊詩人으로 호는 청련거사青蓮居士이고, 자가 태백太白(701~762)이다. 학문과 기예의 천품을 타고난 이태백은 청년 시절 천하를 주유하며 뜻을 키우다가 42살에 현종황제玄宗皇帝(712~756)에게 발탁되었다. 그는 탁월한 천품과 해박한 지식, 원대한 이상과 대범한 성품으로 뜻을 펼치려 했으나 권귀權貴들의 두꺼운 벽을 뚫지 못하고 그들의 모함을 받자 1년 만에 벼슬자리를 그만두고 장안을 떠났다.

이태백은 어려서부터 달이 신선의 거울이라고 하면, 이태백은 그 거울로 자신의 얼굴을 비춰 보겠다고 했다. 달에서 토끼가 약

가루를 만드는 방아를 찧는다고 하면, 이태백은 그 약가루를 먹어 보았다고 하면서 입맛을 쩍쩍 다시곤 했다. 이태백은 이런 호기심을 키우면서 자랐으며 장안을 떠나 낙양에 있으면서도 밥 먹는 것도 잊은 채 달을 바라보며 상념에 젖어 말뚝처럼 서 있기를 좋아했다.

744년 낙양에서 역사적인 시성詩聖 두보杜甫(712~770)와 지인 간의 해우가 있었다. 만난 지 2년 만에 두보 역시 현종황제가 천하의 인재를 구한다는 조서를 보고 이태백과 헤어져 장안으로 올라가 과거를 보았다. 그러나 이림보李林補의 농간에 낙방되고 말았다.

이림보는 훌륭한 인재가 조정에 들어오면 자신이 조정의 권력을 독점할 수 없다고 생각하여 응시자 전원을 낙방시켰다. 그리고 현종황제에게 이렇게 보고했다.

"폐하, 폐하의 명에 따라 널리 인재를 찾았으나 이렇다 할 인재를 발견하지 못하였습니다. 아무래도 재야에 어진 사람이 없는 듯하옵니다."

이태백이나 두보 모두 관운이 없었던지 세속의 찬바람을 맞으며 고독의 외투를 걸칠 수밖에 없었다. 이태백은 저들의 코를 납작하게 눌러 주고 못된 절개를 꺾어 버리기 위해 야심을 품고 깊은 산속으로 향했다. 그리고 밤낮없이 학문에 매달려 십여 년을 정진했다.

피 말리는 고독 속에 오직 공부에만 매진하던 그가 이제 이 껍질을 벗어 던지고 닦았던 실력을 펼쳐 보이기 위해 자리를 박차고 일어섰다. 이태백은 대붕의 날개를 감추고 산 중턱을 내려와 주막집 평상에 덥석 앉았다. 목이 컬컬하여 막걸리 한 사발을 들이키고 일어서려는데 저만치서 웬 할머니가 큰 쇳덩이를 숫돌에 갈고 있었다. 이태백은 아까부터 쇳덩이를 갈고 있는 할머니에게 물었다.

"할머니! 지금 무엇을 하고 계십니까?"

"보면 모르겠소. 쇠붙이 도끼를 갈고 있소."

"그걸 갈아서 무엇에 쓰려고요?"

"바늘을 만들려고 그렇소. 마부위침磨斧爲針."

"아니 할머니, 그 큰 쇳덩이를 갈아서 언제 바늘을 만들 수 있단 말입니까?"

"갈다 보면 언젠가는 바늘이 되는 날이 있지 않겠소."

말을 마치자 할머니는 돌아앉아 묵묵히 다시 쇳덩이를 갈기 시작했다.

이태백은 할머니의 말을 듣는 순간 천둥소리보다 요란한 마음의 울림과 머리를 세차게 얻어맞는 것 같은 충격을 느꼈다.

'내가 십여 년이 넘도록 모진 고난을 무릅쓰고 공부를 했지만 결국 내 공부가 나를 내쫓아냈던 자들을 공격하기 위한 공부였구나!' 하는 생각이 미처 지자 밥을 먹는 것도 잊어버렸다는 공자의 말처럼 정신없이 발걸음을 돌려 다시 산속으로 향했다.

산속으로 발걸음을 옮긴 이태백은 '할머니가 어떻게 나의 속 좁은 마음을 읽고 꾸짖으셨던 것일까? 그 큰 쇳덩이를 갈아 바늘이 되어 만인의 옷을 기워 입히고 따스한 이부자리를 주듯 큰마음을 가지라는 견책을 주셨으니 이보다 더 큰 스승이 어디에 있겠는가?'라고 생각했다.

마음을 추스른 이태백은 다시 깊은 수양에 들어가 자기를 싸고 있던 온갖 껍질을 벗어 던져 버린 후 대의를 위해 천하를 덮는 시의 날개를 폈다. 그의 시는 초승달에서 만월달이 되어 우리의 영혼을 밝게 불러일으켜 마음의 평화와 위안을 주고 있다.

기왓장을 갈아 거울을 만드는 일

도끼를 갈아서 바늘을 만드는 '마부위침'과 스승인 남악회양南嶽懷讓(677~744) 선사가 전법원에서 마조도일馬祖道一을 깨우치기 위해서 기왓장을 가는 '마와작경磨瓦作鏡(기와를 갈아 거울을 만든다)'은 깨달음을 얻으려고 내면세계를 여는 깨달음의 문으로 쌍벽을 이룬 고사성어이다.

한편 남악마전南嶽磨塼으로 전해지는 이야기는 다음과 같다.

회양 선사는 마조도일을 보는 순간 장차 쓸만한 그릇임을 간파하고 홀로 좌선만 하고 있는 마조 곁으로 다가가 물었다.

"좌선해서 무엇을 하려 하오?"

"부처가 되려고 합니다."

그러자 남악회양 선사가 건너편에서 깨진 기왓장을 들고 와서

돌에 갈기 시작했다. 이를 본 마조가 스승인 회양 선사에게 물었다.

"스님, 무엇을 하시려고 기왓장을 그러십니까?"

"거울을 만들려고 갈고 있네."

"기왓장을 간다고 거울이 되겠습니까?"

"기왓장을 갈아서 거울이 될 수 없다면, 좌선한다고 부처가 되겠는가?"

마조는 이 말에 머리가 핑 돌면서 먹먹해 왔다. 마조는 자세를 바로 가다듬고 회양 선사에게 물었다.

"스님, 그럼 어떻게 해야 합니까?"

"수레를 끄는데 수레가 움직이지 않으면 수레를 때려야 하겠는가? 소를 때려야 하겠는가?"

마조는 회양 선사의 말에 할 말을 잃고 멍하니 하늘만 쳐다보다가 다시 스님의 말에 귀를 기울였다.

"자네는 좌선하고 있는가? 아니면 앉아서 부처의 흉내를 내고 있는가? 선禪은 앉거나 눕는 데 있지 아니하고 일정한 모습이 없는 것이다. 법은 머무름이 없고 얻을 수도 없는데 어찌 집착하는가. 그대처럼 만일 앉아 있는 것이 부처라면 이는 부처를 죽이는 것이요, 부처의 흉내를 내고 있다면 참다운 해탈의 길이 아니다."

마조도일은 벌떡 일어나 남악회양 스님에게 엎드려 삼배의 절을 했다. 그리고 메마른 대지에 단비처럼 촉촉이 적셔지면서 단물을 마시는 어린아이처럼 환하게 웃었다. 석가모니가 아침 여명을 보고 깨달음을 얻은 것처럼 머리가 환하게 트이기 시작한 것이다.

소금을 물에 넣으면 소금은 온데간데없고 물만 남는다. 물이 많고 소금은 적으니까 물소금이라고 해야 하는데 소금물이라고 한다. 묘하게 녹아 없어진 소금을 주체로 하는 것이다. 소금은 자신을 버렸지만 물은 모습을 버리지 않았다. 그러나 세월이 가면 물은 온데간데없고 소금만 남는다.

생각해 보면 할머니는 이태백을 크게 깨우치게 했고, 남악회양 스님을 보고 마조도일은 깨달음을 얻었다. 이와 같이 얻기 위해서는 버릴 줄 알아야 한다. 나를 버리고 마음을 비워야 값비싼 보물을 채울 수 있듯이 깨우침은 마음을 비우는 데서 시작된다.

MY OBSERVER IS ME

스승의 머리를
쥐어짜게 만든 일

모든 사람은 자기 마음속에 거울을 지니고 있다. 사람들은 이 거울을 통해 자신의 결점과 약한 곳을 확실히 들여다본다.

인간은 누구나 몸과 마음을 '나'라고 한다. 그러니까 내 안의 또 다른 '나' 천하를 품을 수 있는 마음이 있다는 것을 깨달아야 한다.

우리는 날마다 회전목마에 탄 것처럼 아침이면 습관처럼 눈을 뜨고, 습관처럼 밥을 먹고 하루를 시작한다. 그리고 습관처럼 사람을 만나고, 습관처럼 일을 하느라고 온종일 바쁘게 뛰어다닌다.

이처럼 모든 행위에서 깨어나 한 번쯤은 삶을 새롭게 조명해 볼 필요가 있다. 여유가 없고 빡빡한 삶을 한 발 떨어져 직시하고 새롭게 마음을 가다듬고 뒤돌아보아야 한다.

1966년 10월 18일부터 12월 4일까지 뉴욕 현대미술관에서 프랑스 화가인 앙리 마티스의 유작 '보트 LE bateau'를 전시했다. 그런데 이 걸작품은 47일 동안이나 거꾸로 걸린 채 10만 명이 넘는 관객이 경탄과 상찬을 하면서 감상했다는 사실이 뒤늦게 알려졌다. 반추상 작품이라고는 하지만 지혜가 있기로 신에 버금가고 총명하기로 우주 진출을 바라보는 20세기 밝은 지성의 시대에 수치스러운 일이 아닐 수 없다.

셰익스피어의 명언 중에 "뿔 달린 동물 일각수는 나무에 속고, 곰은 거울에 속으며, 코끼리는 구멍에 속고, 사자는 올가미에 속으며, 사람은 아첨하는 이에게 속는다"라는 말이 있다.

저마다 자기 꾀에 넘어가는데 이른바 자신의 지성만 믿고 속아 넘어가는 것이 현대인의 결점이며 약점인 것이다. 사람은 자기 마음속에 있는 지성의 거울을 자기 자신에게 비춰봐야 하는데 남이 하니까 혹 그림 감상의 수준을 의심받을까 봐 대중의 의사에 편승해 버렸던 것이다.

지혜가 모자라고 지식이 없어서가 아니라 일정에 맞춰 서두르다 보니 벌어진 일이다. 이렇게 거꾸로 걸린 작품을 감상했지만 아무도 모른 채 묻힐 뻔했다. 그런데 월스트리트에서 증권 중개 일을 하던 한 프랑스 여성에 의해 잘못 걸린 채 전시되었던 사실이 발견되었다.

관람객 중에는 미술 전문가들까지도 거꾸로 걸린 작품을 미처 깨닫지 못하고 그냥 지나쳤다. 이는 현대인의 높은 지성, 넓고 깊은 식견, 자로 잰 듯 정확한 판단에도 불구하고 동시대인의 그림을 47일간이나 거꾸로 걸린 것조차 모르고 감상한 것이다. 절대 다수의 지식이라는 것이 오류를 범할 수도 있다는 반증이다.

'눈을 뜨고 있는 사람에게는 밤이 길다'라는 말처럼 몸이 지친 사람에게는 십리 길도 멀기만 하다. 현대인은 자신이 지나친 나머지 지혜가 둔탁해져 안경을 끼고도 사물이 가물가물한 것처럼 뒷맛이 개운치 않다. 그것은 편안하게 잠을 잔 사람에게는 밤이 길지 않다고 느끼는 것과 같다고나 할까.

필자는 마음속의 거울을 생각할 때마다 도학정치가道學政治家 정암 조광조(1482~1519)의 어릴적 일을 떠올리곤 한다. 그는 조선을 유교의 사상으로 교화하여 왕도정치王道政治를 실현하는 밑그림을 그렸던 위인이다. 조광조가 위인일 수 있었던 것은 소학동자라고 불리던 성리학자 사옹蓑翁 김굉필金宏弼의 문하생으로 스승의 인품을 훈육받은 데 있다.

이야기는 마당에 말리던 꿩고기에서 발달되어 전개되고 있다.

"아니 이런 변이 있나! 늙으신 어머니께 드리려고 정성 들여 말리던 고기인데 고양이한테 물려 보냈단 말이냐?"

김굉필이 노발대발하여 집안이 쩌렁쩌렁하게 하인들을 꾸짖고 있었다. 집안 하인들은 한쪽 구석에서 허리를 굽히고 쩔쩔매고 있었다.

이때 어린 조광조가 글을 배우러 왔다가 이 광경을 목격하게 되었다. 그리고 얼마쯤 지난 뒤에 선생님과 조용히 마주하게 되었고 이때 조광조는 선생님에게 정중히 말했다.

"부모님께 드리려고 애써 구하신 고기인데 화를 내시는 것도 무리는 아닙니다. 그렇지만 군자는 말과 행동을 가벼이 해서는 안 된다고 가르침을 주셨는데 이번 일은 소견에도 지나치신 듯싶었습니다."

"그렇지 않아도 내 행동이 지나쳤다고 후회하는 중인데 네가 그렇게 말하니 부끄럽기 그지 없구나! 네 말을 듣고 보니 너야말로 내 스승이로구나."

김굉필 선생은 어린 조광조의 손을 잡고 얼굴을 붉히며 진심 어린 심정을 전했다. 조광조는 선생님의 따뜻한 마음을 느끼면서 정중히 머리를 숙였다.

스승과 제자의 이런 광경이 2500년 시간 전의 석가모니와 마하가섭 간에 주고받았던 이심전심以心傳心이 아니었을까. 스승과 제자 간에 일심동체로 주고받은 뜨거운 애정이 마음에서 마음으로 공명되는 시간이었던 것이다. 김굉필 선생은 어린 제자가 내게 채찍질하고 머리를 쥐어짜게 해준 범종 소리와 같았다고 했다.

사실은 뉴욕 현대미술관에서 거꾸로 걸려 47일간이나 전시되었던 이 사건이야말로 현대인을 채찍질하고 참으로 머리를 쥐어짜게 만든 일인데도 그 후일담은 세월 속에 묻혀 버렸다.

무심코 잘못을 저지르고 부끄럽게도 10만 명을 어쩌면 우습게 만들고 오염된 자연환경이 건강을 해치듯 경각심의 종소리가 울린 것은 아닐까?

전시되었던 그날은 지나갔다. 한 프랑스 여성이 아니었다면 조용히 묻혀 넘어갔을 뻔한 무수한 사건 중 하나였을 뿐이라면 그뿐이다. 그러나 '네가 나를 부끄럽게 하는구나!' 하는 김굉필 선생님과 어린 소년 조광조를 기억하자.

정성 어린 티칭으로
사랑 담은 코칭으로

우리 사회는 법도나 예절도 없고, 기강을 유지하는 법질서도 없으며, 품위를 유지하기 위해 지켜야 할 도리를 찾아볼 수가 없다. 특히 국민 사이에 정치 권력이 모든 것을 좌우한다는 인식이 팽배해 있다. 청문회에 나온 지도층을 보면 위장전입으로 법을 어기거나 위법 및 탈법한 이들이 대부분이다.

이는 고려의 익재 이제현의 "사슴을 쫓는 사람은 산을 보지 못하고, 돈을 움켜쥐려는 사람은 사람을 보지 못한다逐鹿而不見山 攫金而不見人"라는 말처럼 마음이 그곳에만 있어 멀리 보지 못하는 탓이다. 그래서 "보아도 보이지 않고, 들어도 들리지 않으며, 먹어도 그 맛을 알지 못한다"라는 대학의 말처럼 그것에만 마음이 팔려 있기 때문이다.

티칭이 제대로 되지 못한 사람인데 지휘봉까지 들고 코칭까지 하게 된다면 어찌 되겠는가? 그런 사람들이 자리에 앉게 되면 쉽게 말해 권력의 힘으로 누르고 무작정 휘둘러대며 좌지우지하는 횡포를 하여도 막을 방법이 없다. '참으로 반듯하고 깨끗한 지도층을 보기가 이렇게나 힘들까?' 하는 탄식이다.

조선 시대의 군주국가에서도 사회기강을 유지하는 법도나 예절이 군주인 왕의 권력보다도 우선시된 예가 있었는데, 지금은 그마저 없는 듯싶다. 절대 권력자인 왕조차도 법도에 어긋난다는 지적이 있으면 절차에 따라야만 했다.

태종諱·방원芳遠(1367~1422)은 조선 개국에도 참여했으며, 왕자의 난을 거쳐 막강한 권력을 휘두른 군왕이었다. 태종에게는 권총權寵이라는 외손자가 있었다. 태종이 외손자를 너무 사랑한 나머지 무릎 위에서 놀며 자라서 버릇이 없었다. 그러던 어느 날 권총이 노신老臣의 수염을 가위로 잘라버렸다. 물론 아이의 악의 없는 장난에서 비롯되었지만 부모의 유체遺體인 머리털 한오라기라도 함부로 하지 못하는 윤리 도덕이 삼엄한 때의 사건이었다. 조정에서는 어린아이지만 벌을 주어야 한다는 공론이 크게 일었다.

태종 역시도 예절을 버릴 수가 없어 어쩔 수 없이 공론에 따를 수밖에 없었고, 어린아이가 예절도 모르고 저지른 짓이지만 죽음만은 면하게 해달라고 탄원했다.

태종은 한시라도 못 보면 눈에 아른거리는 외손자를 숭례문崇禮門 밖에 가두게 되었다. 그리고 1년이 지나서 태종이 자리에 눕게 되자 눈물을 글썽이며 말했다.

"내 외손 총이 몹시 보고 싶다. 그러나 조정의 예법을 저버릴 수 없으니 데려오라고 말할 수가 없구나!"

절대 권력자라도 이처럼 예절과 법도에 감히 도전할 수 없었던 것이 우리 선대에 있었던 사회질서 유지 정신이었는데, 지금은 집권층에서 그 기준을 무너뜨리는 듯싶다.

예부터 교육의 교敎는 모방模倣으로 본받는다는 뜻이고, 육育은 양養으로 기르고 이끈다는 의미이다. 여기서 가르치는 교가 '티칭teaching'이라면, 육은 마음에 사랑을 담은 '코칭coaching'이라고 말할 수 있다. 버릇없었던 권총은 정성 어린 티칭이 잘못된 것이고, 예법을 내세워 숭례문 밖에 가둔 것은 코칭의 한 방법이라고 말할 수 있다.

권력이 사회기강 위에서 무소불위로 휘두르는 것은 티칭의 부재이며, 이런 상황을 보면서도 어떻게 하지 못하는 것은 코칭의 부재로 이는 그 끝을 예견할 수 없다는 데 심각성이 있다.

회초리를 보고 어머니가 그리워 운 홍서봉

1640년부터 1645년까지 영의정과 좌의정을 번갈아 맡았던 홍서봉洪瑞鳳은 복잡한 대내외 문제를 해결한 훌륭한 문신이었다.

홍서봉은 어려서 아버지를 잃고 홀어머니 밑에서 엄하게 교육받았다. 어머니는 친히 책을 펴놓고 가르쳤는데, 게으름을 피우면 회초리로 종아리에서 피가 나도록 때리며 훈계했다.

"네가 공부를 못하거나 행실이 바르지 못하면 세상 사람들이 너에게 아비 없이 자란 아이이기 때문이라고 할 것이다. 그래서 홀어머니의 자식은 배 이상 노력을 기울여야 한다. 과자배학菓子倍學하지 않으면 손가락질을 받게 된다. 어미는 그것을 절대 용납하지 못한다."

어머니는 호된 꾸지람과 함께 종아리를 때린 후 피묻은 회초리를 비단 보자기에 싸서 장롱 속에 간직하고는 홀로 눈물을 훔쳤다.

세월이 흘러 1626년 도승지가 되고, 1636년 우의정이 되었을 때 홍서봉은 장롱 속에서 비단 보자기에 싸여 있던 회초리를 꺼내 흐느껴 울며 어머니를 그리워했다. 홍서봉의 어머니는 더없는 훌륭한 티칭을 하고, 바르게 자라도록 코칭을 하신 따뜻한 사랑이 넘친 스승이셨다.

선생님 앞에 무릎 꿇은 장군

우리말에 '달초'라는 말이 있다. 부모나 스승이 훈계할 목적으로 회초리를 자기의 볼기나 종아리에 때리는 일이라고 국어사전에는 적혀 있다. 여기서 달撻은 종아리칠 달이고, 초楚는 가시 초로 아픔을 뜻한다. 잘못은 어린아이가 했지만 회초리를 들어 부모나 스승의 종아리를 때리게 하여 부모나 스승의 아픈 마음이 어린아이에게 전달되어 바르게 자라기를 바라는 간절한 바람에서이다. 이는 정성 어린 티칭이고 아픈 마음이 전달되어 깊이 느끼게 하는 사랑의 코칭인 것이다.

언젠가 필자가 잡지에서 감명 깊게 읽었던 내용으로 여기에 옮겨 보려 한다.

장군을 아버지로 둔 학생이 있었다. 그 학생은 자신의 아버지가 세상에서 제일 높고 훌륭하며 힘이 세다고 믿고 있었다. 그런 아버지의 힘을 믿고 선생님의 말도 잘 듣지 않고, 친구들 간에도 늘 뻐기거나 으스대면서 제멋대로 놀곤 했다.

이를 전해 들은 아버지가 몇 날 며칠을 깊이 생각한 끝에 선생님을 집으로 초대했다. 그리고 초대받은 선생님이 대문에 들어서자 장군은 맨발로 뛰어나가 무릎을 꿇고 앉아 선생님을 맞이했다. 이 광경을 지켜본 아들이 깜짝 놀랐다.

'아니 이럴 수가! 세상에서 아버지가 제일 높고 힘이 센 줄 알았는데 선생님 앞에서 아버지가 무릎을 꿇으시다니. 선생님이 아버지보다 높으신 분이구나.'

학생은 그날 후로 선생님을 볼 때마다 이전과는 달리 정중히 인사드리고 모시게 되었다. 또한 선생님은 지극한 마음으로 학생을 가르치고 반 친구들과도 잘 융화하도록 배려했다.

바로 부모이신 장군과 선생님이 둥그런 달을 가리키는 티칭이 되고 손가락인 코칭이 되어 교육이라는 참다운 뜻을 실현할 수 있었다. 교육의 참다운 뜻은 티칭과 코칭이 조화를 이룰 때 무지개 빛처럼 곱게 빛난다.

필자는 서문에서 완벽한 교육자는 자연밖에 없다고 했다. 바로 자연이 완전한 티칭이고, 또 무엇에도 비길 수 없는 완전한 코칭 이라는 말이다.

MY OBSERVER IS ME **2**

살면서 나를
정면으로 바라보기

하루를 살더라도 아름답고 즐겁게 이웃과 함께 웃고 살자.
살다 보면 살만한 이 세상이다.
살만한 세상이 확대되면 이 세상이 곧 천국이다.
그래야 죽어서도 천상천국으로 갈 수 있을 것이다.

척 피니는 기부황제,
빌 게이츠와 워런 버핏은 분봉왕

세계적인 경제 대공황 기에 태어난 척 피니Chuck Feeney(1931~)는 아일랜드 이민 노동자로 미국 뉴저지에서 출생했다. 가난한 가톨릭의 집안에서 태어나 경제공황의 어려움 속에서 자랐다. 그는 10세에 성탄카드를 만들어 방문판매를 했고, 비가 오는 날에는 우산을 팔았다. 샌드위치를 팔거나 골프장의 캐디 등 닥치는 대로 일을 하면서 장래의 여러 가지 일을 준비하는 청년이었다.

저녁이면 가톨릭 성당에 다니는 어머니로부터 "정직하게 살되 늘 겸손하고 자기 일을 남 앞에 자랑하거나 뽐내지 말라"는 말씀을 새겨들으면서 자랐다.

그는 어리지만 근면했고, 돈이 생기는 일이라면 가리지 않고 뛰어들어 일하면서 자신을 단련하는 기간으로 삼았다. 흔히 일을 즐기는 사람은 좋아하는 사람보다 앞선다는 말처럼 일을 항상 즐기는 편이었다. 척 피니는 군대에 갈 때도 공군에 지망하여 자신이 선택한 길을 걸었으며 6·25 한국전쟁에도 참전했다.

대학을 졸업한 다음 공군에 근무했던 일을 계기로 미군함에 면세 술을 판매하게 되었다. 이를 기반으로 차츰 세계 각국의 주요 항구에 점포를 갖는 사업기반을 닦아 도약의 발판이 마련되었다. 사업이나 일에 깊은 애정을 가지면 결국 열매를 맺듯이 척 피니는 이를 계기로 점차 사업을 늘려 세계적인 면세점 업주가 되었다.

그리고 DFS_{Duty Free Shoppers}라는 세계 최대의 면세점 전문업체와 공동창업을 하게 되었다. 척 피니는 억만장자가 되었지만 늘 검소하고 겸손했다. 거부가 되자 척 피니가 세인들의 입방아에 오르내리게 되면서 저널리스트들에게 가십거리가 되었다. 돈밖에 모르는 수전노守錢奴로 취급되고 노블레스 오블리주 정신이 없는 모리배로 몰렸다.

그도 그럴 것이 집도 없이 임대아파트에 살면서 개인 자동차도 필요하면 렌트를 했으며, 시계도 값싼 플라스틱 전자시계만 차고, 비행기도 이코노미석만을 고집하며, 밥도 허름한 식당에서 먹는 등 누가 봐도 지독한 구두쇠로 보였기 때문이다.

미국의 한 경제지는 그런 척 피니를 묘사하여 구두쇠 짠돌이라는 비판기사를 실었다. '부유하지만 너무나 냉철하고 돈만 아는 수전노 억만장자'라는 대문짝만한 제목을 뽑아 비난했다.

그러나 그는 누가 뭐라하던 상관하거나 개의치 않았다. 하늘은 아무 말도 하지 않지만 사계절을 순환시키고 그 가운데 만물을 생성시키는 것처럼 그는 앞만 쳐다보며 정진했다.

승승장구하던 척 피니는 1990년대 말 소송에 휘말려 회계조사를 받게 되었다. 회계조사를 받던 중 수십억 달러의 뭉칫돈이 다른 회사 이름으로 계속해서 빠져나가고 있었던 것이 발견되었다. 그러자 물 만난 고기떼처럼 언론매체들이 달려들어 척 피니의 비자금 횡령을 앞다투어 보도했다.

갈지 않는 밭에는 잡초만 무성하듯 한 번도 겪어보지 못한 언론이라는 밭에 날벼락이 떨어지듯 요동쳤다. 그러나 뜻밖의 사실이 대명천지에 드러나면서 하루아침에 비방의 글이 싹 사라지게 되었다.

척 피니가 몰래 지출하고 있던 어마어마한 거금은 무려 15년 동안 9조 원 이상을 질병퇴치와 교육, 인권 등을 위한 기부금으로 지출된 것이 밝혀졌기 때문이다. 수전노라고 비방하던 매체들은 체면이 구겨지고 말았다. 척 피니는 자기 자신에게는 엄격하고 검소하게 지냈지만 남을 위해서는 거금을 기부했다. 그는 30여 년 동안 자기 재산의 99% 이상을 에틸렌틱 재단을 통해 사회에 환원한 것으로 나타났다.

그는 왜 아무도 모르게 기부했을까?

척 피니는 평소 어머니의 따뜻한 사랑에 깊은 감동을 받았기 때문이라고 했다. 척 피니는 2014년 기준으로 무려 66억 달러를 기부했으며, 자산 대비 세계 최대로 알려졌다. 흔히 하는 말로 사랑의 깊이는 진실한 사랑의 잣대로만 잴 수 있다고 했듯이 척 피니는 지금도 여전히 검소한 생활과 기부를 이어가고 있다.

누가 척 피니에게 "행복이 무엇이냐?"라고 물으면 "저는 다른 사람을 도울 때 행복하고, 돕지 않을 때 불행하다"라고 대답했다. 그리고 85세의 만년에 말했다. "돈은 매력적이지만 그 누구도 한꺼번에 두 켤레의 신발을 신을 수는 없다." 그의 이런 말은 깊은 깨달음에서 나와 더욱 빛났다.

사실 가졌다고 누구나 기부하는 것은 아니다. 그래서 진정한 부자는 세상을 품는다는 말의 뜻이 얼마나 중요한지를 깨달은 사람이다. 자신을 위하는 욕심으로는 남을 위하고 사회를 위하는 큰 그릇에 물을 채울 수 없다. 그렇다. 인생의 참된 목표는 용기에 있다는 말처럼 자기라는 투구의 껍질을 벗어던지고 자기 자신을 사랑의 내면 세계로 인도했던 사람이 바로 척 피니였다.

'살아 있을 때 기부하자'는 척 피니의 사랑의 향기는 워런 버핏과 빌 게이츠가 자선단체를 세우는 데 절대적인 영향을 미치게 되었다. 워런 버핏은 "그는 나의 영웅이고, 빌 게이츠의 롤모델이다"라고 했다.

후암동의 정종홍 선생은 『나의 흔적』이라는 책에서 이렇게 적고 있다. 『주역』의 '계사상전'에서 이인동심이면 기리단금二人同心, 其利斷金, 즉 '마음을 같이하는 두 사람이 뭉치면 강철도 자를 수 있다'라고 했다.

척 피니가 계기가 되어 빌 게이츠와 워런 버핏과 같은 사람들이

기부에 앞장서면서 미국 시민들의 가슴에 따뜻한 나눔이 한없이 넓혀지고 있다. 이처럼 척 피니의 선행은 미국 부호들의 마음을 움직여 기리단금, 즉 강철도 토막내는 것처럼 자선사업에 동참하게 하는 초석이 되었다.

척 피니는 이렇게 말했다.

"사랑은 인간이 인간의 세계를 껴안는 아름다운 방법이다."

척 피니는 말없이 인간의 세계를 껴안은 한 사람이었다. 이유 없는 사랑이 강하다고 하지만 사랑하는 마음으로 세계를 바라보는 그 사랑의 고귀함이 또 다른 생명을 일으킨다.

척 피니의 말 없는 기부로 말미암아 빌 게이츠와 워런 버핏과 같은 기부의 왕이 나타나 수많은 생명을 구하고 있다. 이 두 사람을 이름하여 사랑의 손길을 내밀어 세상을 따뜻하게 껴안은 두 분의 분봉왕이 아니겠는가? 진시황이 최초로 시황제가 되었듯이 먼저 실천한 척 피니는 기부황제가 아니겠는가?

무게 중심의 달란트가
탤런트다

달란트talent는 무게의 단위이고 유대의 화폐단위이다. 고대 그리스에서도 탈란톤talanton을 무게의 단위로 사용했으며, 라틴어 탈렌툼talentum은 성인 하루의 품삯이었다.

화폐로써 1달란트는 6,000데나리온이며, 1데나리온은 보통 노동자의 하루 임금이었다. 그러므로 1달란트면 보통 사람이 16년 동안 일하고도 모으지 못할 만큼의 큰돈이다. 이로써 1달란트를 금金으로 환산하면 34kg으로 약 5억 원쯤에 해당되는 돈이다.

이 달란트가 영어의 탤런트를 뜻하는 재능이나 능력 본위로 평가되었다. 다시 말해서 인간이 태어날 때부터 지니고 나온 천부적인 자질인 달란트로 그 사람의 재능을 의미하는 말로 쓰이게 되어 오늘날의 '탤런트'가 된 것이다.

'반객위주反客爲主'라는 말이 있다. 이는 객이 주인 노릇을 하는 것을 말한다. 원래 무게로 쓰던 달란트가 전이되어 화폐단위가 되더니 급기야는 사람을 칭하는 탤런트가 되어 객이 주인 노릇을 하는 격이다.

지금 탤런트는 방송의 뉴스진행자(앵커), 해설자, 사회자, 연기자, 가수, 작가 등을 일컫는 것으로 전용되고 있다. 우리나라에서는 TV 연기자에 한정해 사용하고 있다. 이렇게 와전되어 사용하는 달란트가 탤런트가 되었으니 반객위주로 사람의 가치인 인격 칭이 된 것이다.

『성경』 마태복음 25장 14~30절에 보면 주인이 종에게 1달란트에서 5달란트까지 세 사람에게 맡기는 이야기가 나온다.

"어떤 사람이 타국에 갈 때 그 종들을 불러 자기의 소유를 맡겼는데, 각각 그 재능대로 한 사람에게는 5달란트를, 다른 한 사람에게는 2달란트를, 또 한 사람에게는 1달란트를 주고 떠났다."

이 일은 세 사람 사이에서만 비교해 볼 때 불공평함이 느껴진다. 물론 각각 그 재능대로라는 전제가 있긴 하지만 많이 받은 사람은 우월감이, 덜 받은 사람은 상실감과 불만이 마음의 언저리에 남아 갈등의 소지도 배제할 수 없다.

그런데 여기서 달란트를 받아든 세 사람의 행동은 다르게 나타나고 있다. 5달란트를 받은 사람은 그것으로 장사를 하여 5달란트를 더 남겼으며, 2달란트를 받은 사람도 장사를 하여 2달란트를 이익으로 남겼다. 1달란트를 받은 사람은 땅을 파고 그 돈을 감추어 묻어 두었다. 그 후 주인이 타국에서 돌아와 그들과 결산하게 되었는데, 5달란트를 받은 사람은 맡겼던 5달란트 외에 5달란트를 더 내놓았다. 그러자 주인이 말했다.

"잘 하였도다. 네가 작은 일에 충성했으니 나와 즐거움에 참여할지어다."

또 2달란트를 받았던 사람도 2달란트 외에 2달란트를 더 내놓자 주인이 말했다.

"작은 일에 충성을 다했으니 나와 즐거움에 함께 참여할지어다."

1달란트를 받은 사람도 주인에게 와서 말했다.

"당신은 굳은 사람이라 심지 않은 데서 거두고 헤치지 않은 데서 모으는 줄을 제가 알기에 당신의 달란트를 땅에 묻어 감추어 두었다가 그대로 가져 왔나이다."

이에 주인이 대답했다.

"악하고 게으른 종아, 내가 심지 않은 데서 거두고 헤치지 않은 데서 모으는 줄 알았느냐. 그럼 네 돈을 너에게서 취하여 10달란트를 가진 사람에게 주어라."

이렇게 하여 10달란트를 가진 사람에게 그 1달란트까지 마저 주었다.

성경 속의 주인과 세 사람 사이에는 고대라는 개념적 배경에 가려져서인지 헤아릴 수 없는 의문이 너무나 많다. 그동안 기독교는 만인의 사랑 만인의 평등을 내세웠다. 그런데 그 평등의 윤리에서도 벗어나 보인다. 더욱이 땅을 파서 묻었다가 1달란트를 가져온 사람에게서 그것마저 빼앗아 10달란트를 가진 사람에게 준 것은 너무나 의외다. 이는 교회만능주의 에클레시아스티시즘의 시각으로서 만이 이해될 수 있는 대목이다.

이는 자칫 빈익빈 부익부貧益貧 富益富의 단면을 보증해 주는 것 같아 위태롭기까지 하다. 그러나 옳으냐 그르냐를 떠나 레위기 25장 이하를 보면 희년稀年을 설정하여 만인 평등의 역사를 되돌리는 반추의 대목이 담겨 있기도 하다.

이상의 자세한 내용은 교회의 이론에 맡기고 달란트가 교환의 가치를 지닌 돈으로 변신하여 고안되고 다시 인격층인 탤런트로 화려하게 등극한 것에 대한 사례를 들어보기로 한다.

그럼 이스라엘 역사 속에서의 달란트, 즉 돈에 대한 면도 어떤 위치에서 다루어졌는지 짚어 그 돈의 위력에 대해서도 잠시 생각해 보기로 한다.

돈이 어떻게 탤런트가 되었는가

먼저 무게의 달란트가 화폐로 둔갑한 것은 금선탈각金蟬脫殼, 즉 매미가 껍질만 남기고 성충이 되어 날아가 버린 것과 같다는 말이다. 이에 더하여 사람의 재능이나 인격층에 가치를 부여하여 쓰게 되어 날개를 달아준 셈이다.

그리하여 탤런트는 대중의 사랑을 받는 영상매체의 주인공들이 되었으니 그야말로 하늘의 별을 달아준 스타가 아니겠는가.

하지만 돈이라는 것은 맹랑하기 짝이 없다. 만일 사회적 약속이 깨지면 그 가치는 하루아침에 휴지조각이 되고 만다. 그래서 금을 보유한 만큼만 돈을 찍어내는 것을 금본위 화폐라 하는데, 그런 장치가 없을 때는 어떻게 될까?

한편 오늘날과 같이 그 가치가 인정될 때는 돈이 생살여탈生殺與奪의 무서운 위력을 발휘한다. 새삼 그 위력을 짚어본다면 탑을 쌓아 하늘까지 닿게 하여 자신들이 이름을 내고자 했던 교만의 바벨탑이 보이는 듯하다. 오늘날 자본주의의 달라(돈)가 또 다른 무소불위의 바벨탑이 아니라고 말할 수 있을까?

창조주가 지은 생명의 주관자 노릇을 하는 위력이 닮아있기에 하는 말이다. 그런 면에서 새삼 우리 사회의 무소불능無所不能의 위력을 논한다면 돈만 있으면 금수강산이요, 돈 없으면 적막강산이다. 그런가 하면 경계의 속담도 있다. '돈은 마음을 검게 하고 술은 얼굴을 붉게 한다', '개같이 벌어서 정승같이 써라', '사람 나고 돈 났지 돈 나고 사람 났나', '돈 앞에서는 웃음이 한 말이요, 돈 뒤에서는 눈물이 한 섬이다' 등 돈의 다양한 면을 유감없이 보여주고 있다.

유대인들에게도 돈에 대한 격언은 많다. 오랜 세월 동안 박해받아온 그들에게는 돈에 대한 남다른 시각이 있다. 수천 년을 나라 없이 유리방황한 유대인들에게는 나름대로 돈에 대한 뚜렷한 철학이 있다.

국토를 잃고 세계 각지로 흩어져 살면서 상인이 되었지만 격언대로 '돈은 기회를 제공한다'라고 말하면서 '돈의 주인은 사람이다'라고 말한다. '돈은 성스러운 것이다', '돌 같은 마음도 황금 망치로 열 수 있다', '부자를 칭찬하는 것은 돈을 칭찬하는 것이다', '부자에게는 아들이 없고 다만 상속자만 있을 뿐이다', '빚을 얻는 것은 가려운 데를 긁는 것과 같다', '돈을 빌려줄 때는 증인을 세워라. 그러나 베풀 때는 제3자가 있어서는 안 된다' 등이다.

사실 하늘天을 인격화한 것이 하느님이라면, 하느님을 추상화한 것이 하늘이라고 말할 수 있다. 우리 주 예수 그리스도는 성령으로 마리아에게 잉태되시고 인간으로 태어나 인류의 역사 속으로 들어온 하나님이시다. 그 유대민족에게 무게인 달란트가 화폐가 되고, 오늘날에는 탤런트가 되어 그 재능대로 몸값의 몫을 출연료로 받고 있다.

작금에는 재능이나 기량까지도 중량급으로 대우받는 대스타의 몸값은 만만치 않다. 중량급이라는 무게가 몸값의 단위가 된 것이니 결국 달란트가 별인 스타가 되고 탤런트가 된 이야기라 하겠다.

인간이 있으므로
신도 존재한다

인간이 존재하지 않는 세상은 신도 존재하지 않는다. 인간이 존재하지 않는 세상의 신은 존재의 의미가 없기 때문이다. 그래서 신을 신이 되게 하는 것은 인간이다.

인간이 타에 의한 존재이건 내재된 자아이건 인간은 밖으로부터 자극되어야 나다운 존재로 거듭난다. 내가 내 손으로 가려운 곳을 긁으면 시원하다. 그런데 다른 사람이 긁어주면 황홀하다. 내 옆구리를 내가 간질이면 우습지 않지만 다른 사람이 간질어주면 황홀하다. 내가 나를 간질이면 우습지 않은데 다른 사람이 간질이면 왜 자지러질까? 내가 내 몸을 만지면 별스럽지 않은데 사랑하는 사람의 손길이 닿으면 감미로움을 넘어 신비로움이 더한다.

내가 웃으면 내가 볼 수 없으니 그냥 즐겁지만 상대방의 미소는 나에게 시름을 잊게 하고 묘한 힘을 주는 감미로운 작용을 한다. 지금까지 나는 내 것이라고만 생각하고 살았는데 곰곰이 생각해 보니 다른 사람의 손길과 눈길이 나를 더 나 되게 한 나였다. 이 얼마나 오묘하고 경이로운 존재의 의미인가?

내 오관의 입을 자극하는 것이 음식이고, 내 눈을 자극하는 것이 사물의 모양과 빛깔이었다. 내 코를 자극한 것이 향기 나는 냄새였으며, 내 귀를 자극한 것이 들리는 소리였다. 이 모두가 나 아닌 밖으로부터 나를 자극하여 나 되게 한 것들이었다.

그렇다면 신이란 무엇일까? 내 안에 있을까 밖에 있을까? 우리는 신을 무소부재無所不在로 미치지 않는 곳이 없다고 생각한다. 에너지와 무색 투명한 공기 같은 것으로 없는 곳이 없이 어디에나 존재하는 것이다. 신은 설명으로 감당하기 어려우니 아마도 그 자체가 신이며, 진眞·선善·미美와 같은 가치라고 말할 수 있지 않을까?

앞에서 말한 대로 신이 신 되게 하는 것이 인간이며, 인간이 존재하지 않는 세상의 신은 존재 의미가 없기 때문이다.

지금까지의 신은 창조주였다. 그리고 인간은 그 창조물이었다. 그런데 이 논리는 다시 재정립되어야 한다. 인간은 신에 대하여 논리적으로 설명할 수 없다고 한다. 그래서 인간은 신이 아니고 피조물이라고 단정했다. 신의 영역은 인간의 말이나 글자로 표현될 수 없고, 시간과 공간 속에 갇혀 있지 않다는 것을 그 근거로 든다.

사실이 그렇다면 인간 너머에 있는 신은 인간과 무슨 관계가 있으며, 인간의 마음 세계에 대해서는 어떻게 설명할 수 있겠는가?

　인간의 마음 세계도 신에 대하여 말한 것처럼 논리적으로 설명할 길이 없다. 언어와 문자로도 그리고 신의 영역과 공간의 한계 속에서도 너무나 자유자재라서 이해될 수가 없다. 아무런 모양도 없고 예부터 지금까지 관통하고 먼지 같은 티끌에 있는가 하면 금방 우주를 감싼다. 안으로 한량없는 미묘함을 보이다가 순식간에 밖으로 나가 과거와 현재, 미래를 아우른다. 질풍같이 흐르는가 하면 모든 이치를 꿰뚫고 법 위에서 왕노릇을 한다.

　한마디로 마음은 너무 높고 커서 무엇과도 짝할 수 없으며, 밝고 밝아 모든 것을 태양처럼 비춘다. 마음은 어디서부터 비롯되었음이 없고 끝도 없다. 마음은 비어 있는 것 같지만 비어있지 않고, 있다고 할 수도 없지만 없는 것도 아니다. 이런 까닭에 마음은 알 수가 없는 듯하지만 분명히 있는 것이다.

　이런 인간의 마음이기에 신의 속성을 그대로 가지고 있다. 그래서 인간은 신이 자기 모양과 형상을 그대로 전개해 놓은 이 땅의 신이며, 신의 대행자가 인간이다.

　좀 더 구체적으로 말하면 땅 위에 만물만상을 구성하고 있는 입자의 단계를 넘어서 궁극의 실체에 도달하면 관념의 세계와 맞닿아 있는 것이 아닌가? 물질 역시 형이상학으로서의 물질이 있고, 그 현상의 경계를 넘어서면 관념의 세계에 이르게 되는 것이 아닌가? 그러므로 물질이라는 것도 시간과 공간권 내에 존재하는가 하면 궁극에는 시간과 공간을 넘어서 버리는 물질 이전의 세계로 이어지는 것이다. 이렇게 되면 모든 존재는 시간과 공간성에 의하여 존재한다는 이해가 무의미해진다. 이로써 신만이 창조주가 아니라 인간이 왜 신을 창조해야 하고, 그렇게 창조된 신이 만물의 창조주의 반열에 세워지게 되는 뜻을 느낌으로 이해할 수 있다.

그래서 신과 인간과 만물을 별개의 존재가 아니라 서로가 서로 되게 하는 통섭적인 사고 체계로 재정립되어야 한다. 이제 4차원의 세계에서는 인간의 의식이 좀 더 고차원적인 기초로 다시 재정립되어야 하는 이유가 여기에 있다.

신비롭게도 인간은 보이는 육체의 몸과 볼 수 없는 무형의 마음으로 이루어져 있다. 이 신비로움을 몇 자의 문자로 어찌 말할 수 있겠는가?

파놉티콘과 시놉티콘

'신처럼 모든 전체를 다 본다'는 파놉티콘panopticon이란 말이 있다. 이는 한 곳에서 전체를 감시하는 원형감옥과 같이 전체를 빠짐없이 다 본다는 뜻이다.

영국의 법학자이자 철학자인 제러미 벤담Jeremy Bentham(1748~1832)은 1791년에 원형감옥 건축양식을 설계했다. 그리스어로 모두를 뜻하는 '판pan'과 다 본다는 '옵티콘opticon'의 합성어로 중앙에 감시탑을 만들어 24시간 감시하는 것을 말한다. 구조는 감시탑 밖에서는 안을 볼 수 없게 불투명 유리로 만들어져 있다. 죄수들은 탑실에서 누군가 자신들을 늘 감시한다고 여긴다. 그러나 그 탑실에는 사람이 없다. 죄수들은 시간이 지나면서 자신들이 감시받고 있는 것을 확신하게 되고 감옥의 규율을 준수하게 된다. 그리고 끝내는 점차 감옥의 규율이 몸에 배게 되어 마침내는 스스로 자기 자신을 감시하게 된다는 다소 가변적인 이론이다.

여기서 구조적으로 불합리한 것은 감시자는 죄수들을 볼 수 있지만 죄수들은 감시자를 볼 수 없다는 데 있다. 이런 불평등에도 죄수들은 할 말이 없다. 죄수와 감시자는 불평등의 관계에서 출발되었기 때문이다.

우리의 주변 생활을 살펴보면 나도 모르는 사이에 감시자 파놉티콘이 도처에 깔려 있다. 지하철에 설치된 CCTV, 버스에 올라타면 붙어있는 감시카메라, 건물 엘리베이터에 걸려있는 몰래카메라, 자동인출기 앞에 설치된 CCTV 등이 그것이다. 또한 자동인출기에서 인출된 돈과 위치가 그대로 표시된다. 차를 끌고 도로에 나가면 블랙박스가 찰칵댄다.

사실 알고 보면 하루종일 한 시간도 빠지지 않고 감시당하고 있는 셈이다. 신용카드도 어디서 물건을 사고, 어디서 버스를 타고 내리는지 종일 기록에 남기는 파놉티콘을 벗어날 수 없다. 컴퓨터 역시 파놉티콘이다. 지워도 귀신같이 복구하여 숨길 길이 없다. 그런가 하면 해커들은 바다의 해적들처럼 저장된 정보를 눈 깜짝

할 사이에 빼간다.

손에 들린 스마트폰 역시 파놉티콘이다. GPS라는 인공위성 항법장치가 음성만 전달하는 것이 아니라 위치까지 알려주기 때문에 꼼짝없이 원형감옥의 죄수들 같이 나의 일거수일투족을 감시당하고 있다. 이처럼 정보기술의 파놉티콘이 나를 훤히 들여다보는 무소불위의 권력자 파놉티콘에 감시당하고 있는 것이다.

이런 감시장치를 설치해 놓은 감시자들은 막강한 권력으로 빅데이터를 활용해 더 많은 정보를 독점한다. 이처럼 마술 같은 파놉티콘의 정보기술을 꼭 쥐고 있는 그들을 감시하고 견제할 수 있는 장치는 있는 것인가?

노르웨이 사회학자인 토마스 마티센Thomas Methiesen은 시놉티콘 Synopticon을 처음 언급했다. 이것이 시놉티콘의 탄생이며, 그 주체는 언론이다. 언론은 다수에게 올바른 정보를 제공하고 비리를 고발하며 권력을 견제하는 매체라고 했다.

특히 SNS처럼 사이버 공간에서 여론을 조성하여 다수의 우호관계를 형성하고 그 의견을 모아서 이것을 파놉티콘이라는 소수의 권력자와 교환하는 방식이다. 시놉티콘이 때로는 댓글 하나 때문에 생사를 가름하지만 허나 이들의 활동은 꿀통에 모여드는 벌떼처럼 파놉티콘의 권력자들에게 톡톡 쏘아대면 견디기 힘들어진다. 그래서 끝내는 덩치 큰 권력자도 손을 들 수밖에 없다.

각자의 소수가 모여 무소불위의 권력자를 굴복시키는 시놉티콘이야말로 민주사회로 가는 길이라고 말할 수 있다.

어찌 보면 신은 만인 앞에 평등사회를 만드는 것이 섭리의 목표였다고 볼 수 있다. 그렇기 때문에 전제주의 국가에서 민주주의 사회로, 그리고 만인의 평등사회로 역사를 이끄는 수레바퀴를 굴려온 것이 아닐까? 이것은 또 다른 의미의 시놉티콘일 수 있다.

신이 신답기 위하여 인간을 땅 위에 세우게 되었고, 당신 대신자로 어머니를 세우셨고, 그 어머니를 통해 자녀들을 낳아 섭리를 이끌어온 것이다. 파놉티콘이 감시자가 아니라 사랑을 나누는 감시탑이 된다면 그리고 시놉티콘이 배려와 사랑을 위하여 공동체를 아우른다면 살만한 세상이 아니겠는가. 이런 세계가 신의 끝없는 사랑을 마음속으로 체휼하는 세계일 것이다. 신은 지고 지대한 사랑을 인간을 통해 보여줌으로써 온 우주가 사랑으로 가득 차게 하는 것이라 할 수 있다.

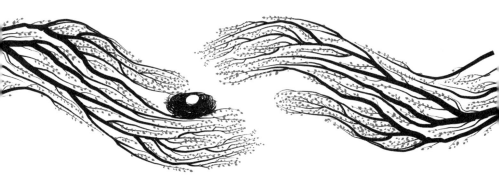

MY OBSERVER IS ME

어머니의 한없는 사랑이
신의 사랑

신은 자신의 역할을 대행시키기 위해 어머니를 창조했다는 말이 있다. 그래서인지 이 세상에서 어머니보다 더 크고 위대한 사람은 없다.

내 생명을 낳아 주신 어머니는 나를 사랑으로 잉태하여 10개월 동안 온갖 괴로움을 이겨내고 출산의 고통도 참으며 나를 낳아 주셨다. 그래서 어머니는 핏덩어리인 나를 낳아 사랑으로 껴안으신 나에게 있어서는 전 우주이고 하나님이기도 하다.

이슬 같은 내 형체가 어머니의 배 속에 잉태되어 다섯 부분의 모양이 생겨나고, 눈·코·입·귀·혀·뜻의 여섯 정기를 모아 주시며, 어머니의 피와 살을 나에게 주셨다. 이렇게 살과 뼈를 주시면서도 음식을 가려 드시고, 당신의 몸보다 배 속의 아기인 나를 사

랑으로 보호해 주셨다. 10개월 동안 조심스럽고 정성스럽게 보살
피다가 해산에 임하여 천 개의 칼로 배를 찌르는 듯, 만 개의 칼로
가슴을 후벼 파는 듯한 고통을 견디며 나를 이 세상에 한 생명으
로 낳아 주셨다.

이처럼 나를 배 속에서부터 보호해 주신 은혜, 해산에 임하여
죽음을 무릅쓰신 은혜, 나를 위하여 진자리에 누으시고 마른자리
에 뉘이신 보살핌, 당신은 쓴 것을 삼키시고 나에게는 단것을 먹
여주신 한없는 사랑, 만삭으로 거동이 불편한데도 애지중지해 주
신 하해와 같은 마음, 미운 7살 때까지 걱정하고 보살펴 주신 사
랑과 은혜로움이 끝도 없다.

이렇게 어머니의 태를 빌어 태어나 항상 감사하고 받들어 모셔
야 하건만 자신의 마음에 들지 않으면 부모를 탓하고 화를 내기
일쑤다. 이럴 때마다 부모의 마음은 외로움에 젖고 그 뜻을 못 받
아 주어 온몸에 사무침을 느끼게 된다. 이런 것이 어머니의 마음
이건만 크고 나면 혼자 이 세상에 온 듯 함부로 하니, 부모의 마음
은 간장이 끊어지듯 아프고 괴로울 뿐이다. 그래도 자식을 위하는
마음은 천지가 무너져도 잊지 못하고, 생명이 다하도록 그칠 줄
모르니 신의 대행자가 아니고서야 이보다 더할 수가 있을까?

1863년 영국의 웨일스에서 한 여인이 갓난아이를 안고 눈보라
치는 언덕을 넘다 얼어 죽는 일이 있었다. 칠흑 같은 어두운 길을
걷던 농부가 눈길에 이상한 모양의 눈더미를 보고 다가갔더니 여
인이 엎드려 눈에 덮여 있는 것이었다. 여인은 꽁꽁 얼어 숨져 있

었는데, 안고 있던 아이는 기적적으로 살아 있었다. 여인은 아이를 감싸 안고 체온이 떨어질세라 자신의 겉옷을 벗어 감싸고 꼭 끌어안은 채 숨을 거둔 것이다.

어린 생명을 살리기 위하여 자신이 입고 있던 옷을 벗어 감싼 모성애로 다행히 농부에 의해 어린아이는 살아나게 되었다. 이 아이는 62년 후 영국의 34대 총리가 되었다. 그가 바로 위대한 정치가 데이비드 로이드 조지David Lloyd George(1863~1945)이다. 그는 돌아가신 어머니를 떠올리며 죽을 힘을 다해 공부하고 어머니의 희생을 교훈으로 삼아 나중에 변호사가 되고 총리까지 이르렀다.

필자는 어렸을 적에 배를 만지다 움푹패인 배꼽을 유심히 들여다본 적이 있다. 나중에서야 배꼽이 탯줄이 달렸던 자리로 어머니와 연결된 생명의 고리 자국이라는 것을 알았다. 어머니에게서 태어나면서 몸 한가운데에 '너는 내 중심'이라고 콕 찍어 표시해 놓은 자리이다. 그래서 어머니는 자식을 삶의 중심에 두고, 나는 또 배꼽을 몸의 한 중심에 두어 살고 있다. 태어난 자식은 늙어 할아버지가 되어서도 어머니를 그리워하고, 어머니는 눈을 감는 순간까지 배 아파 낳은 그 자식을 잊지 못한다.

그래서 어머니의 사랑은 무조건적인 사랑이다. 프란치스코 교황은 "분열된 현대사회의 해독제는 모성, 즉 어머니의 사랑이다"라고 했다. 어머니의 사랑은 순수하여 눈처럼 순백하고 진실하며 뜨겁고 영원하며 헌신적이다. 이런 사랑이 있기에 신(하나님)은 자신의 역할을 대신 맡겼던 것이 아닐까?

알고 보면 나는 부모님이 내 생명을 있게 한 창조주이고, 나는 이 세상에 떨어진 부모님의 창조물이다. 신의 대행자 부모님이 이 사명을 담당했으니 내입장에서는 제2의 하나님인 것이다. 이 얼마나 위대한 위업이고 자랑스러운 일인가? 어머니는 신을 대신하여 생명을 탄생시켜 품 안에 안고 신의 역사인 섭리의 길을 걸으며 나를 이 역사의 무대 위에 세운 것이다.

75억 인류의 한 사람 한 사람이 이렇게 하여 이 땅에 몸을 가지고 오게 되었다. 태어나서 정신을 차리고 보니 이웃과 사회와 국가와 세계에 75억이나 되는 인류가 있고, 그들과 더불어 살며, 때때로 서로 경쟁해야 하는 현장에 있게 된 것이다.

한량없는 부모의 은혜를 입고 나왔지만 환경과 조건이 여의치 않아 늘 어머니에게 자식의 예를 다하지 못했다.

어머니의 가슴에 못 박는 모심지정

옛이야기에 '모심지정母心之釘'이라는 말이 전해지고 있다. 이는 어머니의 마음에 박힌 못이라는 뜻이다. 자식이 자라면서 어머니의 속을 썩여 생긴 못자국이라는 의미이다.

홀어머니 밑에서 애지중지 자란 아들이 있었다. 유복자로 태어난 아들을 어머니는 티없이 자라게 하려고 애를 썼지만 아버지의 빈자리가 커서였는지 나이를 먹을수록 점점 버릇이 나빠졌다.

　어느덧 15살의 나이가 되어 세상 물정을 알만한 때가 되었는데도 천방지축이었다. 어머니는 그때마다 달래고 타일렀지만 소용이 없었다. 어떻게든 눌러 앉혀서 마음을 바르게 잡도록 백방으로 노력해 보았지만 하는 일마다 속을 태웠다. 참다못한 어머니는 아들이 속을 뒤집어 놓을 때마다 마루 가운데 서 있는 기둥에 못을 하나씩 박았다.

　10여 년이 지나자 마루 기둥에 못이 다닥다닥 박혀 더이상 박을 자리가 없을 정도가 되었다. 타들어가는 어머니의 속은 문드러질 지경이었다. 그러던 어느 날, 그렇게 속만 태우던 아들이 기둥에 박힌 못을 보고 물었다.

　"어머니, 기둥에 웬 못이 이렇게 많이 박혀 있습니까?"

　어머니는 눈시울을 적시면서 아들의 얼굴을 보고 말했다.

"이 못은 네가 내 속을 썩일 때마다 그 표식으로 박아 놓은 것이
란다."

어머니의 울음 섞인 말을 듣고 아들이 한참을 생각에 잠긴 듯했
다. 그리고 어머니에게 손을 내밀면서 울음 섞인 소리로 말했다.

"어머니, 제가 어머니에게 이렇게나 많이 속을 썩이는 못할 짓
을 했군요."

아들은 무릎을 꿇고 앉아 흐느껴 울면서 어머니에게 정중히 머
리 숙여 사죄했다.

이 일이 있고 난 뒤 아들은 개과천선하여 어머니의 힘든 일도
거들어 드리고 마음을 위로해 드리면서 기쁘게 해드렸다. 어머니
는 아들의 행동에 기특한 생각이 들 때마다 기둥에 박힌 못을 하
나씩 뽑아냈다. 그렇게 7~8년의 시간이 지나자 기둥에 박혔던 못

이 모두 빠지고 하나도 없게 되었다. 어머니가 아들을 불러 기둥을 가리키며 말했다.

"여기 이 기둥을 보거라. 네가 내 속을 아프게 할 때마다 박혔던 못이 다 빠지고 지금은 하나도 남지 않았다. 다만 자국만 남았구나. 오! 사랑하는 아들아, 고맙다. 오늘처럼 기쁜 날이 세상에 또 있겠느냐."

어머니는 아들이 대견하여 등을 토닥이면서 눈물을 흘리며 칭찬했다. 아들은 어머니의 주름진 얼굴을 보며 눈물을 흘리다가 기둥에 숭숭 뚫린 못 자국을 보더니 엉엉 울기 시작했다.

"어머니, 제가 참으로 잘못했습니다. 오늘 마루의 기둥을 보니 벌집처럼 상처투성이군요. 어머니의 마음도 이 기둥과 같이 상처투성이일 것이라 생각하니 몸 둘 바를 모르겠습니다."

아들은 눈물을 양손으로 연방 닦으면서 울먹였다.

"어머니, 이제 제가 어머니를 편히 모시겠습니다."

어머니는 새사람이 되어 돌아온 아들을 꼭 껴안고 한없이 눈물을 흘렸다. 이 청년은 어머니의 품 안에서 모처럼 하늘과 같이 넓고 한없이 편안함을 느꼈으며 새근새근 잠자는 어린아이가 된 것처럼 안락했다.

신은 자신의 역할을 대행시키기 위해 어머니를 창조했다는 말이 꼭 맞는 말인 것처럼 한없는 사랑이 넘쳐흘렀다. 아들이 말했다.

"어머니, 어머니, 우리 어머니. 세상을 다 준다 해도 어머니가 없다면 무슨 소용이 있겠습니까? 이제 어머니를 성심을 다하여 모시면서 살겠습니다."

　이렇듯 역사는 어머니는 자식을 낳고 또 자식은 손자를 그 어머니에게 안겨드리면서, 그 아이가 부모가 되어 신의 섭리에 가담하여 또 자식을 낳는 역사의 수레바퀴는 지금도 신이 계획한 대로 어머니의 사랑의 품에서 돌아가고 있다.

MY OBSERVER IS ME

내가 살고 있는
이 지상이 천국

완전히 가라앉은 배는 다른 배의 항해에 방해가 되지 않는다. 그러나 반쯤 가라앉은 배는 다른 배의 항해에 방해가 된다.

사람은 때로 30세에도 아이, 40세에도 아이, 60세에도 나이 먹은 아이같이 노는 때가 있다. 나이답지 않게 자기 본위로만 생각하며 살고 싶어 하는 한 그렇다.

세계적인 문명 비평가 임어당林語堂(1895~1976)은 그의 에세이에서 이렇게 적고 있다.

한 사나이가 평생 일 속에 파묻혀 살았으나 하는 일마다 잘 풀리지 않자 좌절하다가 자포자기한 상태에 빠졌다. 사랑하는 아내와도 결별하고 온갖 괴로움을 참다못해 신을 찾아가 "이 지상의 세계는 제가 살만한 곳이 못되오니 저 천상의 진주문으로 가게 해

주세요"라며 호소했다. 그러자 신이 저 높고 넓은 하늘에 밝게 떠 있는 달을 가리키면서 "저거라면 가지고 놀기에 좋지 않으냐?"라고 물었다. 사나이는 머리를 가로저으면서 "저런 것이라면 너무도 많이 봐서 싫습니다"라고 했다.

이번에는 멀리 하늘 아래 굽이치는 산등선과 아침 태양이 찬란하게 떠오르는 현란한 장면을 가리키면서 "더없이 아름답지 않으냐?"라고 물었다. 사나이는 "그런 것들은 매일 보는 것들로 대단치 않은 것입니다"라고 대답했다.

다음에는 산속에 온갖 꽃들이 피어 있는 기화요초를 보여주면서 "저 색채며 그 오묘함이 더없이 아름답지 않으냐?"라고 떠봤다. 사나이는 도무지 반응을 보이지 않은 채 "싫습니다"라고 할 뿐이었다.

신은 '내가 만든 인간이 이처럼 무례할 수가 있을까?'라고 느꼈지만 관용을 보이면서 이번에는 바다에 사는 크고 작은 고기와 형형색색의 열대어를 보여주면서 "이것이라면 어떠하냐?"라고 물었다. 그래도 전혀 흥미를 느끼지 못하자 이번에는 산상의 호반으로 데려가서 기암괴석과 태고의 숲, 호면에 거꾸로 비친 그림자를 보여주었다. 그러나 그는 마음을 열어 받아들일 생각을 하지 않았다.

신은 '어쩌면 내가 만든 창조물이 이처럼 무감각하고 이렇게까지 교만할까? 아마 이보다 더 강한 자극이 필요한가 보다'라고 생각하며, 이번에는 록키산맥의 산정과 그랜드캐니언, 사막의 선인

장과 모래언덕을 보여주었다. 그래도 시무룩하자 양자강의 협곡과 장가계의 돌기둥과 원가계의 돌 숲, 금강산의 4계季 등을 보여주었다.

"이 정도면 신의 힘으로 인간의 눈과 귀를 기쁘게 할 수 있는 온갖 것들이 있어 살만한 곳이 아니냐? 이렇게 한없이 아름답고 살기 좋은 곳이 이 지상이니 얼마나 풍요로운 곳이냐"라며 살기를 권했다. 그래도 사나이는 한사코 진주문으로 들어가 저세상에서 살고 싶다고 간청했다.

"이 외람되고 은혜를 모르는 놈아, 그렇다면 너는 지옥에나 가거라. 그곳에는 허공의 구름도 보이지 않고, 꽃피는 나무도 없고 새소리도 들리지 않으며, 시냇물 흐르는 소리도 들리지 않을 것이다. 네 생명이 다할 때까지 거기서 살거라."

신이 분노를 이기지 못하고 사나이를 발길로 힘껏 차버리자 아스라이 도시 한복판에 있는 아파트로 뚝 떨어지고 말았다. 사나이는 다름 아닌 현대인이었다. 현대인은 자연의 아름다움에 대한 감흥이 결여된 채 문명화되어 가고 있다.

바로 임어당은 현대인의 이런 작태를 풍자하여 경각심을 불러일으키고 있는 것이다. 결국 인류가 문명화된다는 것은 그만큼 자연으로부터 멀어져 인공장치가 설치된 편리함 속으로 끌려들어가는 것이라고 경고하는 것이다. 거기에는 자연의 풍요로움과 아름다움을 가린 콘크리트와 석조물이 놓여 사람조차 인공화되어 감을 암시한 것이다.

자연으로부터 점점 멀어져 구조물에 갇혀 살다 보면 정서가 메마르고 둔감해져 자신도 모르게 자연환경에 무감각해지고 장엄하며 우아한 자연환경을 보아도 조화로운 감흥을 보이지 않는 무반응일 뿐이다. 이는 병리현상이다. 흔히 무슨 증후군의 정서미달이라는 심인성 질환 상태를 말한다.

대자연의 웅장한 하모니를 보고도 흥미를 느끼지 못하는 사람은 함께 사는 가까운 이웃 사람에 대해서도 저만치 멀리 떨어져 냉정해질 수밖에 없다. 인간도 자연의 일부인데 자연과 함께 주고받지 못한다면 사람과 사람 사이에도 무감각해진다. 사람에 대한 무감각은 그래서 또 다른 살인이라고까지 말하고 있다.

현대인의 손에 들린 스마트폰, 이것이 무수한 사람의 이해를 방해하고 인간과 인간 사이를 벌리면서 심각하게 정과 사랑을 좀먹는 좀벌레가 되고 있다. 스마트폰만 들고 있으면 옆이나 앞에 사람이 있건 없건 상관하지 않는다. 아주 병적이다. 이는 이웃에 대한 무관심이고 나 외에 타인에 대한 무시일 수 있다. 그것은 곧바로 자기 존재의 무가치로 이어질 수 있다. 사람에 대한 무시는 타인에 대해 무익한 사람일 수 있고, 이는 곧 사람 속에 살고 있지만 고립무원으로 가는 길이다.

사람은 사람과 더불어 살아야 한다. 이웃도 보고 옆 사람도 보고 자기 위치도 확인해야 한다. 스마트폰을 잠시 멈추고 전후좌우를 보며 살아야 세상 사는 사람 아니겠는가?

이 지구상에 존재하는 것들은 하나같이 신비와 경이와 장관 바로 그것이다. 한 번밖에 살 수 없는 삶인데, 스마트폰에 빠져 방황하는 군상이 되어서야 되겠는가? 나 또한 신이 차버린 사나이로 아파트에 떨어진 내가 되어서야 되겠는가? 살아서 숨쉬는 이 세상이 살맛 나는 세상이 되어야지, 내 아들딸도 이 세상을 아름답게 살지 않겠는가? 자칫 반쯤 가라앉은 배처럼 이 사람 저 사람에게 방해가 되거나 40~60대인데도 자기 본위대로만 산다면 애가 아니겠는가?

하루를 살더라도 아름답고 즐겁게 이웃과 함께 웃고 살자. 살다 보면 살만한 이 세상이다. 살만한 세상이 확대되면 이 세상이 곧 천국이다. 그래야 죽어서도 천상천국으로 갈 수 있을 것이다.

파레토 법칙 20 : 80은
우주의 법칙

파레토 법칙은 이탈리아의 수리 경제학에 크게 공헌하고 사회학 체계를 확립한 빌프레도 파레토Vilfredo Pareto(1848~1923)가 허리가 잘록한 사회적 동물인 일개미를 관찰하다가 우연히 발견했다. 일사불란하게 일하는 개미를 관찰하는데 웬일인지 전체의 20% 정도만 열심히 일하고, 나머지 80%는 그냥 시간만 때우는 것을 보고 본격적인 실험에 들어갔다.

파레토는 전체 개미 중에서 20%의 일하는 개미만 따로 떼어 놓고 관찰했다. 처음에는 전체가 모두 열심히 일하더니 나중에는 역시 20%만 부지런히 일하고 나머지 80%는 일을 하지 않고 노는 것이었다. 즉 일하는 20%만 갈라놓았던 80%의 집단에서도 역시 그 안에서 일하는 20%와 적당히 노는 80% 비율로 20 : 80의 비율이 형성되는 것을 알게 되었다.

개미사회의 집단은 엄밀하게 말하면 플러스마이너스(±)의 오차범위는 있지만 결국 20 : 80의 비율로 재편되는 것을 관찰하게 된 것이다.

파레토가 이 실험을 하던 당시 묘하게도 이탈리아의 인구 20%가 이탈리아의 토지 80%를 차지하고 있는 사실을 알게 되었다. 또한 기업체에서도 이 현상이 나타나고 있었다. 기업체에서 물건을 생산하여 매출을 올려주는 고객 중에서 20%의 고객이 회사 전체 매출의 80%를 올려주고, 나머지는 시나브로 드나드는 손님에 의해 매출이 일어난다는 사실이었다.

이처럼 파레토는 일개미를 통하여 우연히 발견한 도식이 기업에서도 핵심고객 20%가 전체 매출의 80%를 올려준다는 통계가 나오자 20 : 80의 상관관계가 다른 분야에서도 적용된다는 것을 알게 되었다.

사회학자이자 경제수리학자인 파레토는 위와 같은 현상을 통하여 20 : 80의 법칙을 세웠고, 이것을 '파레토 법칙'이라고 했다.

그런데 지구의 표면을 둘러싸고 있는 공기도 산소가 20.95%이고 질소 외의 요소가 79.05%이다. 질소 외의 아르곤, 메탄, 수소, 일산화탄소, 일산화질소, 이산화탄소, 네온, 헬륨, 오존 등 총합이 79.05%로 약 80%가 되는 것이다. 즉 대기권의 공기도 산소가 약 20%이고 그 밖에 원소가 80%이다. 특히 환상의 물질이라고까지 일컫는 산소는 원소 중의 하나로 지구표면에 가장 많다. 산소는 순수한 형태로 공기 중에 5분의 1인 20%를 차지하고 있다.

한편 유대인들은 78 : 22를 우주의 법칙이라고 말하고 있다. 기하학에서 정사각형의 면적을 100이라고 한다면, 정사각형에 내접한 원의 면적은 78.5가 되고 네 귀퉁이에 떨어져 있는 면적은 21.5가 된다. 이것 역시 약 78 : 22라고 하지만 결국 플러스마이너스의 오차범위를 생략하면 80 : 20이 되는 것이다.

유대인들은 수의 계산에 능통하여 대수 자를 이용해 기계적으로 계산을 해낸다. 그리고 기하학에서 도출한 78 : 22를 절대시하여 생활 속의 신념으로 받아들이고 있다. 그 예로 세상에는 돈을 빌려주려고 하는 사람이 78에 해당하고 빌려 쓰려고 하는 사람이 22에 해당한다고 말한다. 은행은 많은 사람으로부터 돈을 빌려다가 소수의 사람에게 빌려주는데, 만약 돈을 저축하는 사람보다 돈을 빌려 쓰는 사람이 많으면 은행은 문을 닫아야 한다.

유대인들은 78 : 22 법칙을 철저하게 믿고 따른다. 이는 어떤 일을 하든 성공할 확률은 78이고 실패할 확률은 22라고 생각한다. 이 중에 유대인들은 실패할 확률 22는 전혀 생각하지 않고 성공할 확률 78만 생각하면서 매진한다. 물불 가리지 않고 오직 성공할 수 있다고 생각하면서 전력투구하며 매달리는 것이 유대인들의 사고방식으로 그들 사전에는 실패라는 것이 없다. 바로 이탈리아의 파레토 법칙은 20 : 80으로 유대인의 78 : 22와 상이한 것을 보고 있는 것이라 하겠다.

유대인들은 바빌로니아인들에게 포로가 되어 살면서도, 애굽에 끌려가 고역시대를 살면서도, 로마에 점령되어 식민지 생활 속에 살면서도 그들의 의식 속에는 78 : 22 법칙을 믿었다. 유대민족은 끝내 나라를 잃고 디아스포라가 되어 세계 각국에 흩어져 살면서도 선택된 민족이라는 선민의식과 1945년 2천여 년 만에 이스라엘이 건국되었어도 78 : 22의 우주의 법칙을 믿고 따른다.

파레토의 20 : 80 법칙이나 유대인들의 우주의 법칙인 78 : 22는 모두가 달을 가리키는 손가락일 뿐이다.

MY OBSERVER IS ME

우리는 천손天孫이고
천손민족天孫民族이다

우리 민족은 하늘의 자손子孫인 천손민족이다. 유대민족이 여러 민족 중에서 선택選擇된 민족이라면, 우리는 하늘의 직계 후손인 천손이다. 굳이 따진다면 유대민족은 타의적이라면, 우리 민족은 자의적으로 내려온 하늘의 직손으로서의 민족이다.

『삼국유사三國遺事』의 첫 머리에 환인은 천재天帝로 곧 하느님을 가리키며 환웅은 그의 아들로서 단군을 낳았으므로 우리 민족은 단군의 후손으로 천손민족이다. 『삼국유사』의 기록을 옮겨보면 다음과 같다.

'환인桓因의 둘째 아들 환웅桓雄이 세상에 뜻을 두고 인세人世에 나가기를 구하므로 부왕이 아들의 뜻을 알고 삼위태백三位太白이 인간을 홍익弘益 할 만하다고 보아 천부인天符印 세 개를 주어 내려가 다스리게 했다. 환웅이 풍백風伯, 우사雨師, 운사雲師 등 삼천 무리를 거느리고 태백산 신단수神檀樹 아래에 내려오니 이를 신시神市라 했다. 이곳에서 곡穀·명命·병病·선악善惡 등 360여 가지를 맡아 다스리다가 땅의 웅족熊族과 혼인하여 아들을 얻으니 그가 단군檀君이다.'

고려의 일연一然이 편찬한 『삼국유사』의 첫머리에 나온 단군신화 내용이다. 위의 단군신화는 『위서魏書』와 『단군고기檀君古記』, 이승휴의 『제왕운기』, 『세종실록지리지』 등 여러 곳에 기록되어 있는 것을 볼 수 있다.

세계 여러 민족의 신화를 보자. 중국은 천지개벽 신으로 삼황오제三皇五帝를 들고 있으며, 인도는 브라흐만을 창조신으로 받들고 있다. 그리스 희랍 신화에 의하면 제우스와 아폴로를 개국조로 섬

기며, 유대인들은 야훼를 창조의 신으로 받들고 있다. 이처럼 세계의 모든 나라와 민족이 하나같이 천지개벽이나 개국시조에 관한 신화를 가지고 있음을 알 수 있다.

　나라마다 가진 신화와 전설 속에는 그 민족의 우주관과 세계관 그리고 인간관을 비롯하여 정치와 사회교육에 관한 이념인 사상까지 내포하고 있다. 신화는 그 민족의 상징성이 커서 그 민족의 자긍심과 진취적 발전에 원동력으로 작용하고 있다. 그러나 우리 민족의 신화처럼 하늘의 직계손임을 직접 드러낸 신화는 우리 민족이 유일하다. 각 나라의 국기를 봐도 또한 그렇다.

　하늘에는 해와 달과 별이 있다. 이 해를 국기로 만들어 사용하는 국가가 이웃인 일본이다. 중국은 다섯 개의 별을 이용하여 오성홍기로 사용하고 있다. 그보다 많은 별을 사용하는 국가가 미국

의 성조기로 50개의 별이다.

이에 비해 태극기는 우주의 제천, 즉 하느님과 하늘에 거하시는 천체를 숭상하는 전통이며, 우리 민족의 태극기는 하늘과 땅과 우주의 괘를 사용하고 있다. 개천절開天節은 하늘이 열린 날이라 하여 온 민족이 그날을 기려 공휴일로 정해 지키고 있다. 이만하면 얼마나 하늘을 공경하고 우주 전체를 우러르는 민족인가를 증명해주고도 남음이 있다.

누가 '한국인의 민족정신이 무엇이냐?'고 묻는다면 뭐라고 대답하겠는가? 필자는 하늘의 자손이고 우리 민족은 하늘의 직손으로 우주와 하늘의 섭리를 따르는 천손의 후예라고 떳떳하게 말해줄 것이다.

고관대작 못지않은 현재의 우리 생활

필자는 대한민국에 태어나서 철들 무렵 지독하게 가난했고, 용돈 몇 푼 벌기 위해 숯가마를 짊어지고 고창읍에 간 적이 있다. 조금 더 성장한 후에는 분단된 국토를 지키는 군인이 되었고, 북한의 확성기가 보초병인 필자를 긴장하게 만들었다. 일제 수탈과 전쟁 중 동족상잔으로 피폐된 강토, 부존자원은 없는데 자꾸만 인구가 늘어만 가던 후진국의 비애로 숯 깜둥이가 된 채 살아야만 했다.

이제 나이가 들어 오늘을 돌아보니 이만큼이나 성장한 나라를 보면서 우리 모두에게 감사하고 뿌듯한 생각을 가진다. 조금만 생각을 돌려 되짚어보면 그렇다.

조선 시대의 임금도 겨울에 수박과 딸기를 못 먹어 봤다. 지금 우리는 겨울에도 딸기를 먹고 싶으면 마트에 가서 사먹을 수 있는 호사를 누리는 시대에 살고 있다. 4·19 당시 이기붕 씨의 집에서 수박이 나왔다 하여 많은 사람이 쑥덕거렸다.

지금 우리의 삶을 조금만 낮추면 조선 시대 임금 부럽지 않고, 고관대작 부럽지 않게 잘살고 있지 않은가!

우리는 분명 세계 어느 나라보다도 훌륭한 역사와 전통 및 환경과 조건을 갖추고 있다. 수려한 금수강산, 유구한 전통, 은근과 끈기의 민족성, 창조적 삶에서 끊임없이 발현되는 슬기, 샘솟듯 용솟음치는 기상이 세계 어느 나라보다 빼어나다. 각고의 노력으로 보릿고개를 넘어섰고, 이제 경제적으로 풍요로운 삶의 광장에 도달했다. 단군 이래 처음으로 세계 무역 10위권에 진입했고 세계 대국들과 어깨를 나란히 하고 있다. 세계에서 유일하게 문명률 1% 미만의 나라이기도 하다. 문자가 없는 나라에 유엔이 한글을 공식적으로 제공하도록 한 문화민족이다. 이 얼마나 자랑스러운 일인가? 허나 부끄러운 것은 세계 유일의 분단국가이며, 아직도 휴전 중인 나라라는 것이다.

어떤 사람들 중에는 덮어 놓고 외래문화 우월의식을 가지는 경우를 보기도 한다. 3천년 전 성경 속의 그 신화는 읽고 또 읽으며 숭상하면서 우리 민족의 신화에서 말하는 하늘의 후손임을 말하지 못하는 이가 있다.

　세계 어디에 우리처럼 하늘의 후손이며 천손임을 당당하게 체계를 세워 밝혀놓은 나라가 있는가. 여러 민족 중에서 선택받았다는 이야기는 들었지만 엄청난 천손임을 밝힌 나라는 오직 우리뿐이다.

　단군신화의 연구 결과물은 '밝' 사상과 '홍익인간'이다. 밝은 신화의 원문에 나타난 개념이라고 말할 수 있으며, 태백太白이란 크게 밝은 곳을 말한다. 신단수의 박달나무는 '밝달'나무로 해석되고 있다. 단군이 세운 조선朝鮮도 아침 조에 고을 선을 뜻하므로 '밝은 산 고운 곳에 내려와 나라를 세웠다'라는 뜻으로 해석된다.

　좁은 생각일지는 몰라도 '한밝'사상은 진취적이고 발전적인 우리의 의지를 담아 밝고 투명한 하늘의 자손, 천손의 백의민족임을 밝혀 태양이 낮을 밝히듯 온 세계를 아우르는 홍익 사상을 온 천하에 밝혀야 한다.

　홍익인간弘益人間이란 '인간을 널리 이롭게 한다'라는 뜻으로 인간을 유익하게 한다는 큰 의미이다. 홍익인간은 인간과 인간 그리고 자연과 인간이 자율적인 협력으로 행복을 추구하는 것임과 동시에 백성들 스스로 뜻과 힘을 모아 역사를 이끌어가는 철학이라고 말할 수 있다. 그러니까 하늘에서 땅 위에 사는 인간 세상을 굽어보고, 뜻을 펼치는 넓고 깊고 높은 정신인 것이다. 따라서 홍익인간 사상은 민족의 울타리를 넘어서 전 세계 인류를 이롭게 하는 폭넓은 사상이요, 철학이다. 이런 면에서 홍익인간은 감히 우리나라의 국훈國訓이라고 말할 수 있다.

『산해경』에는 군자의 나라라고 칭하고, 사람들은 서로 사랑하고 다투는 일이 없다고 했다. 동방의 인국仁國이라 군자들이 살고 있는데, 예절이 바르고 서로 사양하기를 좋아한다고 기록하고 있다.

『후한서』에 부여 사람들은 체격이 크고 용감하며 근후하여 무던하며, 남의 것을 빼앗는 일이 없고, 밤낮없이 모여 노래부르기를 좋아한다고 했다.

중국에서 예를 잃었을 때는 동이에 가서 배워야 한다고 했다. 이처럼 중국인들은 은근히 우리 민족을 부러워했던 것이다.

우리 민족은 제사를 지내는 민족으로 흰옷을 입는 배달민족이며, 반만년의 역사를 지내오는 동안 931회의 침략을 당했다고 윤태림尹泰林은 『한국사』에서 밝히고 있다.

수려한 산천과 더불어 평화를 사랑하는 민족이었기에 남의 것을 넘보지 않고 자족하며 살아왔다. 그러면서 대륙과 대양을 잇는 지정학적 조건을 갖추고 있어 섬나라인 일본인의 입장에서 보면 한반도는 선망의 대상이었다. 그것은 문화적인 측면과 선진국으로 자신들과는 비교할 수 없는 장구한 역사를 가지고 버티고 있으며, 풍부한 물산과 수려한 해산이 있어 이상적인 나라로 비쳤다. 일본은 지척에 이런 보물덩어리를 두고 군침을 흘리지 않을 수 없었던 것이다.

이에 호시탐탐 기회만 엿보다가 서양문물을 먼저 받아들여 강성해지자 군사적으로 우리나라를 유린했다. 그러고도 모자라 1910년에는 한일합방이라는 덫을 씌우자 우국지사들이 열화와 같이 일어나 세상을 깜짝 놀라게 하는 엄청난 힘을 발휘했다. 그리고 해방 후 경제부흥을 성취하여 '한강의 기적'과 성공적인 올림픽을 개최했다. 이를 보고 『25시』의 작가 게오르규Gheorghiu(1916~1992)는 '한국은 세계가 잃어버린 영혼을 간직한 나라'라며 찬미했다.

세계가 잃어버린 영혼을 간직한 나라

"여러분은 오랜 수난의 역사를 살아왔습니다. 그러나 여러분은 비참한 패배자가 아니라 도리어 한 사람 한 사람이 왕자입니다. 잊지 마시오. 오랜 세월 고통이 밀려와도 잊지 마십시오. 남을 침략하고 지배하는 강대국 사람들은 여러분이 여전히 왕자라는 것을 모를 것이오. 땅이 넓은 사람들은 승리의 영광 속에, 또 풍요 속에 사는 사람들은 서로를 만나서 위로하고 손을 마주잡는 인정의 아름다움을 모를 것이오. 고난에서 생겨나는 창조의 기쁨과 하늘과 땅이, 과거와 미래가 서로 포옹하는 융합의 세계를 모를 것이오. 결코 당신들의 아름다운 시와 노래와 기도를 빼앗지 못할 것이오. 당신들은 세계가 잃어버린 영혼을 가지고 있습니다. 왕자의 영혼을 지니고 사는 여러분! 당신들이 창조한 것은 냉장고와 텔레비전과 자동차가 아니라 지상의 것을 극복하고 밝은 빛을 던지는 영원한 미소요, 인류의 평화입니다. 내가 빛이 온다고 말한 그 동방은 여러분의 작은 나라 한국에 적용되는 말입니다. 내일의 빛이 당신들의 나라인 대한민국에서 비쳐온다고 해서 놀랄 것은 조금도 없습니다. 왜냐하면 여러분은 수많은 고난을 당해온 민족이며, 그 고통을 번번히 이겨낸 민족이기 때문입니다. 당신들은 고난의 수렁 속에서 스스로의 슬기와 용기와 힘으로 고개를 쳐든 사람들이기 때문입니다."

게오르규는 대한민국과 대한의 역사를 예찬했다. 세계 어느 나라 역사를 보아도 깨달을 수 없었는데 한국을 방문하여 떠오르는 영감으로 하늘이 보호하는 나라이자 천손민족임을 직감하고 위와 같이 노래했다.

게오르규의 우리 민족 예찬을 떠올리며 가슴이 한없이 뭉클한 것은 왜일까?

우는 것이 어디
우는 것일까?

종鐘은 화가 나서 치면 사나운 소리가 나고 슬퍼서 치면 애잔한 소리를 낸다. 이는 '마음속의 느낌이 전해지기 때문이다'라며 정주학程朱學의 창시자인 북송의 정이程頤(1033~1107)는 인간의 감정이 이입移入되는 것을 이와 같이 말했다.

한여름 공원에서 매미 떼가 요란하게 울어대더니 어느새 섬돌 밑에서 구슬피 우는 귀뚜라미 소리가 애절하게 머릿속을 휘감는다. 짝을 찾아 종족 번식을 위해 멋드러진 소리로 대상을 찾는 노랫소리인 것을 깨닫지 못하고, 그들의 세레나데를 우는 것으로 들은 것은 아닌지 내심 겸연쩍어지기도 한다. 귀뚜라미가 또르르 또르르 은쟁반에 옥구슬 굴리듯 놈이 짝을 찾는 멋진 세레나데를 그냥 '운다'라고만 생각하고 지금까지 산 세월이었다.

생각하건대 동물이 움직이면서 내는 소리 중에서 개 짖는 소리를 빼고는 거의 모든 소리를 우리는 '우는 소리'라고 한다. 따스한 햇빛이 온 누리를 연녹색으로 물들일 때 꾀꼴새가 '꾀꼴꾀꼴'하고 경쾌한 소리를 내어도 운다고만 생각했다. 녹음이 짙어지고 산골짜기를 누비며 '뻐꾹뻐꾹'하고 소리를 지를 때도 뻐꾸기가 운다고 생각했다. 심지어 송아지가 '음메'하고 어미 곁을 찾는 소리조차도 운다고만 생각했다.

이는 곤충이나 날짐승이 서로 짝을 찾을 때 부르는 '세레나데'요, 날짐승의 '샹송'이다. 그런데 이를 우는 것으로 듣는 것은 화가 난 상태에서 종을 치고 서러워서 듣는 감정이입이 아닐까?

한때 우리나라 역사는 신분이 낮은 천민과 지체 높은 양반문화가 엄연히 존재했다. 한 번 천민으로 떨어져 상놈이 되면 신분상승을 통해 양반이 될 수 있는 길이 없었다. 상놈은 대물림되어 양반이라는 벽 아래에서 하대 받으면서 헐벗고 굶주리며 종으로 살았다. 굶주린 배도 채우지 못하고 일에 시달리면서 이 눈치 저 눈치에 고개 한번 쳐들지도 못한 채 사는 삶이 어떤 것인지 우리는 알지 못한다. 그런 설움의 문화가 짓누르는 고달픈 삶으로 평생을 노예와 같이 산다고 생각할 때 그 심정은 어떠했겠는가?

하루의 고된 일과를 마치고 사랑방 목침에 머리를 대고 잠을 청할 때 청아하게 귀청을 울리는 귀뚜라미 소리가 곱게만 들릴 리 없다. 고달픈 심신 상태에서는 매사가 귀찮은데 아무리 고운 귀뚜라미 소리라도 세레나데로 들릴 리 만무하다.

우리말에는 헤아릴 수 없이 많은 형용사가 있고 다양한 표현을 할 수 있다. 왜 유독 동물소리만 '운다'로 대변하고 있을까?

아마 천민의 삶 속에서 절망하고 한탄하면서 살았던 시절 아픔의 소리가 녹아 고였다 내뱉는 소리가 아니었을까 싶다. 그래서 자연 속에서 계절의 풍악소리처럼 들려오는 한낮의 매미 소리조차도 우는 소리로밖에 들을 수 없었던 게 아닐까?

마음이 아프면 아무리 좋은 소리를 들어도 그냥 슬프고 서러움에 복받친다. 인간은 감정의 동물이어서 자신의 처지가 어려울 때 색안경을 끼고 사물을 보면 안경색으로 보이듯, 그 상황의 처지에 따라 사물이 보이고 그렇게 감성에 젖는다. 내 힘으로 어찌하지 못하는 상황의 벽, 즉 양반의 벽에 부딪친 상놈이라는 딱지는 멍에처럼 벗어던질 수도 없었을 때 그 처량한 신세는 그저 슬픔뿐이었을 것이다. 그 자리에서 날짐승이나 귀뚜라미가 샹송이나 세레나데를 부른다고 생각하는 사람이 있을까? 즐거워야 샹송이고 세레나데지 귀찮게 귓속을 후벼파는 처량한 소릴텐데 그래서 울분을 터트리고 싶었을 게 아닌가!

이런 처지에서 운다는 자조적인 한숨소리가 그 시대 같은 처지에 있던 사람들이 한에 서린 말로 '저 새도 내 마음을 알고 울고 있다', '귀뚜라미도 내 심정을 알아 저토록 애달프게 울고 있다'라고 느꼈을 것이다.

이제 우리나라는 양반과 천민의 문화가 철폐되고 세계 제10위의 경세대국으로 올라섰다. 전근대적인 신분에 매여서 못 먹고 굶주림에 쫓기다 한이 되었던 시대를 벗어나 지금은 단군 이래 최대의 전성기에 진입하여 먹고사는 지난至難한 문제가 해결되었다.

천민의 굴레였던 상놈이라는 족쇄도 끊어졌는데 지금도 한과 설움에 매여 우는 상황을 벗어나지 못하는 것은 왜일까? 국어학자나 언어학자들은 무엇에 매여 상황에 맞는 적절한 표현을 시대적 요청에 부응하지 못하고 있을까? 일찍이 머릿속에 운다는 말이 둥지를 틀어놓아 지난 유산으로 알고 그냥 지나친 것은 아닐까?

'우는 매미소리', '우는 뻐꾸기 소리', '우는 귀뚜라미 소리', '우는 두견새 소리'가 머리와 가슴속에 각인되어 지워질 수 없어서인가? 아니면 우는 소리로 듣는 의식의 뿌리가 역사 속에 너무나 깊이 박혀 울창한 숲을 이루고 있어 머뭇거리는 것일까?

이제 산귀퉁이를 헐어 도시를 개발하듯이 언어도 걸맞는 말로 바꾸어 상황에 맞는 풍부한 정서를 담은 뜻소리를 후손들에게 전할 수 있어야 할 것이다. 백범 김구金九 선생은 "나는 우리나라가 세계에서 가장 아름다운 나라가 되기를 원한다. 가장 부강한 나라가 되기를 원하는 것은 아니다. 오직 한없이 높은 문화를 가진 나라가 되기를 바란다"라고 말했다.

따라서 우리나라에서도 독일의 괴테나 영국의 셰익스피어와 같은 대문호가 나와서 우리 민족의 심성을 풍부한 어휘와 문체로 담아 삶의 질을 높여야 한다. 더불어 한없이 표현의 문화가 높아져 마음속에 있는 생각을 자유자재로 표현할 수 있어야 한다.

그리하여 제 말을 제대로 쓸 수 있는 높은 문화로 풍부한 언어

개발이 속히 이루어졌으면 한다. 운다는 말이 녹이 되어 쇠를 먹어버리지 않게 하여 적재적소에 맞는 언어문화가 형성되고, 삶에 대한 표현이 풍부해져야 삶의 질이 높아지며, 풍부한 문화가 꽃피어야 우리의 삶이 향기롭지 않겠는가?

우리 겨레는
대륙 성향적인 민족

'우리는 누구인가?'라고 묻다 보면 '우리 민족은 어떤 민족인가?'라고 되묻게 된다. 기록에 의하면 우리 민족은 아시아의 북방 민족으로 우랄 알타이어 계통의 퉁구스족에서 기원된 민족이라고 한다. 퉁구스어는 시베리아 동부, 사할린섬, 중국 동부지방과 그 변경에 분포되어 있다. 대체적으로 모음조화 현상이 뚜렷하고 어간만으로 이루어지거나 여기에 접미사나 어미가 붙어 형성된다고 한다. 우리말도 이 어근에 특징을 가지고 있어 퉁구스어로 분류된다.

퉁구스족은 인종학적으로 몽골인에 속한다. 신장이 크지 않고 머리가 둥글며 코가 납작하고 광대뼈가 나온 편이다. 눈과 모발이 검고 수염과 체모가 많지 않다. 피부는 누런색이나 흰 편에 속하며 태어날 때부터 엉덩이에 몽고반점이 나 있다. 퉁구스족에 속한 민족은 우리 민족 외에도 거란족과 여진족, 한족漢族과 일본족 등이 있다. 그중에서 우리 민족은 완전히 독립된 '배달倍達민족'으로 역사상 최초로 지칭한 배달민족이다.

앞 부분의 '우리 민족은 천손민족이다'에서 『삼국유사』의 첫 대목을 밝힌 바 있다. 배달민족에 대한 일부 기록을 옮겨보면 다음과 같다.

배달민족은 환인天帝(하나님의 아들) 중 둘째 환웅(하나님의 아늘)이 태백太白(크고 밝은 산)의 신단수神壇樹 아래에 하강해 곰이 여인으로 화한 웅녀熊女와 혼인하여 낳은 신인神人(신의 아들)이다. 따라서 단군은 천강신天降神(하늘에서 내려온 신) 환웅과 지모신地母神(땅의 어머니신) 웅녀와의 사이에서 태어난 천손(하나님의 손)으로 하늘의 직계손이라는 이야기다. 세계 어느 민족도 이런 위대한 기록을 가진 민족은 없다.

한국인이며 대한사람大韓人인 우리는 지금은 극동 아시아인으로 그리고 반도인으로 살고 있다. 그 역사의 뿌리는 우랄 알타이어족의 퉁구스족에서 독립하여 대륙에 뿌리를 두고 있다. 그리고 하늘을 우러르며 흰 옷을 입는 백의민족으로 하늘에 제사하는 신앙으로 살고 있다.

하지만 지금의 대한민국인들의 삶은 섬나라처럼 고립되고 작은 땅덩어리 속에 비좁게 살고 있다. 섬나라 아닌 섬이다. 북쪽으로는 이데올로기의 산물인 38선이 가로막고 있으며, 삼면은 바다다.

상상에서조차 생각하기 싫지만 어찌어찌하여 예상치 못한 일이 벌어진다면 어디로 갈 것인가?

우리 앞에는 바다밖에 없다. 현재로선 38선 이북에는 파도보다 무서운 총칼이 버티고 있으며, 그 뒤에는 핵과 수소탄이 목을 죄고 있다. 아무리 생각해 봐도 파도를 헤치고 바다로 가는 길밖에 없다. 지금 상황으로 민족의 대타협 같은 준비된 배도 없다. 평창 올림픽에서 똑딱선처럼 남북 두 정상이 판문점에서 만났다. 그리고 마침내 미국의 정상과 북한의 정상이 싱가포르에서 만나는 역사적인 사건이 있었다.

이처럼 북한이 엄연히 버티고 있지만 우리의 의식 속에는 38선은 없다. 너 나 할 것 없이 한국인의 마음속에는 대륙의 한복판에서 살고 있다. 대한민국인의 가슴속에는 삼면이 바다인 반도에 살고 있으면서도 영혼의 뿌리인 마음속에는 그냥 드넓은 대륙의 한복판에 살고 있는 듯한 의식 속에 살고 있다.

알고 보면 바다가 한강 하류에서 출렁거리고 있고, 황복어와 꽁치가 성산대교 아래에서 헤엄치고 있지만 우리의 의식 속에 바다는 멀다. 북한에서 전투기가 뜨면 20분이면 서울에 당도하는데도 북한은 보이지 않는다. 서울은 바다도 보이지 않고 38선 이북도 보이지 않는 하늘이 내려준 천해의 안전지대로 여기며 태연히 살고 있다. 사실인즉 해변의 조금 안쪽에 자리 잡고 있는데도 한사코 외면하듯 우리의 의식 속에는 아예 바다 같은 것은 없다. 다만 바다는 현해탄을 건너 태평양이 있는 곳이라고 생각한다. 그럼 이런 한국인의 의식구조는 어디에서 연유된 것일까?

아무래도 우리 민족의 뿌리, 우리 조상들이 살던 곳은 만주벌판이 아닌가 싶다. 벌판에서 말달리며 자유분방하게 살던 곳, 대륙의 벌판이 우리 선조들이 살던 땅이었을 것이다. 그런 DNA가 있기에 향수에 젖듯 고향을 찾아가려는 귀소본능처럼 그리로만 향하는 것이 아닐까?

그런 역사적인 배경 속에 살던 우리 조상 중에 살기 좋고 산수 좋은 곳을 찾아 따라서 내려오다 보니 이곳 한반도에 머물러 살게 된 것일 수 있다. 그리고 발을 붙여 살다가 이곳에 눌러살게 되었을 것이다. 그렇게 살다 보니 피붙이들의 정이 고이게 되고, 그렇게 살다 보니 살만한 금수강산을 차지하게 되었던 것이다.

이렇게 반도에 정착해 살게 되었지만 기질은 허허벌판에서 말달리고 대륙을 주름잡던 DNA가 그대로 남아있다. 그런 마음의 성향 때문에 연어가 고향을 찾아가듯, 철새가 그 보금자리를 찾듯 저 북쪽만을 바라보는 대륙성향을 가지게 된 것은 원초적인 본능의 발로가 아니겠는가? 마치 몽유병 환자처럼 우리의 가슴속에 그런 성향이 꿈틀거리고 있는 것이다.

사실 우리 민족의 근대사를 보면 몸서리치도록 치욕적인 40년의 식민지 생활이 있었다. 생각 같아서는 사무친 마음으로 온 민족이 똘똘 뭉쳐 저 현해탄 건너 일본을 응징해 주어야 한다. 하지만 동해 건너 일본을 혼내주자는 말은 일언반구도 없다. 그리고 한사코 저 압록강 건너 만주벌판만 바라보고 있다.

사춘기의 청춘 남녀가 서로의 짝을 찾아 이끌리듯 저 북쪽에 꿈에도 그리는 고향이 있는 듯 그 곳에만 관심이 있다. 왜 그럴까? 그것은 아마도 우리 조상들이 피땀 흘리며 수천 년 동안 살면서 혼이 서리고 조상의 뼈가 묻힌 곳이기에 그럴 것이다. 그렇지 않고서야 우리를 괴롭혔던 일본인 왜인들을 그냥 지나칠 수는 없다. 이렇게 사무친 원한 관계가 옆에 있는데 어쩌자고 저 북쪽 하늘만 바라볼 수 있단 말인가?

우리 겨레는 분명히 반도인이기에 앞서 대륙인이었고, 그렇기에 그 기상이 가슴속에 살아 그리로 향하고 있는 것일 뿐이다.

지금 우리는 남북이 갈라져 상처를 안고 있지만 이 상처가 진주 보석을 만들듯 한국인의 기상과 기질이 살아나면 천손민족으로서 세계 속에 우뚝 서는 신세기新世紀를 맞는 주인이 될 것이다. 다행히 세계는 경제적인 국경선이 없어 마음대로 넘나들고 있다.

이제 만주벌판과 중원 천지에 고속도로를 건설하면 부산에서 목포, 서울을 거쳐 평양을 지나 중국으로 향하고, 또 중국에서 유럽으로 두만강을 건너 러시아를 넘어 알라스카와 북미와 남미로 달리게 될 것이다. 그렇게 세계 위에 우뚝 서게 될 때 대륙성향의 원대한 꿈이 기필코 이루어지리라 믿는다.

MY OBSERVER IS ME

두 머리에 한 몸
'이두조二頭鳥'와 한반도

몸통은 하나인데 머리가 둘 달린 새를 일신이두조一身二頭鳥라고
한다. 『불본행집경佛本行集經』에는 설산에 사는 새로 한쪽 머리의
새는 우바카優波佳라 부르고, 다른 한쪽 머리의 새는 가루다迦樓多라
고 불렀다.

한 몸에 두 머리를 가진 우바카와 가루다는 언제나 함께 지내며
서로 양보하고 협력하면서 사이좋게 지냈다. 먹을 것이 생기면 같
이 나누어 먹고 잠도 가루다가 깨어 있을 때는 우바카가 자고, 우
바카가 깨어 있을 때는 가루다가 자면서 몸을 알뜰하게 보살피며
살았다.

그런데 어느 날 우바카가 잠자고 있을 때 가루다 바로 앞에 마두
摩頭과 라는 나무 열매가 바람결에 떨어졌다. 먹음직스러운 과일에

서 향긋한 냄새가 코를 진동시켜 입맛을 자극했다. 입 안에 군침이 돌면서 가루다는 자신도 모르게 과일을 입에 넣었다. 향기로움이 뼛속까지 채워지면서 말할 수 없이 즐겁고 기분이 좋아졌다.

입 안 가득한 과일 향기가 우바카에게도 전해졌지만 더욱 깊은 잠에 빠져들었다. 맛좋은 과일 향기가 온몸에 퍼지자 가루다는 이렇게 생각했다.

'비록 이 과일을 혼자 먹는다 할지라도 배속에 들어가면 두 머리가 함께 기운을 얻게 되어 다 같이 배고픔도 면할 수 있지 않겠느냐. 그럼 우바카도 좋아할 거야.'

가루다가 이렇게 생각하고 있을 때 우바카가 잠에서 깨어났다. 그리고 그지없는 향기가 진동해오자 우바카는 물었다.

"웬 향기냐? 아니, 가슴까지 시원하게 해 주는 과일을 어떻게 혼자만 먹었느냐?"

우바카가 가루다에게 따져 묻더니 버럭 소리를 질렀다. 그리고 쏘아붙이듯이 말했다.

"너는 네 세 치 혀만 달게 하기 위해 혼자만 과일을 먹다니 이는 괘씸하고 생각할수록 분통이 터지는 일이다. 나도 이제 맛있는 음식을 얻게 되면 너에게 알리지 않고 혼자만 먹겠다."

화가 치밀어 오른 우바카는 흉측스러운 저의를 숨김없이 드러내면서 혼잣말로 속삭였다.

'두고 봐라. 독이 든 음식을 얻게 되면 몰래 먹어 혼내 주리라.'

어느 날 산수를 구경하다가 한가한 꽃밭에서 가루다가 잠이 들었다. 그때 마침 우바카 앞에 독한 꽃잎 한 송이가 떨어졌다. 우바카는 부리로 찍어 독한 꽃잎을 꿀꺽 삼켜버렸다.

우바카는 얼마 있다가 배가 아파오기 시작했다. 가루다도 배가 아파오자 잠에서 깨어나 토악질을 하고 그래도 배가 뒤틀리자 똥을 싸며 한바탕 소란을 피웠다. 아픈 배가 더욱 심해져 어찌할 바를 몰라 허둥댈 뿐이었다. 가루다는 '이러다가는 결국 죽겠구나' 싶어 몸을 뒤척이며 풀밭으로 나가 잡초의 진액을 빨아먹고 가까스로 설사와 복통을 멈추게 했다.

그러나 독이 든 꽃을 삼킨 우바카는 입이 심하게 부르터 여러 날 동안 먹지도 못하고 마시지도 못하다가 결국 죽고 말았다. 가루다는 울면서 우바카와 지내던 일을 생각했다.

'어쩌다가 너와 나는 한 몸에 두 머리를 가진 기구한 운명이었는데, 내가 먹은 마두과로 말미암아 너의 섭섭함이 죽음에 이르게 하는 마음의 상처를 남기게 했구나. 너와 즐거운 시간을 보내며 행복했던 시간도 있었는데 이제는 영원히 함께할 수 없게 되었다.'

가루다는 탄식한 후 떨리는 손으로 죽은 우바카의 머리를 베어버리고 홀로 날개를 펴 하늘 높이 날아 해 돋는 동방으로 사라져버렸다.

이 전설 같은 이야기 속에는 지구상에 마지막 분단국가인 우리 한민족의 현실이 담겨 있는 것 같아 안타깝기 그지없다. 서양속담에 '한 그루의 나무로 천 개의 성냥을 만들 수 있다. 허나 천 그루의 나무를 태우는 데는 성냥 한 개비면 충분하다'라는 말이 있다.

반만년을 지켜온 우리 민족의 역사를 한순간에 되돌릴 수 없는 수렁으로 빠뜨려 버릴 수도 있다. 부정적인 생각의 끝은 이처럼 전혀 예단할 수 없다.

수천 년 동안 한민족으로 살아온 이 땅이 두 체제로 갈라져 금방이라도 싸움을 벌일 것처럼 대결로만 치닫다가 최근 남북정상회담과 북미정상회담을 거치면서 화해 무드로 돌아서고 있다. 바티칸의 천주교 교황까지 평양을 방문하여 김정은 위원장과 만난다면 화해 무드는 급속도로 빠르게 진행될 것이다.

그러나 우려의 목소리도 들린다. 적폐청산을 앞세워 몰아세우다 보니 투쟁하듯 국정을 이끈다는 곱지 않은 소리가 들리는 것이다. 김형석 교수는 "영국과 미국은 갈등을 대화로 풀고 독일과 프랑스는 토론으로 푸는데, C급 정치는 투쟁으로 푼다"라는 여운을 남기기도 했다.

지금 우리나라의 상황은 안개 속에서 길을 찾듯 옛 고구려의 기상도, 삼한을 통일한 신라의 차원 높은 문화도, 고려의 양보하고 타협하는 안민 의식도 보이지 않는다. 이제 세계에서 단 하나의 분단국가, 그 불명예가 21세기 초의 여명을 깨고 있다.

설화 속의 우바카가 보이는 듯싶어 가슴 조였지만 이제 조용히 두 손을 모을 뿐이다. 오천 년의 역사를 두고 모처럼 맞은 국운 상승기를 화합과 통일로 성취하여 이 민족의 소망이 이루어지기를 기도한다.

MY OBSERVER IS ME

도는 천하에
없는 곳이 없다

도道라고 하면 이치理致나 진리眞理나 이법理法이나 원리原理 등 현실을 초월한 고원高遠한 것으로 생각한다. 그러면서 형이상학적인 본원本源이나 본체本體 등 요원한 것으로 인식한다. 그래서 많은 사람이 도를 닦기 위해서는 심산유곡深山幽谷과 같은 곳으로 가야 한다고 생각하게 된다. 그런가 하면 도는 어디든 없는 곳이 없다고 말하기도 한다.

도는 '길'이다. 길은 사람이 다님으로써 생겨난 행이성지行而成之인 것이다. 사람이 자연의 지형을 따라 순리대로 다니다 보니 길이 생겨난 것이다.

또한 도는 '말'이라고 했다. 그래서 『성경』 요한복음 1장 1절에 태초에 말씀이 계시니 이 말씀이 하나님과 함께 계셨다고 하면서 만물이 그로 말미암아 지은 바 되었다고 했다.

　서산의 해는 지고 싶어서 지는가? 길이니까 가는 것뿐이다. 그래서 하늘에는 천도天道가 있고, 땅에는 지도地道가 있고, 사람에게는 인도人道가 있다고 말하면서 천도와 인도의 역사적인 철장鐵腸을 박아 만고의 유가윤리儒家倫理를 확립했다.

　『설괘전設卦專』에서는 천도, 즉 하늘의 도를 세우는 것은 음과 양, 일음일양지위도一陰一陽之謂道라 했으며 땅의 도를 세우는 것은 강함과 부드러움이라고 했다. 그중에 사람이 도를 세우는 것은 사랑하는 인仁과 의로움의 의義다. 그래서 음양을 떠나서는 도가 없으니, 이理와 기氣에 있어서 형이상과 형이하의 관계이다. 따라서 상과 하, 선과 후의 관계라고 말하고 있다.

　『상서商書』에서는 우공寓貢이 홍수 때 물길을 잘 인도하여 중국을 구했다는 이야기가 있다. 이때의 도의 개념은 '이끌다, 안내하다'였다.

　『탕고湯誥』에는 하늘에서는 탕임금의 선정善政에 복을 주어 보답하고, 걸桀임금에는 잘못의 죄를 주어 응징한다고 했다. 여기서 연원된 천도는 선한 것을 보답하고 악한 것은 징벌한다는 천이 인간화 사상으로 변형된 것을 볼 수 있다.

　후에 공자孔子의 유가학파에 의하여 천의 인격화 현상은 더욱 확고하게 인간의 생활규범과 행동규범으로 설정된다. 여기에서 천도를 인간이 노력하는 최종 목표로 설정하는 계기가 되어 유가儒家가 중국 천하에 확장된 것이다.

　또한 공자는 '사람이 길을 넓힐 수 있는 것이지 길이 사람을 넓힐 수는 없다'라고 하여 도가 인간에 의하여 창조되어 이루어질 수 있다고 보았다. 여기서부터 도가와 유가가 보는 도의 관이 갈라서게 된 것이다. 말하자면 도가에서는 천도에 대한 말은 있지만 만들어진 인도에 대해서는 부정적인 입장이다.

제국주의帝國主義시대에서 군주주의君主主義시대로 넘어 오면서 황제皇帝를 천자天子로 내세워 인륜人倫의 도리道理를 체계화시켰는데 유가의 도가 바로 그런 것이다. 결국 천도가 인륜의 도로 묶이면서 묘수妙數가 벌어지게 된 것이다.

도는 '그것에 의해서 간다'고 생각할 때, 나고 죽고 만나고 헤어지고 배우고 가르치는 날마다의 일상이다. 그런데 이 모두가 길인 도의 규범을 지켜 상생하는 것을 인륜이라고 한 것은 유가에 의해서 시작된 것이다.

장자莊子는 사람의 정신은 자연의 본원인 도로부터 생겨나고, 그 육체는 정기精氣의 화합으로부터 생겨난다고 했다. 그러므로 육체에 아홉 구멍을 가진 사람이나 짐승들은 태胎로 태어난다고 했다. 그리고 여덟 구멍을 가진 새나 물고기는 알에서 생겨나지만 그들이 생겨나는 데는 자취가 없고, 죽어가는 데도 끝이 없다는 것이다. 그래서 그들은 출입하는 문도 없고 묵는 방도 없고 사방으로 넓게 통해 있는 것이라고 했다. 따라서 만물도 이 도를 얻으면 번창하지 않을 수 없다는 것이다.

동곽순자東郭順子가 장자에게 도에 대해서 물었다.

"소위 도라고 하는 것이 어디에 있습니까?"

이에 장자가 말했다.

"무소부재無所不在로 없는 곳이 없다."

동곽자가 또 물었다.

"어디에 있는지 구체적으로 말씀해 주십시오."

그 말에 장자가 말했다.

"청개구리나 개미에게도 있소."

이에 동곽자가 다시 물었다.

"어찌 그리 하등한 것들에게 있다 하십니까?

장자가 다시 말했다.

"기장이나 피 같은 잡초에도 있소."

동곽자가 다시 장자에게 물었다.

"어째서 더 하찮은 것으로 내려가십니까?"

그러자 장자가 되받아서 말했다.

"기왓장이나 벽돌에도 있소."

놀란 동곽자가 장자에게 또 물었다.

"어째서 점점 아래로 내려가십니까?"

그 말에 장자가 힘주어 말했다.

"똥이나 오줌에도 있소."

그러자 동곽자는 아무 말이 없었다.

장자는 일생 동안 도의 본질에 대해 말했다. 그는 마지막에 이렇게 이야기했다.

"나는 천지를 널로 삼고 해와 달을 한 쌍의 옥으로 알며 별을 구슬로 삼고 만물을 예장품으로 삼을 것이다. 내 장례식은 갖추지 않은 게 없는데 예장품을 더 갖출 것이 없다. 그러니 자연에 그냥 놓아두어라."

그러자 제자들이 걱정스럽다는 듯이 물었다.

"그럼 까마귀와 솔개가 선생님을 해칠까 걱정됩니다."

그 말을 듣고 장자가 대답했다.

"땅 위에 있으면 까마귀와 솔개가 파먹을 것이고, 땅속에 있으면 개미와 땅강아지가 파먹을 것이다. 그렇다면 까마귀와 솔개의 먹이를 빼앗아 개미와 땅강아지에게 준단 말인가. 이 역시 편견이 아니냐?"

'대도무문大道無門'이란 큰 도에는 어디에도 문이 없다는 말이다. 새가 알을 깨고 나오는데 문이 없듯이 하늘의 문이 보이지 않듯 큰 도에 문이 있을 수 없다는 말이다.

근대사회에서 사회주의가 망했다고 해서 자본주의가 승리했다고 단정지어 말할 수는 없다. 보았듯이 사회주의가 걸었던 그 잘못된 길을 답습하지 않도록 자본주의를 보강하고 북돋아 세우도록 지혜를 모아야 한다. 그것이 편견을 깨부수는 길이다.

굳이 편견이 아니라도 우리는 스스로를 위하여 자연스럽게 사회라는 잘 짜여진 그물 속에 살고 있다. 어찌 생각하면 가두리에 갇혀 사는 물고기와 크게 다르지 않다.

우리는 넓은 바다인 망망대해에서 자유롭게 살고 있다고 생각하지만 법망을 한치도 벗어날 수 없다. 보이지 않는 그물망인 예의범절과 인정으로 자신을 통제하며 살고 있다. 생각해 보면 언어도 보이지 않는 그물이고, 지리적인 입지도 보이지 않는 그물이며, 사회적인 규범도 보이지 않는 그물이다.

모르긴 하지만 특정지역의 사회적 풍속이라는 카테고리 속에서 생활양식을 익히고 산다는 것은 의식하지 못해서 그렇지 보이지 않는 가두리고 그물망이라는 것이다. 생각해보면 인간은 미숙아로 태어나 어머니의 돌봄으로 성숙해 간다. 그리고 성장해 가면서 형제들과 어울리고 이웃과 사회 속의 일원이 되어 살아간다. 그러면서 시선은 자꾸 내면으로 돌리며 '나는 누구인가?'를 찾고 또 '왜 사는가?'라고 물으면서 밖으로 향한다. 눈을 뜨면 하늘을 보고 별을 보고 바다를 건너기 위해 비행기에 오르다 보면 내게 씌워진 그물망이 보인다. 이것이 현대인이 살고 있는 현주소이다.

도를 이룬 사람은 성인聖人이라 하는데, 성인의 '성聖'자는 귀 이耳와 입 구口와 임금 왕王을 합친 글자이다. 글자의 뜻대로 귀와 입을 가진 사람이 왕노릇 한다는 뜻이다. 귀와 입이 없는 사람은 없지만 귀가 있어도 듣지 못하고 입이 있어도 말하지 못하는 사람도 있다. 다만 제대로 듣고 정도를 말하는 사람이 진정한 도인이고 성인이다.

사실 백두산이 아무리 높아도 그곳에 서있는 소나무 아래 있으며, 압록강이 아무리 깊고 넓어도 결국 강바닥의 모래 위를 흐를 뿐이다. 이를 생각할 때 한편의 글로 어떻게 세상의 일을 다 논할 수 있겠는가.

MY OBSERVER IS ME

도는 나누거나 보태거나
에워쌀 수 없다

도란 무엇일까? 도는 길이다. 사람들이 다니는 길이고 사계의 흐름 같은 자연현상이다. 설해문자說解文字에서는 머리 수首에 머물 착辵을 써서 '도道'라고 했다. 생각하는 머리와 가고 서는 구성자로 작행작지作行作止인 가고 멈추는 것이다. 도는 다니는 길이지만 머리로 멈출 줄 알아야 한다는 의미가 있다.

길을 가다 보면 십자로에서 이리 가기도 하고 저리 가기도 하기 때문에 생각하고 멈춰 서서 방향을 정해야 한다. 목표가 설정되어야 길을 가고 길을 가다 보면 방식, 법칙, 규칙, 준칙 등을 따라야 한다. 더 나아가서 철학적인 이치, 진리, 이법, 원리, 본원, 본체 등의 의미를 내재하게 하는 것이 도다.

공자는 '도가 아무리 중요하더라도 사람이 도를 넓힐 수 있는

178 • 나의 관찰자는 나다

것이지, 도가 사람을 넓힐 수는 없다人能弘道 非道弘人'라고 했다. 그리고 도를 확대하여 하늘과 사람인 천인天人으로 규정하여 천도와 인도를 말했다. 도의 깊은 의미는 우주의 본체가 도요, 우주의 원리가 도로써 지극히 작은 데서 지극히 큰 것을 봐도 도이므로 천지자연이 다 도라고 했다. 그래서 유가儒家의 공자는 '아침에 도를 깨달으면 저녁에 죽어도 여한이 없다朝聞道 夕死可矣'라고 했다.

맹자孟子는 인의仁義를 도라 하면서 인이란 사람됨이며 주어진 본성을 따르는 솔성지위도率性之謂道라고 했다. 따라서 이理는 형이상의 도이고 만물을 낳는 근본이며, 기氣는 형이하의 기器이며 만물을 담는 도구라고 말했다.

이에 장자는 공자의 말은 그럴듯한 말이지만 사람다운 사람의 이름을 빌린 것으로, 그 실은 이웃 나라를 침략하는 것을 옹호해 주고 가난한 사람들을 부역과 전쟁에 동원하여 가족과 생이별하는 것이라고 했다. 전쟁터에 나가면 죽게 되므로 부역으로 노력을 빼앗는 것을 합리화시킨 것에 불과하다고 말하고 있다.

부국강병을 외치는 법가나 도덕정치를 외치는 유가나 춥고 배고픈 백성들의 눈으로 보면 '그놈이 그놈이고 그저 그런 놈들뿐'이라고 몰아세우고 있다.

그럼 『장자』의 '내편內篇' 양생주養生主 이야기를 들어 도에 대한 것을 유가儒家쪽과 비교해 보기로 한다. 우리의 생명에는 한이 있으나 지식에는 한이 없다. 한이 있는 것이 한이 없는 것을 따르면 위태로워진다. 지식을 추구함도 위태로운 일이라고 하면서 다음의 알쏭달쏭한 말로 대응하고 있다. 선행善行을 하되 명예에 가깝게 하지 말고, 악惡을 행하되 형벌에 가깝게 하지 말라. 그래야 몸을 보존할 수 있고 삶을 보존할 수 있으며 천수를 누릴 수 있다고 했다.

그러면서 장자가 양梁나라의 혜왕惠王 문혜군文惠君을 초청하여 소잡는 달인 포정庖丁을 내세워 소를 잡는 것에 관한 도를 설명하게 했다. 포정은 소를 놓고 시범을 보였다. 그의 손놀림은 춤을 추듯하고 어깨를 들먹이며 발을 내딛는 자세가 음률에 맞춰 다듬이를 두들기는 것과 같으며 무릎을 꿇고 굽히는 모양이 칼날의 소리에 맞춰 소리나는 장단에 꼭 맞았다.

문혜군이 경탄하며 말했다.

"아! 훌륭하도다. 기술이 이런 경지에 이를 수 있단 말인가?"

포정이 칼을 놓고 말했다.

"제가 좋아하는 것은 도입니다. 이것은 기술이 아니지요. 제가 처음 소를 잡을 때는 눈에 보이는 것이 온통 소뿐이었습니다. 그런데 3년이 지나자 소는 보이지 않고 이제 마음으로 소를 대할 뿐 눈으로 보지 않습니다. 그래서 마음의 감관으로 대할 뿐 영감으로 작용하고, 소의 결대로 칼을 움직여 살과 뼈 사이의 큰 틈을 쪼개벌리며, 뼈와 뼈 사이의 빈 곳에 칼을 밀어 넣고, 소의 몸 중에 원래부터 빈 곳을 따라가니 뼈와 살이 엉겨 붙는 곳에 칼이 닿는 일이 없으며, 하물며 큰 뼈에 닿는 일은 전혀 없습니다. 솜씨 좋은 사람도 해마다 칼을 바꾸는데 그것은 살을 베기 때문입니다. 보통 소잡는 포정들은 다달이 칼을 바꾸는데 그것은 뼈를 자르다가 부러뜨리기 때문이지요. 저의 칼은 19년 동안이나 썼는데 잡은 소만 수천 마리입니다. 칼날은 금방 숫돌에 갈아낸 것 같이 예리합니다. 원래 소의 뼈 사이에는 빈틈이 있고 칼날에는 두께가 없습니다. 두께가 없는 것을 틈이 있는 곳에 집어넣으니 칼날을 휘둘러도 여유가 있습니다. 그러니 19년이 되어도 지금 막 숫돌에 갈아낸 것 같습니다. 그러나 뼈와 힘줄이 한데 얽힌 곳을 만났을 때에는 저도 조심하여 곧 눈길을 멈추고 행동을 천천히 하며 칼을 놀리는데, 두렵고 조심스러워 손놀림이 더뎌집니다. 그러나 쩍 갈라지면 마치 흙덩이가 땅에 떨어지듯 고깃덩이가 쌓이는 것입니다. 그때 비로소 칼을 들고 서서 사방을 돌아보며 흐뭇하게 웃으며 칼을 잘 닦아 칼집에 넣어 둡니다.”

무혜군이 이 말을 듣고 말했다.

“훌륭하구나. 나는 그대의 말을 듣고 비로소 양생의 비결을 배워 깨달았다.”

위의 예화 속에서 유가의 덕치주의는 결국 왕도정치의 근본으로 인간 본성의 순환인 인의예지仁義禮智의 실천에 있다는 것이다. 그러나 유가에서 말하는 도는 그들이 지어낸 도로 보고 있다. 그래서 ‘이것이 사람의 길이다’라고 가르치지만 ‘도는 이것이다’ 하고 말할 수 없는 것이라며 자적하고 있다. 도는 말로 할 수도 없고, 눈으로 볼 수도 없으며, 손으로 만질 수도 없는 것이다.

도는 형상이 없는 것이라 수로 나눌 수도 없고 에워쌀 수도 없다. 진정한 도는 만물을 낳고 포용하며 만물 중의 하나인 인간도 도를 따라야 한다. 도를 벗어나면 스스로 상할 뿐이다. 도를 따르지 않으면 포정의 칼날이 무디어지듯 원래 도는 넓히거나 좁힐 수 있는 것이 아님을 알아야 한다. 자칫 인류도덕을 위한다는 이름으로 도의 문지기 노릇하는 이가 되어서는 안 된다.

까마귀의 꾐에 빠진
하늘의 제왕 독수리

원교근공遠交近攻이라는 말이 있다. 먼 나라와는 사귀고 가까운 이웃 나라는 공격한다는 뜻이다. 일반적인 상식으로는 가까운 이웃 나라와는 친하게 지내면서 서로 돕고, 먼 나라와는 원만한 교류 관계를 갖거나 친선을 유지하면 된다. 그런데 진시황제는 가까운 나라를 공격하여 합병하고, 그렇지 않으면 교란하여 어지럽게 만든 다음 병합하여 최초로 황제의 나라를 세웠다. 진秦나라는 원교근공책을 세워 천하를 통일하고 스스로를 처음으로 황제라 칭하여 시황제始皇帝가 되었다.

이 계책이 민간인에게 전해져 36계 병법의 23계로 전해졌는데 이는 제나라의 범저范雎, 일명 장록張祿이 진언하여 진제국秦帝國을 건설하는 데 초석이 되었다.

원교근공은 도발적이고 믿음을 배신하는 행위인데 국제간에는 지금까지 서슴없이 이 계책을 써서 유린하고 획책했다. 우화적인 이야기를 들어 국제간에 벌어지는 작금의 행태를 짚어보기로 한다.

울창한 산림 속에서 독수리들이 하늘의 제왕답게 근엄한 자태로 날며 무리지어 살고 있었다. 독수리들은 넓은 계곡을 끼고 골짜기에서 흘러내리는 물소리의 낭랑한 가락을 들으며 유유자적 행복하게 살고 있었다. 독수리들은 매일 하늘 높이 날면서 아무런 근심없이 평화로운 나날을 마음껏 즐겼다.

한편 산림 아래쪽에는 건조한 초원지대가 펼쳐져 있고, 그곳에는 아주 교활하고 보기에도 흉측한 까마귀들이 살고 있었다. 까마귀들은 무질서하고 지저분할 뿐 아니라 서로를 헐뜯으며 돈을 벌기 위해 장사를 하고 있었다. 까마귀들은 돈을 벌기 위해 신용같은 것은 뒷전이며 거짓말도 서슴지 않았다. 또한 품질이 좋지 않은 옥수수를 재배하면서 많은 자금을 들여 열정을 쏟고 있었다. 까마귀들은 재배한 옥수수를 팔아야 하기 때문에 고객을 찾아 산지사방을 헤매고 있었다. 그런데 마침 산림 속에서 하늘 높이 나는 독수리들을 발견했다. 독수리 떼를 발견한 까마귀들은 긴급회의를 소집하여 의논하고 자기들끼리 속삭였다.

"어떻게든 독수리들에게 옥수수를 팔아야 해."

이렇게 계획을 세우면서 즐거워 어쩔 줄 몰랐다. 까마귀들은 머리를 맞대고 '어떻게 저들에게 접근하여 옥수수를 팔 수 있을까?' 하고 궁리를 거듭했다.

그때 까마귀 한 마리가 꼬리를 흔들며 말했다.

"번쩍번쩍 빛나는 자루에다 옥수수를 담아야겠어. 독수리들이 보기만 하면 안 사고는 못 배기게 말이야."

그러자 또 다른 까마귀 한 마리가 나서며 말했다.

"독수리들이 우리에게 의지하지 않고서는 도저히 살 수 없도록 만들어야 해. 그래야 우리가 농사지은 옥수수를 계속 사들일 게 아니야."

그때 독수리에게 옥수수 판매에 성공한 일이 있는 까마귀 한 마리가 나서며 말했다.

"가장 중요한 일은 우리의 옥수수가 독수리들에게 절대적인 필수품이라는 것을 믿게 하는 일이야. 만일 옥수수가 없으면 살맛을 느낄 수가 없게 만들어야 해. 옥수수를 안 먹으면 또 외로워져서 살 수가 없게 된다고 설득해야 해. 우선 그러기 위해서는 독수리들에게 죄의식을 느끼게 하는 거야. 독수리들이 옥수수를 재배하고 있다는 사실을 몰랐다고 하면 그런 바보 같은 것들이 어디 있느냐면서 자꾸 죄의식을 갖도록 자극하여 안 사면 죽도록 만들어야 되거든. 그렇게만 되면 독수리들은 우리 손아귀에서 살게 되고 곧 우리의 것이 되고 마는 셈이지 뭐."

한편 독수리들은 지성은 있었지만 깊은 생각이 결핍되어 있었다. 그래서 독수리들은 처음에는 신중한 태도로 까마귀들에게 접근해 왔지만 아주 훌륭하게 보이는 옥수수 주머니의 외관外觀에 매혹되고 말았다. 물론 독수리들은 옥수수가 있으면 구태여 눈비를 맞으며 하늘을 날아 식량을 구하는 고생을 하지 않아도 된다는 매력도 동시에 작용하고 있었다.

독수리들은 차츰 날아오르는 고도를 낮추어 끝내는 옥수수밭에 수없이 오르내리게 되었다. 날아오르는 시간이 단축되면 단축될수록 날고 있다는 감각이 희미해져 갔다. 그리고 드디어 영양결핍증까지 겹쳐 날개에 힘이 빠지게 되고 겨우 땅 위를 날다가 앉아 버리는 나약한 독수리들이 되고 말았다.

이렇게 되자 여기저기에서 겨우 날갯짓만 하다가 하품을 하는가 하면 걸어 다니는 독수리들은 몸을 가누지 못하여 서로 충돌하는 등 사고가 빈번했다. 독수리들은 특히 까마귀에게서 먹을 것을 구하기 위해 서로 물어뜯으면서 싸움하는 등 이탈된 행동을 서슴지 않았다.

그런데 그 무리 중에 안력眼力이 예민한 독수리 한 마리가 있었다. 그 독수리는 예리하고 통찰력 또한 상당히 뛰어났다. 그 독수리만이 최근 들어 집단행동을 하는 독수리 전체에 어딘가 잘못된 곳이 있다고 느끼기 시작했던 것이다. 동시에 옥수수를 먹으면서부터 날개에 힘이 빠지고 몸이 점점 쇠약해져 가는가 하면 맛도 어딘가 이상하다는 사실을 알게 되었다. 그래서 그 독수리는 친구들에게 "이러한 곳에서 살 것이 아니라 본래 우리 고향이었던 산속으로 다시 돌아가자"라고 설득하기 시작했다.

옥수수를 팔고 있던 까마귀들은 이 명석한 독수리가 쓸데없이 문제를 일으키며 주위를 시끄럽게 하는 녀석이라고 비웃었다. 독수리의 친구들도 덩달아 주위를 시끄럽게 하는 녀석이라고 비웃어 댔다. 독수리의 친구들은 모두 까마귀의 말을 믿고, 머리가 좋은 독수리를 점점 멀리했다. 이렇게 되고 보니 까마귀들은 점점 옥수수의 판매량을 늘리게 되었고, 독수리들은 더욱더 많은 옥수수를 먹어 치우게 되었다.

이리하여 유유히 하늘을 날던 조류의 왕자 독수리들에게는 어느 사이엔가 미묘한 일이 생겼다. 독수리들 사이에는 서로가 서로를 믿지 못하는 불신과 불평불만이 가득차게 되었고, 모두가 신경질적이 되어 어찌할 바를 모르고 있었다. 서로를 적대시하다 보니 고독에 빠지게 됐고, 그러다 보니 적적해지고 서로가 냉담해져 자기상실증에 빠지고 말았다.

독수리들은 그때부터 어렴풋이 그 옛날 산속의 집이 그리워지기 시작했다. 하늘 높이 날아다니면서 먹이를 찾던 때가 그리웠지만 이미 고향으로 돌아가는 방법을 잊어버렸다. 막연히 '무엇인가 좋은 일이 생기지나 않을까?' 하고 공허한 망상 속을 허우적거리면서 침울하고 무료하게 하루하루를 보내고 있었다.

한편 머리가 명석한 독수리는 까마귀와 자신의 종족인 독수리 친구들로부터 소외를 당하게 되자 주위의 모든 일에 싫증이 나서 자기 자신을 신중히 살펴보았다. 찬찬히 자기 자신을 검토한 결과, 그 독수리는 자신에게 아직 힘이 있고 훌륭한 날개가 그대로 있다는 것을 깨달았다. 독수리는 날개를 한 번 쭉 펼쳐 보았다. 그랬더니 의외로 두 날개가 활짝 펴지며 양쪽 날개에 힘이 뻗치는 것이 아닌가. 처음에는 관절이 부러질 듯 아파왔지만 마음껏 날개를 움직여 보았다. 굳어진 날개를 펼치기에도 엄청난 고통과 힘이 들었다. 그러나 여러 번 반복하자 날개가 곧 자유자재로 움직이기 시작했다. 독수리는 날갯짓을 해보고 하늘을 날려고 하다가 부리를 다치기도 했지만 곧 날아오르는 데 성공했다.

결국 그 독수리는 하늘 높이 날아 깊은 산속으로 돌아가게 되었다. 그리고 아침 일찍부터 어두워질 때까지 아무런 근심걱정 없이 예전의 행복을 되찾은 기쁨에 젖어 푸른 창공을 종횡으로 마음껏 날아다닐 수 있었다. 모처럼 독수리의 제모습을 되찾게 된 것이다.

현대인에게는 컴퓨터, 텔레비전, 스마트폰이 어쩌면 까마귀들이 파는 옥수수이고, 문명의 이기에 빠져 헤어나지 못하는 또 다른 옥수수라는 것을 알아야 한다. 번쩍번쩍하고 먹음직스럽게 포장된 먹이에 정신이 팔려 나는 것을 잊어버린 독수리가 바로 우리일 수도 있다.

스마트폰이 손에 쥐어지지 않으면 허전하고 뭔가 잊어버린 것 같고 머리까지 횡해지는 것은 까마귀들의 옥수수 맛에 빠진 독수리들처럼 되어가고 있는 것이다. 특히 어린아이부터 다 큰 어른에 이르기까지 그것에 얽매인 현실을 볼 때 옥수수에 빠진 독수리가 아니라 현대인의 군상이 보여지는 것 같아 안타깝다.

더불어 문명의 이기가 필살의 무기로 전환하는 4차원 시대에 들어선 현대는 인간이 인간을 상대로 그리고 만들어낸 기계가 인

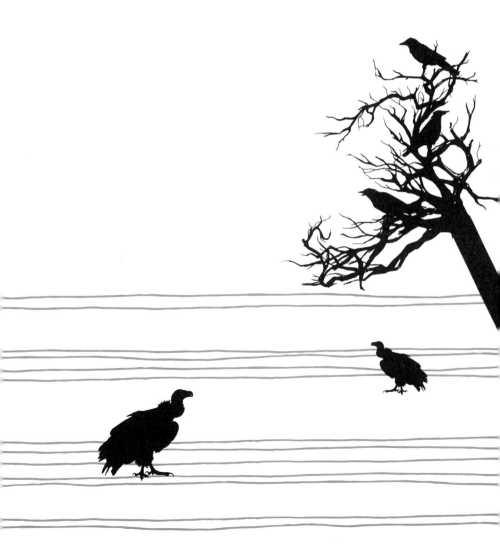

간을 상대하는 시대에 접어들었다. 인간이 만든 기계에 인간의 머리로는 어찌할 수 없는 시점에 이른 것이다. 인공지능 AI 알파고가 이세돌 9단을 물리쳤을 때 인류는 큰 충격을 받았다.

지금은 스마트폰이 없으면 초조해 하거나 불안감을 느끼는 '노모포비아nomophobia:no mobile-phone phobia' 증후군까지 나타나고 있다. 휴대전화 중독 내지는 금단현상인 노모포비아 현상이 나타나고 있다는 것이다.

병법에서 말하는 원교근공에서 원교는 빼고 '근공'인 인간이 인간을 포로처럼 묶는 현상이 이미 시작되었다. 병법이나 계책을 쓰려는 것도 아닌데 이미 그런 전략과 전술이 펼쳐져 현장에서 계책으로 등장한 것이다. 이는 세계대전을 막기 위해 유엔을 만들었듯이 국제간에 4차원 세계, 아니 6차원 세계에 맞춰 인간이 무언가 해야 할 필요성이 절실한 때가 온 것이다.

이 둑을 막기 위한 지혜를 모으기 위해 국제적인 석학들이 머리를 맞대기를 바란다. 또한 그 모임은 인간이 어디까지나 주체이기를 바랄 뿐이다.

MY OBSERVER IS ME

파랑새와 들쥐의
애달픈 삶

자고로 새는 인간의 육신과 영혼을 하늘로 인도하는 안내자로 상징되어 왔다. 이는 인간의 고향은 하늘이므로 땅에 살다가 죽으면 다시 하늘로 올라간다고 생각한 것이다.

삼국시대에는 조우관鳥羽冠을 쓰는 풍습이 있었는데, 이는 양쪽에 새의 깃털을 장식으로 꽂은 관모를 말한다. 하늘을 나는 새를 상서로운 신조神鳥로 여겼던 것이다. 그래서 기러기는 좋은 소식을 전하는 전신자傳信者로 보았으며, 파랑새인 청조靑鳥는 반가운 사자使者로 소식을 전하는 길조로 여겼다. 그중에 까마귀는 우리나라에서는 흉조로 보지만 일본과 중국에서는 효조孝鳥로 여겼다.

인도의 상상 속의 새 금시조金翅鳥는 머리는 매와 비슷하고, 몸뚱이는 사람 같으며, 날개는 금빛이고, 머리에는 여의주가 박혔으며, 입으로는 화염을 품고, 용을 먹고 산다고 한다. 가끔 시골길을 걷다 보면 솟대의 새를 볼 수 있는데, 이는 하늘과 땅과 저승의 영적 여행이란 상징성을 띠고 있다고 한다.

'들쥐와 파랑새'를 주제로 하다 보니 하늘을 나는 새 이야기를 더듬어 보게 되었다.

평화와 행복과 희망을 상징하는 파랑새 한 마리가 나뭇가지에 앉아서 아름다운 노래를 불렀다. 푸르른 들판을 바라보면서 온 세상이 자기 것인 양 신나게 노래를 불렀다. 한여름 푸르름은 짙은 색을 더했고 파랑새의 노랫소리로 싱그러움은 더욱 반짝였다. 이제 머지않아 다가올 가을걷이나 겨우살이 같은 것은 즐거운 노래 속에는 들어있지 않았다. 오직 평화와 행복의 노래만 부르고 또 불렀다.

가까운 이웃에는 들쥐 한 마리가 살고 있었다. 곡식이 영글기가 무섭게 날이면 날마다 보리밭과 옥수수밭을 들락거리며 온갖 곡식을 몰래몰래 끌어다 곳간에 쌓았다. 파랑새가 앉아서 노래하는 나무의 빨간 열매까지도 몰래 훔쳐다 쌓았다. 파랑새의 몫까지 훔쳐가는 동안 어느덧 여름이 가고 가을인가 했더니 겨울이 왔다.

겨울이 오자 허기진 파랑새는 들쥐를 찾아서 자기 몫이었던 나무 열매 중 조금만이라도 돌려주기를 간청했다. 들쥐는 파랑새의 간청에도 냉정하게 거절했다. 추위와 굶주림에 지쳐버린 파랑새는 마침내 날개를 접고 죽어갔다. 들쥐는 곡식이 가득한 곳간에서 배불리 먹고 마셨다. 그러면서 가끔 멀리서 들려오는 파랑새의 노랫소리를 무심히 흘려보냈다.

그러던 어느 날 갑자기 파랑새의 노랫소리가 끊어졌다. 들쥐는 어쩐지 이상한 공허감에 휩싸였다. 그때까지만 해도 파랑새의 노랫소리를 별로 대수롭지 않게 들었고 때론 달갑지 않게 들었던 들쥐는 그제서야 비로소 파랑새의 노래에 담긴 신묘한 의미를 깨닫게 되었다.

그때부터 들쥐는 못 견디게 쓸쓸하고 공허해지며 삭막했다. 아무 생각 없이 이리저리 헤매고 곳간 밖을 내다보고 바람도 쐬면서 안정을 취해 보았지만 답답하고 허전한 마음은 그치지 않았다. 어떻게 해서라도 파랑새의 노랫소리를 다시 듣고 싶었다. 가슴속 깊은 곳에서는 파랑새의 노랫소리가 맴도는 것만 같아 견딜 수가 없었다. 들쥐는 차츰 식욕을 잃고 자꾸만 쇠약해져 갔다. 마음이 공허해진 들쥐는 곡식이 잔뜩 쌓여 있는 곳간 구석에서 웅크린 채 전신쇠약으로 쓰러져 죽고 말았다.

이 우화는 물질만을 위해 살아가는 현대인을 꼬집고 있다. 돈을 위해서는 좋은 것과 나쁜 것, 옳은 일과 그른 일, 가야 할 길과 가지 말아야 할 길을 가리지 않고 허겁지겁 곳간을 채우고 재산을 쌓아 모으는 것에 혈안이 된 들쥐 같은 현대인을 말한다.

물질의 증대가 경제적 발전을 가져오고 그것이 인간을 더 행복하게 해 주는 것으로 확신해 왔다. 많이 벌어서 많이 가져야 마라톤에서 승리한 사람처럼 영광의 기반이라고 생각했다. 그러다 보니 삶은 갈수록 치열한 아귀다툼이 되고 인간관계는 더욱 냉혹해

지기만 했다. 하지만 그렇게 사는 것이 최상의 삶이라고 믿으며 지금도 돈을 모으는 것에만 혈안이 되어 주위를 돌아볼 줄 모른다.

쥐는 부지런히 모아서 쌓아 놓기 때문에 복장, 즉 숨기는 재물의 동물로 상징된다. 또한 쥐는 훔치는 습성 때문에 지탄의 대상이 되는 반면 근면성 때문에 좋은 점을 들어 추앙되기도 한다. 모아서 쌓아 놓다 보니 복장이 되고, 근면성 때문에 추앙되지만 결국 죽고 만다.

우리나라 설화 중에 혼쥐가 있다. 이는 도둑질을 생업으로 하는 사람을 말한다. 쥐는 약삭빠르기 때문에 약기는 생쥐라 하기도 했다. 또한 그런 사람을 얼굴에 생쥐가 오르내린다고도 했다. 쥐는 숨기는 것에 명수라 들쥐는 구멍을 파서 이삭을 숨기고, 집쥐는 집안을 뒤져서 훔친다고 했다. 그런 쥐의 습성을 들어 들쥐는 백성

들을 수탈하는 지방관리들을 뜻하기도 하고, 집쥐는 궁궐 내에서 국고를 탕진하는 간신배들을 가리키기도 했다.

절벽 아래 바위굴에서 무리를 지어 살면 그 대장은 서대주鼠大主라고 부른다. 땅을 많이 가진 사람과 일부 몰인정한 빌딩 소유주 그리고 들쥐와 파랑새의 관계를 알 수는 없겠지만 한량없는 물질을 가진 사람이 서대주가 아니기를 바랄 뿐이다.

마음의 문을 열고
나를 찾아보기

인생은 한 권의 책이다. 어리석은 사람은 책장을 아무렇게나 넘기지만
현명한 사람은 한 장 한 장 공들여 읽으며 또 기록한다.
그러면 복잡한 지경에도 흰 글자가 문틈에 얼핏얼핏 지나가듯이
처음 자기가 마음먹은 것을 되새기면서 꿈의 날개를 펼쳐 본다.

경전 한 권에서
찾는 인생

황금 새장에 새를 넣은 사람은 그 새가 창공을 자유롭게 날고 있다고 생각한다. 그는 새가 날갯짓을 빼았겼고, 하늘을 유유히 날던 자유를 빼앗겼으며, 펄럭이던 날개가 꺾였다고 생각하지 않는다.

사실 새는 황금 새장 같은 것에는 아무런 관심이 없고 그저 자유롭게 날 수 있으면 그만이다. 진심으로 새를 사랑한다면 하늘을 마음껏 날 수 있도록 도와주고, 날개를 펴 자유로이 훨훨 날게 해 주는 것이 새를 위한 값진 사랑이다. 그러나 인간은 새를 사랑한다는 이름으로 황금 새장에 가두어 버렸고, 사랑할 수밖에 없어서 더는 날 수 없도록 감금해 날개를 꺾어버린 것이다.

이처럼 인간은 인간에게도 사랑한다는 이름으로 또 사랑한다는 구실로 황금 새장에 넣고 여러 가지 형태의 카테고리, 즉 울타리를 치고 있는지도 모른다.

한 수도자가 인간의 삶의 가치를 놓고 깊이 연구하고 생각하다가 인생의 근본 문제를 해결하기 위해 아무도 없는 깊은 산중으로 들어갔다. 그는 마침내 마음에 맞는 장소를 잡아 지금까지 살아온 세월을 반추하고 내가 이 세상에 태어난 것은 분명 초대받은 인생인데 이 황금 같은 시간을 어떻게 살아야 할지 상념에 젖었다.

그는 수행의 목표를 청정한 마음을 갖고 세상의 이치를 통달하는데 조용히 마음을 가라앉히고 침정沈靜했다. 그리고 흰 구름을 사들이고 맑은 바람을 파는 심정으로 의미심장하게 나날을 보냈다. 그야말로 얽매임 없이 바람이 지나가도 자취를 남기지 않듯 하루하루를 치열하면서도 한가로이 보내고 있었다.

어느 날 바라고 바라던 불변의 진리를 담은 경전 한 권을 그야말로 천행으로 구하게 되었다. 그는 귀한 경전을 얻게 되자 밤늦게까지 읽고 또 읽었다. 그리고 밤이 깊어 잠자리에 들 때 바로 머리맡에 놓고 잤다. 꿈결에서도 경전의 내용을 되뇌이며 달콤한 물을 마시듯, 산해진미를 먹는 듯 흐뭇한 마음으로 재미에 취해 갔다. 그런데 아침에 일어나 보니 쥐가 경전을 갉아먹어 버렸다. 밤새 생쥐가 갉아먹어 엉망이 된 부분을 이리저리 맞춰 보면서 그는 생각했다.

'덫을 놓던지 무슨 수를 써서라도 생쥐를 잡아야겠군.'

이 궁리 저 궁리 끝에 수도자는 고양이를 구해 왔다. 어린 고양이를 구해 놓고 보니 고양이에게 먹일 젖이 필요했다. 그는 고양이에게 젖을 먹이기 위해 양을 구해 왔다. 양의 젖을 짜서 고양이에게 먹이다 보니 많은 시간을 빼앗기게 되었다.

'공부를 해야 하는데 여기에 너무 많은 시간을 헛되이 보내고 있구나!'

수도자는 여러 궁리 끝에 심부름을 해 줄 여인을 구했다. 여인과 함께 생활하다 보니 밥짓는 고생과 옷을 빨고 기워입는 일도 덜게 되었다.

어느덧 1년이 지나고 여인은 수도자의 아내가 되어 아들을 낳게 되었다. 그는 이제 아내와 아들을 먹여 살려야 하는 가장이 된 것이다. 가장이 된 수도자는 양식이 필요했기에 농사를 짓기 위해 양을 팔아 소를 샀다. 소를 사고 보니 외양간이 필요하여 움막을 걷어치우고 집과 외양간을 지었다. 이렇게 날마다 바쁘게 일을 하다 보니 원래 자기가 원했던 수도 생활과 인생 문제는 엄두도 내지 못했다. 소를 키우다 보니 꼴을 베어와야 하고, 때로는 방을 데우기 위해 땔감을 장만해야 하는 등 한시도 쉴 틈이 없었다.

봄이 되자 볍씨를 담갔다 뿌리고 못자리판에서 모를 뽑아 이양하기 위해 써레질을 해야 하는 등 그야말로 눈코 뜰 새 없었다. 여름이면 논에 김도 매고 밭에 콩을 심고 찬거리 씨앗도 뿌리다 보니 잠시도 눈 돌릴 틈 없이 바쁘게 몰아쳤다. 가을이 오면 겨울에 소에게 먹일 풀을 베어 말려야 하고, 밭일거리도 해야 하며, 논에서 벼를 베고 훑어야 하는 등 전체 집안 식구가 구슬땀을 흘리며 일을 해도 늘 손이 모자랐다.

'아! 내가 왜 이 지경이 되었을까?'

그는 경전 한 권이 결국 이 사단의 발단임을 깨달았다. 이미 되돌릴 수 없는 지경에 이른 것을 알고 후회했으나 소용이 없었다.

황금 새장이지만 새장 속에 들어오는 순간 새의 날개는 꺾이는 것이나 다름없고 자유를 짓밟힌 꿈이 되어 버린 것이다. 수도자가 도를 구하기 위해 경전을 구했으나 경전 때문에 벌어진 일이 결국 수도를 포기해야 하는 또 다른 새장이 되어 버렸고, 결국 새의 날개는 꺾이고 말았다.

인간은 사랑한다는 금사슬에 매이게 되면 오히려 더 조여매어 주기를 바라고, 사랑 속에서 영원히 구속되기를 바란다. 왜냐하면 사랑은 앞의 수도자가 그렇게도 간절히 찾던 그것이고, 만인이 찾아 헤매는 사랑의 핑크렌즈를 끼고 자유의 천지에서 살기를 바라기 때문이다.

사랑의 핑크렌즈 효과는 인류가 존속하는 이유이고 영원으로 가는 길이기에 수도자가 찾는 길 중에 하나의 길일 수도 있다. 그는 분명히 이 세상에 초대받아 온 한 사람이며, 단란한 가정을 이루어 사는 자체가 수도자가 구하던 '마중물'이기 때문이다.

그래서 인생은 한 권의 책이다. 어리석은 사람은 책장을 아무렇게나 넘기지만 현명한 사람은 한 장 한 장 공들여 읽으며 또 기록한다. 그러면 복잡한 지경에도 흰 글자가 문틈에 얼핏얼핏 지나가듯이 처음 자기가 마음먹은 것을 되새기면서 꿈의 날개를 펼쳐 본

다. 높은 가치의 도를 펴고 뜻을 이루려는 마음과 딸린 식구를 건
사해야 하는 중간에서 고민하는 두 마음의 한 사람을 보게 된다.
이것이 인생이다.

수數는 자연이고
인간의 삶 속에 녹아 있다

수에는 자연수, 정수, 분수, 무리수, 유리수, 실수, 허수 등이 있다. 또 산술, 운수, 도수, 술수, 몇 등의 헤아리는 뜻으로 사용된다.

1, 2, 3, 4 등을 아라비아 숫자라고 부른다. 아라비아는 홍해와 페르시아만에 끼어 있는 아시아 대륙 서남부에 돌출된 반도를 말한다. 이 아라비아 숫자가 인도 숫자에서 개량된 것으로, 이는 아라비아와 인도에서 상업이 발달했다는 의미이다. 숫자는 문자와 달리 좌측에서 우측으로 쓰인다.

이 중에 아라비아어는 셈어계의 하나로 고비문古碑文에 의해 연구되었지만 사어死語가 되었다. 지금 아라비아어라 하면 아랍부족의 언어로 코란에 쓰여진 글자인 코란 아라비아어는 이슬람교도의 표준어가 되어 있다.

숫자 중에 3三은 하늘과 땅과 인간의 천天·지地·인人으로 완전한 수를 의미한다. 7은 3인 양陽의 수와 4인 짝수 음陰을 합한 하늘과 땅을 말하며, 5는 오행으로 우주의 생성과 소멸을 말하기도 한다.

5와 10은 우주의 원리와 관련해 손을 폈다 쥐는 완전함을 뜻한다. 3은 우리 전통에서도 중요한 자리를 차지한다. 단군신화의 환인, 환웅, 단군이라는 삼신三神으로부터 시작된다. 환인이 인간세상인 삼위태백三危太伯을 내려다보고, 환웅에게 천부인 세 개를 주어 무리 3천명을 거느리고 세상에 내려가 풍백風伯, 우사雨師, 운사雲師의 세 명이 360가지를 맡아 다스리게 한 신성한 수였다. 인간의 생김새도 머리·몸통·사지로 세 부분이며, 팔도 세 부분이며, 손가락도 세 마디로 구성되어 있다.

우리 민족은 짝수의 우수 2, 4, 6, 8, 10보다는 홀수 1, 3, 5, 7, 9인 기수奇數를 신수神數로 삼았다. 신수는 오늘날에도 손없는 날이라 하여 9, 10, 19, 20, 29, 30일에 이사를 하는 풍습이 있을 정도다.

우리 민족은 음악에도 3박자의 음률과 미의식도 3음보의 율격미를 즐긴다. 도중에 한문학漢文學의 영향으로 3음보 운율에서 우수계로 옮겨지기도 했지만 양수와 기수를 우수와 음수로 나누어 양수를 길상일로 간주하고 있다. 민속 명절도 음력 정월 초하루를 설날로 하며, 3월 삼진날, 5월 5일 단옷날, 7월 7일 칠석날, 9월 9일 중양절로 양기가 성한 날로 여겼다.

수는 동서양을 막론하고 문명 초기부터 성스러움을 지닌 것으로 여겼으며, 피타고라스는 우주 만상을 수로 파악했다. 그중에 홀수는 남자, 짝수는 여자로 보았다. 특히 홀수는 행운의 숫자로 악귀를 쫓아내는 힘을 지닌 것으로 보았다.

또한 메소포타미아에서는 60진법을 사용했는데 오늘날 1시간을 60분, 1분을 60초로 한 것도 이런 영향 때문이었다.

동서양을 막론하고 수는 단순히 사물의 순서나 양을 표기하는 기호가 아님을 알 수 있다. 아라비아나 한자의 수도 다르기는 하지만 근원의 의미는 틀리지 않는다. 즉 일一은 사람의 눈을, 이二는 귀를, 삼三은 코를, 사四는 입을, 오五는 심장을, 육六은 위장을, 칠七은 남근을, 팔八은 발을, 구九는 팔을, 십十은 항문을 본뜬 것이다.

4차원의 시대를 맞이하여 숫자의 쓰임은 그야말로 천문학적인 시대에 접어들었다. 그래서 수의 압축과 분해가 새로운 차원의 세계라고 말할 수 있다.

상점이나 마트를 다녀와야 의식주를 해결할 수 있고 계산대에 서서 물건값을 지불해야 내 물건이 된다. 그러다 보면 수시로 상인商人들과 마주친다. 여기서 상인이라는 뜻은 중국 상고시대의 하·은·주나라 안에 상商나라의 이야기에서 시작되었다. 은나라 안에 상나라가 있었으나 은나라가 망하면서 상나라도 멸망했다. 나라가 망하자 살기 위해 귀중품을 들고 나와 이를 팔아 장사 밑천으로 삼았다. 그래서 장사하는 사람은 상나라 사람이라 하여 상인이라 부르게 되었다. 우리나라에서도 장사하는 사람들을 동일한 한자의 상인으로 그대로 쓰고 있다.

장사하는 사람들은 숫자를 다루는 계산에 능해야 한다. 단위가 높은 숫자일수록 정확한 계산을 해내야 한다.

우리나라의 1년 예산이 4~5백조百兆로 매년 높아져 경京에 이르고 있다. 그러면 경 위의 단위는 무엇일까?

숫자는 영零에서부터 시작하여 일(1·一), 십(10·十), 백(100·百), 천(1,000·千), 만(10,000·萬)으로 이어진다. 만은 1의 4승=10,000이고, 억億은 10의 8승=100,000,000이며, 조兆는 10의 12승 1,000,000,000,000이다. 경京은 10의 16승=10,000,000,000,000,000이고, 해垓는 10의 20승으로 윗자리로 올라갈 때마다 0이 네 개씩 붙는다. 자秭는 10의 24승이고, 양壤은 10의 28승이며, 구溝는 10의 32승이고, 간澗은 10의 36승이며, 정正은 10의 40승이고, 재載는 10의 44승이다. 극極은 10의 48승이며, 항하사恒河沙는 10의 52승으로(항하강의 모래로 무한이 많은 수량의 의미) 극의 억배이다. 이는 아승기의 1억 분의 1이다. 아승기阿僧祇는 10의 56승이며, 나유타那由他는 10의 60승이고, 불가사의不可思議는 10의 64승이며, 무량대수無量大數는 10의 68승이다.

구골googol은 10의 100승(미국의 수학자 케네스가 9살 조카에게 "이 세상에서 가장 큰 수를 무엇이라고 하면 좋겠느냐?"고 물었다. 조카는 "구골이요"라고 대답했다. 그래서 이 단위가 탄생했다고 전한다.)이고, 아산키아는 10의 140승이며, 센탈리온은 10의 600승이다. 스큐스수는 10의 3,400승이고, 구골플렉스googol plex는 10의 구골승(1 다음에 0이며 10의 100승 개만큼 붙는 수로 10의 구골 제곱이라고 한다.) 등이다.

지금까지 1에서 무한대로 펼쳐지는 숫자를 보았다. 이것을 플러스라고 한다면, 마이너스 숫자에 대해서는 다음과 같다. 즉 0보다 작은 수의 표기나 나누어지는 숫자는 다음과 같다.

푼分은 할의 10의 1승=1/10이고, 리釐는 푼의 10의 2승=1/100이며, 모毛는 리의 10의 3승=1/1,000이다. 사絲는 10의 4승=1/10,000이고, 홀忽은 10의 5승=1/100,000이며, 미微는 10의 6승 (이하 생략)이다. 섬纖은 10의 7승이고, 사沙는 10의 8승이다. 진塵은 10의 9승이며, 애埃는 10의 10승이고, 묘渺는 10의 11승이다. 막莫은 10의 12승이고, 모호模糊는 10의 13승이며, 준순逡巡은 10의 14승이다. 수유須臾는 10의 15승이고, 순식瞬息은 10의 16승이며, 탄지彈指는 10의 17승이다. 찰나刹那는 10의 18승이고, 육덕六德은 10의 19승이며, 공허空虛는 10의 20승이다. 청정清淨은 10의 21승이고, 영은 10의 22승이며, 은 10의 23승이다.

지금까지의 내용 외에도 끝없이 많지만 세계단위사전에 수록된 내용의 표기를 옮긴 것이며, 19세기 이후 수학적 차원에서 재정립된 것이어서 19세기 이전의 개념과는 차이가 있을 수 있는 단위이다.

수는 셀 때 얼마씩 묶어서 세기 때문에 수-단위單位로 만들어졌다. 수학에서는 명수법이라 하고 나라에 따라 다르다. 위의 표기는 미국식을 따라 차승次乘이 3개씩 늘어나고, 영국식은 6개씩 늘어난다. 미터, 센티미터, 밀리미터, 인치, 피이트 등 다양하다.

숫자 중에는 우리말 속에 녹아 있는 것도 있다. 그 예를 들어 보기로 한다.

하나는 1이고, 열은 10이며, 온은 100이고, 즈믄이라는 말은 쓰임은 없지만 1,000의 옛말이다. 열, 스물, 서른, 마흔, 쉰, 예순, 일흔, 아흔, 백으로 쓰여지고 있다. 골은 만을 뜻하는 것으로 우리말 속에 녹아 있어 들을 수 있다. 예를 들어, 할아버지가 아이들을 꾸중할 때 '저 아이가 언제 철이 들려나? 골백살을 먹으면 좀 나아지려나?'라는 말은 만 년이 지나고 백 살을 더 먹어야 나아지겠느냐는 뜻이다. 그런가 하면 '만날 그날이 그날이네'라는 말도 수에서 빚어진 말이다.

'잘'은 억으로 쓰이는 말로 '잘한다'이고, 이 말의 쓰임에 '억척스럽다'도 잘과 함께 쓰이는 말인 듯하다. 울은 조를 뜻하는 것으로 '무리'라는 뜻이며, '우리'라는 의미이기도 하다. 이 울은 숫자로는 상상하기조차 힘든 큰 숫자로 '어마어마하다'는 의미다. 또 '조잘댄다'라는 말도 조에서 변형된 말이 아닌가 싶다.

수의 단위로 비행기의 초음속으로 '마하'라는 것을 들 수 있다. 이는 수면에서 약 1,225km/h이며, 성층권成層圈에서 약 1,060km/h라고 한다. 마일mile을 길이 단위로 1마일은 1,760야드이고, 이것은 또 5,280피드며, 이는 1,609.344미터에 해당된다.

그밖에도 빛의 속도인 광년光年은 빛이 진공眞空 속을 1년간 가는 거리이다. 빛은 똑딱 하는 1초 만에 30만km로 지구의 7바퀴 반을 도는 속도이며, 1년 동안 가는 거리이다. 보통 은하계의 지름을 8만 광년, 중핵부의 두께를 1만6천 광년이라고 말한다.

한편 더하기, 빼기, 곱하기, 나누기는 모두 인간이 만들어 낸 기호일 뿐이다.

인류는 지금까지 땅 위에 선을 긋고 네 것 내 것 하면서 살아오다가 하늘에까지 그 선을 그으려고 한다. 그러나 구름은 그런 것에 상관없이 넘나들다가 무거우면 비나 눈을 쏟아버린다. 그 빗방울이 모여서 내를 이루고, 여러 냇물이 모여서 강을 이루고, 마침내 바다에 이른다. 이렇듯 숫자도 자연의 이치를 나타내며 더 나아가서 우주의 생성과정까지 수로써 표기하기에 이르렀다.

『주역周易』의 '계사편繫辭篇'에서는 우주의 태극太極이 음양陰陽으로, 음양이 사상四象으로, 사상이 팔괘八卦로, 팔괘가 만물로 분화되어 나온 과정을 1이 나뉘어 2가 되고, 2가 나뉘어 4가 되고, 4가 나뉘어 8이 되고…… 32가 나뉘어 64가 된다고 설명하고 있다.

그리고 사람까지도 사주팔자四柱八字로 풀고 세계의 과거와 미래도 추론해낼 수 있다고 『관물외편觀物外篇』에서 설명하고 있다. 이것이 주희朱熹의 이기理氣론이고, 여기서 이가 있으면 결국 이기는 만물의 기원인 도이며, 도는 내가 서려면 다른 사람을 세워주고, 내가 통달하려면 다른 사람을 통달하게 하는 것이 모두가 통달하는, 그래서 너와 나의 개념으로 다루는 수의 넓은 의미의 계산이다. 이것은 바꿔 말하면 '자기가 하고 싶지 않은 일은 다른 사람에게 시키지 말라'는 계산된 처세이다.

따라서 숫자는 이리저리 재는 사람들의 마음속에 녹아 있는 삶 자체다. 그래서 물건의 무게나 크기는 잴 수 있지만 인간의 마음

은 무엇으로도 측정할 수가 없다. 그중에 수는 인간의 마음의 일
각一角을 그림으로 그려내듯 부리기 위해 고안된 기호일 뿐이다.

　4차 산업혁명 시대를 맞이하여 인공지능 AI가 바둑대결에서 이
세돌을 이겼듯이 이 숫자도 인공지능의 것이 되어버리는 것은 아
닐까?

정에 끌려
정으로 사는 인간

사람은 사랑으로 맺어지고 정情으로 사는 동물이다. 성리학性理學의 칠정七情은 희喜·노怒·애哀·락樂·애愛·오惡·욕慾으로 인간의 색정을 일곱 가지로 표현했다. 이는 마치 무지개의 일곱 색깔 빨강·주황·노랑·초록·파랑·남색·보라처럼 마음속의 온갖 심상의 색상을 일곱 가지색으로 기뻐하고 성내고 슬퍼하며 즐거워하고 사랑하며 미워하고 온갖 욕심을 부리는 등 인간의 오묘한 마음속의 움직임을 빛깔로 표현한 것이 무지개이고, 말로 그려낸 것이 칠정이다.

영남학파嶺南學派의 대두인 퇴계 이황李滉은 기발이승일도설氣發理乘一途設로 이를 풀이했으며, 기호학파畿湖學派의 대표인물 율곡 이이李珥는 이기호발설理氣互發設로 인간의 심리적 활동을 복잡 미묘하게 표현했다.

이기의 성리학性理學은 형이상학적인 차원 높은 철학 문제로서 이를 칠정으로 꿰맞추어 논할 수 없지만, 정은 무지개 빛과 같은 오묘한 마음의 움직임이라는 것에는 동의한다. 불굴의 빨간 마음을 단심가丹心歌라고 하며, 변치않는 풋풋한 마음을 청심가淸心歌라고 표현했던 것도 이에 해당한다. 그래서 사람의 몸안을 도교에서는 태광台光이라고도 부른다.

온 우주를 함축한 인간의 몸은 얼굴에서 그 광채를 내보인다. 인간의 신체를 들여다보는 거울이 중국의 『황제내경黃帝內經』이라면, 한국인의 신체를 내다보는 거울은 『동의보감東醫寶鑑』이다. 『동의보감』이나 『황제내경』이나 음양원리를 통하여 마음의 움직임을 짚고 마음에서 오는 칠정을 신체의 구조적 색깔로 체크하여 마음의 건강을 다스린다.

여기서 정에 대한 말은 인간의 일생을 빗댄 말이다. 흔히 10대에는 모정母情으로 살고, 20대에는 연정戀情으로 살며, 30대에는 애정愛情으로, 40대에는 우정友情으로, 50대에는 인정人情으로 산다고 한다. 60대에는 자녀의 결혼 등 사정事情으로 살고, 70대에는 서로 동정同情하는 마음으로 살며, 80대에는 건강을 서로 염려하며 걱정하는 마음으로 산다고 한다. 90대는 무정無情으로 모든 것을 놔두고 떠나는 삶이다. 태어났으니 떠나는 것은 정해진 이치理致이고 법칙이다. 법칙은 인간의 힘으로는 어찌할 수 없는 것을 말한다.

사실 인간은 하늘을 끌어내릴 수도 없고, 허공을 휘어잡을 수도 없으며, 내 키를 잡아 늘일 수도 없고, 눈·코·입·귀의 자리를 옮길 수도 없으며, 들숨과 날숨이 드나들 때까지 사는 것이 인간이다.

중국의 『황제내경』에서는 여女는 7, 남男은 8로 구분하여 생명이 구성되어 인간이 살아가는 과정까지를 짚고 있다. 청춘 남녀가 결혼하여 자녀를 낳게 되는데 사람의 생명이 형성될 때 첫 7일에는 남자의 정자와 여자의 난자가 두부 덩어리처럼 엉켜 뚜렷한 형태가 없다. 이어 척추뼈로 이어지는 중추신경이 성장하면서 얼굴의 눈에서 코에 이르며, 이때를 『황제내경』에서는 '비조鼻祖'라고 부른다. 그리고 3~4개월이면 외부의 일도 알게 되며, 그때부터 부부가 떨어져 태교해야 한다고 적고 있다. 또한 여자 나이 7제곱과 남자 나이 8제곱을 남녀의 성장과정과 생리적 현상을 흥미롭게 적용하여 설명해 주고 있다.

먼저 여자의 경우 7세가 되면 초승달과 같이 신체근원에 신기神氣가 피어나기 시작하고 젖니를 갈게 되면서 머리카락이 자라 순결과 동정童貞을 요구받게 된다. 2·7인 14세가 되면 신체구조에 변화를 일으키고 심경에 오색이 피어오르면서 초경初經을 맞게 된다. 아이를 갖게 되는 능력이 생기면서 여인이 되는 것이다. 3·7인 21세가 되면 둥근 달처럼 신체적 풍만함이 곱게 피어나고 생각이 신묘하게 되며 어금니 끝에 사랑니가 나오면서 완성미를 갖추게 된다. 4·7인 28세가 되면 신체적으로 기력이 왕성해지면서 안력眼力이 빛나고 모든 기관이 최적기에 도달한다. 5·7인 35세가 되면 얼굴에 잔주름이 생겨나고 머리카락이 가늘어지는 증상이 나타나면서 생리적으로 6부 능선에 다다른다. 7·7인 49세가 되면 신체의 쇠퇴기에 접어들어 정력이 약해지면서 폐경에 이르러 잉태 능력도 떨어지는 시기에 접어든다.

남자의 경우 8세가 되면 신체구조가 변화되면서 젖니가 빠지는가 하면 머리카락이 길어지면서 변성기에 접어든다. 2·8인 16세가 되면 혈기가 뚜렷해지면서 사춘기에 들어서고 생식능력을 갖추게 된다. 3·8인 24세가 되면 신체 근골이 억세지면서 기상이 솟고 사랑니가 나오며 신체적 완성미를 갖추게 된다. 4·8인 32세가 되면 검은 수염에 체격이 출중해지고 생각도 여물게 되어 남자로서 최전성기를 맞게 된다. 5·8인 40세가 되면 체격이 하향하기 시작하면서 머리카락이 빠지고 치아도 차츰 여려지기 시작한다. 6·8인 48세가 되면 양기가 쇠퇴하면서 얼굴에 주름살이 생기고 머리카락이 희어지면서 행동에 신중함이 나타난다. 7·8인 56세가 되면 생각이 많고 행동이 느려지면서 혈기가 기울기 시작한다. 8·8인 64세가 되면 오장육부의 근육이 탄력을 잃으면서 기능이 떨어지고 몸이 무거우며 생식능력도 현저히 떨어져 노쇠해지기 시작한다.

위의 내용은 『황제내경』인 '황제소문皇帝素問'에서 3천 년 전에 기백岐伯 선생이 밝힌 여7, 남8로 나눈 이야기이다.

인간의 나이에 대한 변화도 어쩔 수 없는 현상이지만 이보다 마음의 미묘한 변화는 말로 다 표현할 수 없다. 마음의 에너지가 생명의 원천이라고 말하지만 몸의 성장 속도에 따라 미묘하게 작용하는 마음의 변화 또한 신묘하다. 특히 연애를 할 때 안 보이는 곳에서 조심스럽게 한다고 생각하지만 입장권도 없이 지켜보는 이들이 있다. 그들은 태반으로 들어올 준비를 한 자들로 3억에 가까운 자들이다. 그밖에 상대자의 세포 하나에서부터 남자의 세포 하나까지도 그 자리에 동참한 산증인이다.

　남녀가 미래를 약속하면서 무지개 빛처럼 현란한 마음으로 주고받지만 노래의 끝부분을 부를 때는 미묘한 감정이 스친다. 그래서 정情을 논할 때면 무지개 빛처럼 행복론에 빠진다는 정론이 있다.

　그중에서도 한국인은 7정론에서 말한 대로 '그놈의 정 때문에 산다'라는 말을 되뇌게 된다.

시간은
풀 수 없는 난제

시간이라는 것이 있는 것인가? 어디서 어디까지가 시간인가? 시간의 실체는 무엇인가? 지구 위에 날줄과 씨줄을 그어 위도를 표시하듯이 시간도 정녕 그런 것일 뿐인가?

인간은 마음에 매여 살듯 시간에 매여 산다. 매인다는 것은 붙들린다는 것이고 붙잡힌다는 뜻이다. 하지만 시각時刻을 짧고 짧은 순간으로 한 점이라 하는데, 그것은 무엇을 말하는가? 사람들이 아주 긴 시간을 표현할 때 겁劫이라고 한다. 겁은 한량없는 시간으로 무한한 시간을 말한다. 무한無限이란 끝도 없다는 뜻이다. 그럼 시각과 순간, 영원과 겁은 무엇을 말하는가?

시간은 시작과 끝이 없는 무시무종無始無終이다. 위와 아래도 없는 무상하無上下다. 더하지도 않고 덜하지도 않는 무증감無增減이다.

나고 죽음도 없는 무생무사無生無死다. 더럽지도 깨끗하지도 않은 무구정無垢淨이다. 앞과 뒤도 없는 무전후無前後다. 크거나 작지도 않은 무대소無大小다. 옳고 그름도 없는 무의불의無義不義 등으로 그 냥 무한이다.

시간 중에 아주 긴 시간을 겁이라 한다면, 아주 짧은 시간을 찰 나刹那라 한다. 긴 시간의 겁과 짧고 짧은 시간의 찰나를 논한다면 다음과 같다.

겁 중에는 개자겁芥子劫과 불석겁堆石劫이 있다. 개자겁은 성城의 둘레와 높이가 40리 되는 성 중에 개자(겨자씨)를 가득 채워놓고 천인天人(천사)이 3년마다 한 알씩 가지고 가서 다 없어질 때까지 의 기간을 1겁一劫이라 한다. 불석겁은 높이와 둘레가 40리 되는 엄청나게 큰 바윗돌을 천인이 무게 3푼分되는 천의天衣로 3년마다 한 번씩 스쳐 그 돌이 닳아 없어질 때까지의 기간을 1겁이라고 한 다. 감히 생각할 수도 없는 하염없는 시간이다.

시간은 흐른다. 아니다. 멈춰 있는데 흐르는 것으로 인식하고 있다. 나고 죽음이 없고, 있고 없음조차 없는데도 있는 것처럼 말 한다. 찰나라는 말은 손가락 한 번 튕기는 것의 65분의 1이라고 한다. 평창동계올림픽 때 스피드스케이팅에서 0.01초 차이로 차 민규가 은메달을 따고 노르웨이 선수가 금메달을 따게 되었다. 봅슬레이에서는 두 팀이 0.01초까지 같아서 공동우승이 되기도 했다. 우리는 0.01초의 흐름 속에서 웃기도 하고 좌절하기도 하 면서 살고 있다.

그리스어에 크로노스Chronos와 카이로스Kairos가 있는데, 아는 시간에 대한 표현이라고 한다. 0.01초 차이가 금빛과 은빛을 갈라놓듯 크로노스는 일상적인 의미 부여로 흘러가는 시간이고, 카이로스는 특별한 의미 부여로 구체적인 뜻이 담긴 시간이다. 1년이 어떻게 지나갔는지는 모르지만 생일날 선물을 받거나 축하받은 일은 또렷이 남는다. 1년이라는 시간이 크로노스라면 생일날의 시간은 카이로스라고 말할 수 있다.

심리학 용어 중에 선택적 지각選擇的 知覺이라는 말이 있다. 많은 정보 중에 선택적으로 보려고 하는 것만 본다는 의미다. 크로노스적인 많은 정보는 흘러가고 보려고 하는 것만 머릿속에 선명하게 남는 그것이 카이로스적인 정보로 남는 것을 말한다. 그러니까 보이는 것이 아니라 보려는 의지를 가지고 보는 것만 또렷이 보이고 남는다는 뜻이 카이로스라는 것이다.

열매를 땅에 심어 큰 나무가 되면 그 나무에 몇 개의 열매가 열릴지는 아무도 알 수 없다. 시간은 바로 땅에 떨어진 씨앗이 싹을 틔우고 가지를 뻗어 큰 나무가 되고 열매를 맺는 데 필요한 요소 중의 하나다. 이는 곧 한 인간의 능력이고 더 나아가서는 인류의 미래이기도 하다. 헤아릴 수 없는 무한으로 한량 없음이다.

앞에서 과거의 겁과 현재의 찰나를 구분 지어 말한 바 있다. 내가 있으니까 과거와 현재와 미래가 분명히 있다. 하지만 그것은 잡을 수도 없고 볼 수도 없으며 들을 수도 없다. 다만 '시간적 조망時間的 眺望', 즉 내 인생을 살아온 지금까지를 조망해 보는 것이

시간이다. 내가 어렸을 때부터 한 살씩 더해 가고, 청년과 중년을 거쳐 노년에 이르러서야 죽음에 한 발짝씩 다가가는 거꾸로 먹는 나이를 헤아리게 된다. 나이가 먹을수록 생애가 짧아지는 것을 파악하는 것이 시간적 조망의 한 단면이다.

오늘의 시대를 바라보면서 역설逆說을 연상하게 된다. 병을 고치는 많은 약이 있는데 그에 비해 병은 더 많아졌다. 지식은 늘어났는데 판단력은 오히려 떨어졌다. 이것저것 보고 들어 안목은 넓어졌는데 시야는 오히려 좁아졌다. 물질의 작은 원자는 쪼갰지만 인간의 편견은 부수지 못했다. 인간은 저 먼 달에까지 갔다왔지만 이웃과의 관계는 더 멀어졌다. 선택적 지각과 역설 관계가 석양빛 노을처럼 느껴지는 것은 연륜에서 오는 탓일 것이다.

　이 역설에 대해 쓰다 보니 톨스토이 소설 중에 주인공 가홈이 땅을 많이 가지려다 목숨까지 잃었다는 내용의 이야기가 떠오른다. 주인공 가홈이 땅을 많이 가지고 있는 사람에게서 땅을 사는 이야기가 그 줄거리다.

　"당신은 땅이 얼마나 필요하십니까?"

　"당신이 하루종일 걸어서 해가 지기 전에 이 자리로 돌아온다면 갔다온 거리의 땅을 땅값을 받지 않고 다 주겠소."

　가홈은 '이런 횡재가 어디 있느냐'라며 걸을 수 있는 곳까지 걸어갔다. 그런데 너무나 멀리 걸어 돌아오는 길에 지친 나머지 그만 죽고 만다.

　사람들은 너 나 할 것 없이 가홈처럼 앞으로 전진만 하다가 땅

한 평 제대로 차지하지 못하고 돌아오지 못한 채 죽고 말 것이다.

시간이란 꿈꾸는 자에게는 화려한 궁전이지만 80세나 90세가 된 노인들에게는 돌 틈새로 비치는 한순간의 빛일 뿐이다.

세월과 시간은 바람이다. 세찬 바람이 불어야 배를 띄우고 연을 띄우듯 크로노스의 항해를 하다 카이로스의 점을 찍을 수 있기 때문이다. 당신의 최후는 꼭 카이로스적인 명작이 되기를 바란다.

MY OBSERVER IS ME

윤관과 오연총이
사돈을 맺은 사연

친부모를 부르는 말은 아버지, 어머니이다 그리고 며느리가 시아버지, 시어머니를 부르는 말은 아버님, 어머님이다. '님'은 남을 높여 부르기 위하여 만들어 낸 꼬릿말이다. 그래서 시동생에게는 도련님이라 부르고, 나이가 어린 시누이에게는 아가씨라고 부른다.

친부모를 나의 아버지, 나의 어머니라고 부르는 것은 잘못된 부름 말이다. 소유격인 '나의'란 아버지, 어머니만 쓸 수 있는 말이다. 부모는 나의 아들딸이라고 부를 수 있다. 자녀는 '우리 아버지, 우리 어머니'라 부르거나 '저의 아버지, 저의 어머니'라 부른다. 또한 '우리 어른'이나 '우리 바깥어른, 우리 안어른'이라고 불러야 한다.

어버이를 모시고 사는 형제끼리는 형제兄弟·동서同棲가 된다. 아들은 형제가 되고 며느리끼리는 동서지간이다.

사돈査頓이라는 말은 혼인한 두 집의 부모끼리 또 두 집의 같은 항렬行列끼리 서로 부르는 말이다. 예를 들면, 아들의 아버지가 며느리의 친정아버지를 만났을 때 서로 부르는 말이다. 특별히 주목되는 것은 사돈이라는 한자의 뜻과 인친姻親을 맺은 두 집안의 아들과 딸을 주고받은 깊은 관계의 뜻과는 맞지 않는 데 있다. 사돈의 사査는 '뗏목 사'이고 돈頓은 '꾸벅거릴 돈'으로 어원의 뜻과는 사뭇 다르다.

그런데도 왜 사돈이라는 말을 사용하게 되었을까? 연계하여 풀어낼 개연성을 고려의 예종睿宗 때 명장 윤관尹瓘(미상~1111)과 문신 오연총吳延寵(1055~1116)에서 찾을 수 있었다.

1107년 고려 예종 2년 윤관이 원수元帥가 되고, 오연총이 부원수副元帥가 되어 17만 대군을 거느리고 여진족을 정벌했다. 그래서 아홉 성을 쌓는 큰 공을 세우고 개선했다. 그 공으로 윤관은 문하시중門下侍中이 되고, 오연총은 참지정사參知政事가 되었다.

여진족을 정벌할 때 지금의 길주인 옹주성雍州城 최전선에서 생사를 같이 할 만큼 서로의 마음을 주고받은 가까운 사이였다. 그래서 두 사람은 자녀들을 결혼시켜 지금 우리가 말하는 사돈 관계를 맺게 되었고 함께 대신大臣의 지위에 올랐다.

후에 관직에서 물러나 고령의 나이가 되어서는 시내를 가운데 두고 멀지 않은 곳에 살면서 종종 만나 과거에 고생했던 회포를 주고받으며 정겹게 지냈다.

어느 따뜻한 봄날 윤관은 집에 있는 술이 잘 익어 오연총 애친과 한잔 나누고 싶었다. 전선에서 생사고락을 함께한 오연총이야말로 허물없이 주고받는 사이라 집에서 일하는 인부에게 술을 지워 오연총의 집으로 향했다. 그런데 지난밤 내린 비로 시냇물이 불어 건널 수가 없었다. 두리번거리며 서 있는데 마침 냇물 건너편에서 오연총도 무언가 짐을 지고 오다가 윤관 어른이 물가에 있는 것을 보고 물었다.

"대감 어디를 가시는 중이오?"

윤관도 오연총을 보자 반갑다는 듯이 대답했다.

"술이 잘 익어 대감과 한잔 나누려고 나섰는데 냇물이 불어서 이렇게 서 있는 중이오."

오연총도 술이 잘 빚어져 대감을 방문하려 했다는 뜻을 전했다. 서로 술을 가지고 나왔는데 그냥 돌아서기가 아쉬워 환담을 주고받다가 오연총이 윤관에게 말했다.

"잠시 정담을 나누기는 했지만 술을 한잔 나누지 못하는 것이 정말 유감입니다."

이에 윤관이 웃으며 오연총을 향해 말했다.

"우리 이렇게 합시다. 대감이 술을 권하면 내가 가지고 온 술을 대감의 술로 알고 한 잔 마시고, 또 대감이 권하면 역시 같은 방법으로 한 잔씩 들면 되지 않겠습니까?"

오연총도 흔쾌히 찬동했다. 윤관과 오연총은 여러 개의 나무를 뗏목처럼 만들어 나무(查:뗏목 사) 위에 자리를 잡고 앉아 술을 따랐다. 그리고 이편에서 '한 잔 드시오' 하면 고개를 숙이고(頓:꾸벅거릴 돈) 한 잔 들고, 또 저쪽에서 '한 잔 드시오' 하면 머리를 숙이면서 한 잔 들고 이렇게 반복하기를 거듭하여 가져갔던 술을 다 마시고 돌아왔다.

이 일이 나중에 조정 중신들과 관가 고관대작들에게 풍류화병風流話柄이라는 멋진 이야기로 알려지면서 서로 자녀를 결혼시키는 것을 사돈으로 부르게 되었다. 이는 나무 위에 앉아 서로 인사하면서 술을 마시는 것으로 널리 회자되었다. 그래서 사돈은 혼인한 양가 부모가 부르는 호칭이 되었으며, 이 이야기에서 발원되어 부르기 시작하여 오늘에 이르고 있다.

세월이 지나면서 양가 집안의 촌수寸數에 따라 내외로 안사돈이 되고 바깥사돈이 되며, 사부인査夫人이라 부르게 되었다. 사돈의 부모나 형제에게는 사장査丈, 사돈의 조부모는 노사장老査丈 또는 노사부인老査夫人이라 호칭한다. 그 밖에 사돈의 사촌형제나 친척은 통칭하여 곁사돈이라 부른다.

앞에서 언급한 형제·동서 관계는 아들은 형제가 되고 며느리끼리는 동서가 된다. 시집온 며느리는 시부媤父와 시모媤母를 모시고 시형媤兄, 시제媤弟, 시매媤妹와 살게 된다.

그 집안의 부모가 세상에 오신 날은 생신生辰이며, 이때 신은 '별신'으로 하늘의 별에 빗댄 말이다. 태어난 년을 해太陽라 하며, 태어난 달을 월月이라 하고, 태어난 날을 일日이라 하며, 태어난 시간을 시時라 하는 사주四柱는 년·월·일·시로 별을 상징한다. 그래서 혼인 전에 주고받는 사주단자四柱單子의 봉투에 사성四星이 바로 사주를 말하는 것이다. 그 뜻은 '하늘에 있는 구성 중에 네 개의 별을 보자기에 싸서 보냈으니 규수閨秀가 되어 주십시오' 하는 신고다.

구성九星은 북두칠성北斗七星과 자미성紫微星(존성尊星과 재성帝星)의 두 별을 포함한 아홉 개의 별을 말한다. 앞서 부모님의 생신은 바로 하늘의 별이 땅 위로 하강하신 날로 하늘에서 왕림하셨다는 의미이고, 천하를 주고도 바꿀 수 없는 귀한 생명을 나에게 주어서 수만 대의 계승 사명자로 세워주신 것이다. 그래서 영면하시게 되면 다시 하늘로 돌아가셨다거나 승천하셨다고 한다.

이러한 고귀한 사명을 띠고 남녀가 만나 역사를 이어가는 것이 혼인婚姻이고, 그 혼인으로 인하여 맺어진 것이 사돈지간인 것이다.

로마로부터 승리를 빼앗은
마사다 전투

여호와와 계약을 맺은 선민選民 이스라엘 동남부에 난공불락의 깎아지른 절벽 마사다Masada가 있다. 이곳은 이스라엘 젊은이라면 반드시 한 번은 견학해야 하는 유대민족 애국의 성지이다. 유대인들은 이곳의 아픔을 생생하게 기억하고 있다.

유대인들은 역사적 전통과 애국정신을 이어받기 위해 당시 세계적인 대국 로마제국과 맞서 싸웠다. 그리고 맞서 싸웠던 마사다 요새를 교육의 역사적 현장으로 삼고 있다. 유대인들은 칼보다 더 강한 것이 교육이라고 배웠다. 그래서 육·해·공 사관생도들의 졸업식을 마사다에서 치르며 선조들의 호국정신을 이어받고 있다.

당시 마사다 요새의 함락을 둘러싼 유대인과 로마제국의 마지막 싸움이 눈앞에 다가왔던 때의 일이다. 그러나 이 전쟁이 이스라엘 민족의 마지막이라고 생각한 사람은 아무도 없었다. 여호와의 계약을 어기고 어떻게 유대인을 멸망케 할 수 있단 말인가? 이는 어떻게든 유일신唯一神이 인간과의 약속을 지켜야 하기 때문에 있을 수 없는 일이다.

이스라엘 역사에서 유대인의 선조 아브라함Abraham은 아내 사라Sarah가 이삭Isaac을 낳자 사라의 종인 하갈Hagar이 낳은 이스마엘Ishmael을 아라비아 사막으로 떠나게 했다. 이삭과 이스마엘이 싸우는 것이 두려웠기 때문이다. 『성경』에서는 이스마엘의 어머니 하갈을 쫓아냈다고 기록하고 있지만 역사의 일설에서는 하갈이 아브라함의 마음고생을 덜어주기 위해 스스로 걸어 사막으로 떠난 열부烈婦였다고 말한다.

『성경』의 '창세기' 11장 10절 이하에서 아브라함은 100세에 아들 이삭을 낳았고, 헤브론Hebron과 브엘세바Beersheba와 네게브Negev 지방을 전전했다. 그리고 하갈에게서 얻은 이스마엘 말고도 후처 그두라Keturah에게서 얻은 여섯 명의 아들이 또 있었다. 이들 모두가 아랍의 조상이 된 것이라 할 수 있다.

난공불락의 요새 마사다를 공격하던 로마군은 스스로 사막을 찾아 떠났던 이스마엘과 그두라에게서 얻은 아들딸들이 낳은 후예와 그 외 여러 종족이었다. 실바Lucius Flavius Silva 장군을 중심으로 한 그들 후손인 로마군이 비탈길에 토대를 쌓고 그 위에 자갈을 깔아 완전한 길을 만들고 있을 때, 바윗돌을 퍼붓는 공성 무기가 쉴 새 없이 이스라엘 진영 마사다의 성벽을 때렸다. 그러는 사이 로마군의 망루가 닦아놓은 길로 운반되고 망루의 장병들이 화살 공격을 하자 이스라엘군도 방벽을 방패 삼아 로마의 망루를 공격했지만 허사였다.

이제 이스라엘군의 운명은 바람 앞의 촛불이었다. 오직 여호와만이 이스라엘군을 구할 수 있었지만 구하지 않았다. 이때 이스라엘군을 통솔하던 엘리아자르 벤 야이르Elazar ben yair가 나서서 비장한 목소리로 말했다.

"우리 모두는 이제 꼼짝없이 포위되어 죽게 되었습니다. 그렇다고 저들 앞에 열을 지어 똑같은 모양으로 칼에 찔려 죽을 수는 없습니다. 더구나 짐승처럼 가만히 선 채 죽을 수도 없지 않습니까? 여호와가 우리를 불행에 떨어뜨렸지만 우리를 타락시킨 것은 아닙니다. 희망이 없지만 그래도 우리는 싸웠습니다. 유대의 솔로몬왕이 건립한 신전神殿이 로마군에게 파괴되었을 때 우리는 또 다른 성벽을 쌓고 신전을 만들었습니다. 사람의 행위를 통해 여호와의 의지를 시험해서는 안 됩니다."

로마인들은 유대인들의 운명을 새장 속의 새로 여겼지만 이스라엘군을 지도하는 엘리아자르의 얼굴에는 노여움이나 슬픔이 보이지 않았다. 엘리아자르는 뜻을 정하여 비장한 심정으로 외쳤다.

"우리는 졌습니다. 그렇다고 저들이 만든 노예 사슬에 묶여 짐승처럼 끌려가겠습니까?"

엘리아자르는 다시 얼굴을 돌려 굳은 의지로 말했다.

"불에 태울 수 있는 모든 것은 다 태우십시오. 그리고 파괴할 수 있는 것은 모조리 부수십시오. 이런 판국에 목숨이 중요하겠습니까? 여호와는 우리에게 영혼을 주셨습니다. 오직 이 영혼만이 소중합니다. 만일 아내와 아이들을 노예로 만드는 길을 택한다면 이것이야말로 여호와가 주신 영혼을 더럽히는 것입니다."

엘리아자르의 말을 듣고 있던 사람들은 자신들이 로마군의 더러운 칼에 의해 죽음을 택하느니 차라리 깨끗하게 여호와의 뜻에 따라 죽는 것이 명예로운 죽음이라는 것을 깨달았다. 이 죽음은 결코 죽음이 아니라 영혼을 살리는 길이라는 것을 다 같이 깊이 느끼고 있었다. 그리고 자신들이 싸움에 패한 뒤에 살아남은 자는 십자가에 못 박히거나 노예로 팔려 가는 것 중 하나임을 속속들이 피부로 느끼고 있었다.

사람들은 포도주를 마시는 것처럼 엘리아자르의 말을 삼켰다. 엘리아자르는 피눈물을 삼키면서 차라리 로마군과 싸우다 죽는 편이 그로서는 편한 일이라는 생각도 했다. 그러나 이스라엘 민족의 먼 미래를 위해서 오늘의 이 힘든 결정은 영원할 것이라는 사실을 여호와 앞에 고백했다. 그리고 다시 입을 열어 단호히 말했다.

"나는 로마군이 저 아래에 벌떼처럼 나타났을 때 생각했습니다. 하지만 이 계획이 실행되지 않기를 빌었습니다. 우리 막사 안의 파괴할 수 있는 모든 것들은 이미 파괴했습니다. 단, 양식만은 남겨 두었습니다. 그것은 우리가 먹을 것이 없어 굶어죽었다는 말을 듣지 않기 위해서입니다. 이제 우리는 선조들이 양을 고통없이 죽이는 방법으로 너와 내가 서로의 고통을 덜어 주어야 합니다. 남자는 자신의 가족과 친척을 여호와 앞으로 보내야 합니다. 서로 상대편의 목을 찌름으로써 로마군으로부터 우리를 해방시킵시다. 그렇게 해서 로마군을 도살자로 만들지 않고 이 마사다 요새는 로마인들로부터 버려진 산이 되고 말 것입니다."

그러나 아무리 뛰어난 엘리아자르라 할지라도 집단 자살을 설득시키는 것은 마음의 충격이 컸다. 로마군에게 능욕을 당하지 않기 위해 사랑하는 가족의 목숨을 끊게 하는 일은 결코 용이한 일이 아니었다.

그 사이 마사다 요새가 적의 수중에 들어가는 것은 시간문제였다. 모닥불을 중심으로 여러 겹으로 둘러싼 남자들 뒤로 여자들과 아이들이 모여 있었다. 요새 안에 있는 모든 사람이 다 모인 것이다. 엘리아자르는 경비병까지도 모두 모임에 참석하도록 했다.

"나의 명령에 충실히 따라 주었던 병사들이여! 우리는 여호와 이외의 로마인이나 그 어느 누구의 부하도 되지 않겠노라고 결심했습니다. 이제 우리는 로마군이 아니라 여호와께 보상을 받읍시다. 아내가 로마군에게 농락당하게 하는 대신 목숨을 끊읍시다. 아이가 노예가 되어 평생을 수치스럽게 사느니 죽음을 택하게 합시다. 명예로운 수의로 자유의 옷을 입으며, 후회 없는 친절을 상대에게 베풉시다. 그래서 저들의 손이 미치지 못하게, 그리고 저들이 약탈할 것이 아무것도 남아있지 않게 한다면 로마군에게 호된 일격이 될 것입니다."

도저히 가망이 없다고 생각하던 때에 엘리아자르의 말을 듣던

좌중에 팽팽한 긴장감이 엄습해 왔다. 이때 일이 이렇게 된 이상 모두 엘리아자르의 말에 동참하자는 외침이 등 뒤에서 터져 나왔다. 엘리아자르는 다시 주위를 둘러보면서 마지막 일성을 토해냈다.

"우리 이스라엘 병사들은 명예롭게 살든지 명예롭게 죽든지 둘 중 하나라는 생각으로 지금까지 싸워 왔습니다. 이제는 죽음이 문 앞에 와 있을 뿐입니다. 우리 동포들이 로마군에게 어떻게 살해되었는지 역사의 이야기를 통해 모르는 이는 없을 것입니다. 다마스쿠스에서 1만 8천 명이 비참하게 살해되었고, 이집트에서는 5천 명이 죽임을 당했으며, 가이샤라에서 안식일에는 우리 유대인의 피가 냇물이 되어 흘렀습니다."

패배를 눈앞에 두고 사람들은 엘리아자르의 말에 도취되어 있었다.

"노예 대신 죽음을 택합시다. 사랑하는 아내와 꽃 같은 아이들이 자유로운 인간으로 이 세상을 떠나게 합시다. 그것이 율법이 우리들에게 정한 일이고, 아내와 아이들이 바라는 일입니다. 이것은 여호와가 우리에게 부여한 필연입니다. 이것은 또한 로마군의 야욕을 소리없이 쳐부수는 일입니다. 로마군이 요새를 점령했을 때 그들의 손에 죽는 것은 모욕입니다. 우리 자신의 몸을 산 제물로 바쳐 저들이 쳐들어와 우리를 죽임으로써 얻으려는 승리의 쾌락을 꺾어 버립시다. 자유인으로 죽음으로써 저들을 놀라게 하고 참된 용기로 적이 두려움에 떨게 해줍시다."

엘리아자르의 눈은 뻘겋게 타오르며 불꽃처럼 번쩍거렸다. 엘리아자르의 손에 붉은 힘줄이 솟았다. 순간 피비린내가 진동했다.

"우리는 로마군과의 전쟁에서 여러 번 패배를 맛보았습니다. 로마군뿐만 아니라 우리 유대인들에 의해서 패배한 적도 있습니다. 그러나 이 마사다 요새의 패배는 반드시 승리로 승화시켜야 합니다. 여호와께서 이미 그렇게 정하셨습니다."

엘리아자르는 칼집에서 칼을 뽑아 가족들의 목숨을 거둔 다음 스르르 그 자리에 고꾸라지고 말았다.

날이 밝자 로마군의 공격이 시작되었다. 실바 장군을 중심으로 한 로마군이 요새로 들어서면서 함성을 질렀다. 개미떼처럼 기어오른 로마군 수천 명이 일제히 한데 모였고, 금 갑옷을 입은 실바 장군이 그 옆에 서 있었다.

실바는 낙담한 기색이 역력했다. 전쟁을 승리로 이끌어 로마 황제에게 영광을 바치고 드러내려 했는데, 이제 헤롯의 영광은 사라졌다. 마사다 요새는 헤롯이나 실바의 것이 아니라 엘리아자르 벤 야이르의 것이 되었다. 이제 이 요새의 궁전을 찾는 사람들은 로마인이 점령한 궁전을 보러 오는 것이 아니라 폐허의 먼지 속에 남은 엘리아자르의 발자국을 보러 오는 것이며, 그가 흘린 피도 왕관처럼 빛날 것이다.

"엘리아자르, 너는 바보였다. 너 또한 유대의 왕이 되고 싶어 했다. 그러나 너는 로마의 광대한 영광을 보고 있으리라. 유대의 황폐한 구릉에서 태어난 네가 어찌 이 세계를 뒤엎을 수 있단 말이냐?"

로마 황제의 넋두리 같은 말에 엘리아자르 벤 야이르가 마사다 요새에서 '우리가 강하면 우리를 비웃고, 우리가 약하면 우리를 위로한다'라고 했던 말이 되살아났다. 로마인들은 마사다 요새의 엘리아자르를 격파하고 유대를 멸망시켰다.

　그러나 마사다 요새를 점령한 그 로마는 지금 이 지구상에 없다. 로마는 무력으로 세계를 통일하고, 그다음 그리스도교의 복음을 앞세워 세계를 통일하고, 그리고 로마 법으로 세계를 통일하여 세계를 세 번이나 지배했다. 그래서 세계의 모든 길은 로마로 통한다던 그 막강한 로마가 지금은 과거의 영화를 묻어버리고 그 자취만 남아있다.

　하지만 유대인들은 세계 도처에서 그들의 문화를 유지하면서 인류발전에 눈부신 활약을 하고 있다. 그리고 2000여 년 동안 유리방황하던 유대인들은 1945년 5월 14일 꿈에도 그리던 이스라엘을 건국하게 되었다.

MY OBSERVER IS ME

세월을 타고 앉은
기로인耆老人

누가 물었다. "어르신은 잠잘 때 수염을 이불 속에 넣고 주무십니까? 아니면 이불 밖에 내놓고 주무십니까?" 그날 저녁 잠에 들면서 수염을 이불 속에 넣었다 내었다 하다가 도무지 마음이 편치 않아 잠을 설치고 말았다.

나이가 들면 누구나 생생한 기억들이 벌레가 고물거리듯 기억의 문을 두드린다. 때로는 가슴이 아릴 정도로 또렷하게 꼬리를 흔들며 헤엄치는 물고기처럼 아른거리다가 사라진다. 그리고 사라진 뒤끝 마저 소슬바람처럼 밀려와 앙칼지게 마음을 헤집고는 그 시간 속으로 돌아쳐 버린다. 이렇게 베개에 누워 겨울바람이 솔잎을 스치고 가듯 기억을 할퀴고 가면 쉽게 잠을 못 이루며 뒤척인다.

'기려멱려騎驢覓驢'라는 말처럼 나귀를 타고 앉아서 나귀를 찾듯 지나온 과거라는 기억에 올라타 수십 년을 오르락내리락하다가 눈을 감는다. 나이 예순을 넘기고 나면 기로耆老라고 하는데, 이때부터 세월을 타고 앉아 자꾸만 뒤를 돌아보는 때라 늙은 기耆에 다 늙을 노老를 써서 기로라고 한 것은 참으로 기품있는 말이다.

뒤돌아보고 또 뒤돌아보며 힐끔거려도 손에 잡히지 않은 과거의 놓친 그림일 뿐인데, 그 시간 속에 갇히면 헤어날 길이 없다. 사람은 정신세계의 크기에 따라 그 사람의 가치가 달라진다는 말이 있다. 자기가 해오던 과거의 일을 습관처럼 되뇌이는 것은 그만큼 그 일이 커 보여서일까? 설령 돈을 몇만 원 잃어버렸다 하더라도 그리 허둥대진 않을 것이다.

하지만 소중한 사람에게서 받은 선물이라면 그것이 작은 선물이라도 잃어버린 물건에 대해서 애달파 하지 않을 수 없다. 그것은 그 사람의 마음을 받은 것이기에 그럴 수밖에 없다. 아마 인생 행로에서 나이가 들면 누구나 사람이 그립고, 거침없이 뛰놀던 그때가 그리운 것은 인지상정이다. 누구나 젊었을 때 순간순간 간직했던 소중한 기억이 화려하게 떠오르면 자꾸만 고삐에 매인 줄처럼 지난 언덕을 오르내리는 것은 놓치고 싶지 않은 소중함 때문일 것이다.

코끼리를 길들이는 사람들은 어린 코끼리를 든든한 말뚝에 튼튼한 밧줄로 묶어 놓는다. 밧줄에 매인 어린 코끼리는 달아나려고 발버둥을 치지만 꼼짝할 수 없다. 이리저리 헤매다 나중에는 도저히 꿈쩍도 하지 않는 지경에 이르면 주저앉는다. 이른바 환경에 적응한다는 조건반사 작용에 침잠하고 마는 것이다.

성년의 코끼리를 어렸을 때 묶어 놓았던 그 밧줄에 그대로 묶어 놓으면 말뚝쯤은 쉽게 뽑아 버리고 달아날 수 있지만 코끼리는 어렸을 때 아무리 애를 써도 소용이 없었던 조건반사에 함몰된 채 그대로 묶여 있다.

인간도 늙었다는 기로의 밧줄과 나이라는 연령의 말뚝에 묶여 '이 나이에 내가 뭘 하겠는가'라고 손과 발을 묶어 놓는다. 지난 세월 속에 차곡차곡 쌓인 경험과 지혜가 보태져 경륜이라는 황금빛 노하우가 노련老鍊하게 빛이 나는데도 말이다. 그래서 전통사회에서 노인은 경험과 지식을 가진 연장자로 어르신 한 분이 돌아가시면 도서관 하나가 사라진다고 할 정도로 존경받았다. 과일로 말하면 잘 익어 그윽한 맛과 향기가 배어있어 지혜로움이 어디에도 비길 데 없이 탐스러울 텐데 오늘날에는 힘없는 늙은이로만 취급되어 속마음을 몰라주고 있다.

기로소耆老所는 조선 시대 때 일흔 살이 넘은 정이품正二品 이상의 노인을 위해 세운 곳이다. 그때는 나이 칠십이 되면 자발적으로 왕에게 벼슬을 내놓고 귀향을 신청했다. 이를 치사致仕라고 하는데, 치사를 신청하면 임금은 그간의 노고를 치하하고 편히 앉을 수 있는 의자와 지팡이 하나를 하사下賜했다. 이 지팡이를 청려장靑藜杖이라 하며, 이는 1년생 명아주대로 만든 지팡이다. 명아주대는 잎이 마름모에 선홍색을 띠며 잎과 씨는 식용으로 이용하고 줄기는 지팡이를 만든다.

벼슬을 내놓고 나서는 국가에서 경영하는 기로원耆老院에 등록한다. 이곳에는 정경正卿으로 일흔 이상의 문신만 출입했다. 숙종肅宗 때에는 기로당상耆老堂上이라 하여 관하서열의 으뜸으로 우대했다. 벼슬을 내놓고 노퇴老退했지만 나라에 경륜과 지혜를 모아주는 최고의 자리에 기로원을 두고 자문을 받았던 곳이다. 그래서 임금의 탄신일과 원단元旦 설날, 동지 그리고 나라에 경사가 있거나 왕이 행차할 때 하례賀禮를 행하거나 또는 중요 국사國事를 논하는 등 왕의 자문에 응하는 중요한 역할을 담당했다.

하지만 요즘 우리 사회를 바라보면 기로원에 있어야 할 사람들이 현역으로 있으면서 노탐老貪을 부리는 사람들을 심심치 않게 볼 수 있다. 아예 노욕老欲에 젖어 물러날 줄도 모르고 추태를 부리는 듯하여 보기에 안타까울 정도다. 나이가 들면 욕심을 내려놓아야 하는데 젊어서 지위를 획득했던 것만 생각하고 지금은 얻은 지위를 잃을까 걱정한다면 작은 사람, 즉 소인배일 뿐이다.

사람은 거울 앞에 서서 웃으면 거울 속의 사람도 웃는다. 거울 앞에 서서 찡그리면 거울 속의 사람도 찡그린다. 바로 나이 먹은 나의 행동이 위로는 본이 되고 아래로는 교훈이 되어야 한다. 세상사는 원리도 거울 속의 원리와 같다.

우리 문화의 전통을 계승한 대한노인회가 전국적인 조직을 가지고 있다. 그리고 마을마다 문화유산과 같은 경로당敬老堂이 있으며, 여기에 계신 노인들은 경륜을 갖춘 어르신들이다. 따라서 조선 시대 때 왕이 나와서 기로원의 자문에 응하듯 마을마다 그런 예풍藝風이 갖추어졌으면 한다. 노인들 또한 그런 일이 있어야 스스로 품위를 갖추고 더욱 정진할 것이다.

정직하지만 식견을 넓히지 않으면 고집만 부리는 완고한 사람이 되고, 붙들고 있는 것을 용기라고 생각하며 배우기를 등한시하면 무뢰한이 될 수 있다. 그래서 좌나 우로 치우치지 말고 많은 사람의 마음을 끌어안을 수 있어야 어른답다. 이런 마음가짐이 세월을 타고 앉아서 역사를 돌아보는 기로인이고, 말하자면 노인이 가야 할 길이 아니겠는가?

인간의 경험과
지식의 영역을 벗어난 죽음

쿵쾅거리며 뛰고 있는 심장이 언제 끊어질지 정해 놓은 바 없이 카운트다운이 시작된 것이 삶이고 그 멈춤이 죽음이다.

삶이란 자연 속에 있던 나의 인자因子가 변신을 거듭하고 또 탈바꿈을 이뤄내 아담 속에 있다가 하와에게 옮겨지는 섭리의 과정이라고 추정해 볼 수 있다.

죽음이란 결국 온 곳으로 다시 돌아가는 순환 내지 귀환이면서 사랑의 원리이다. 그렇지만 죽음이란 지상의 삶을 마감하는 중대한 문제이며, 누구나 한 번은 겪어야 하는 피할 수 없는 사실이다. 생즉사生卽死로 언젠가는 죽지 않으면 안 되는 필연이다. 누구나 한 번은 꼭 혼자서 가는 길이다. 이 길은 75억의 인류도 거부할 수 없이 누구나 전신으로 맞아들여야 하는 운명이다.

생물학자들은 죽음이란 심장의 고동과 호흡운동의 정지를 표준으로 삼지만 가사상태로 심장이 멈추었다가 기적적으로 살아나는 예외도 놓치지 않는다. 그래서 죽음의 정의를 '한 생명체의 모든 기능이 완전히 정지되어 원형태로 회복할 수 없는 상태'라고 말하고 있다.

이러한 죽음의 영역은 인간의 경험의 영역과 지각의 영역을 넘어서는 차원에 속하기 때문에 그 본체를 파악하기란 불가능하다. 흔히 하는 말로 '저승이 좋긴 좋은가 봐, 한 번 가면 다시 오지 않으니 말이야', '개똥밭에 기어도 이승이 좋다'라는 말이 있다.

이 죽음의 그림자는 누구에게나 예외 없이 다가온다. 회피하거나 싫다고 달아날 수도 없이 어느 날 불쑥 찾아와 노크한다.

『탈무드』에서는 인간이 이 세상에 살 때에 죽음이 오는 것을 일곱 번의 사자를 보내 알려준다고 했다. 그런데 인간이 그 일곱 번의 사자를 본 적이 없다고 하자 이렇게 말한다.

"첫째, 머리카락이 까마귀처럼 검던 것이 하얗게 변했을 것인데 그것이 사자인 줄 몰랐더란 말이냐? 둘째, 눈이 그렇게도 잘 보이던 것이 희미하게 보였을 텐데 그것이 사자인 줄을 왜 몰랐더란 말이냐? 셋째, 귀가 어두워져 트럼펫 소리도 못 들었다면 그것이 사자인 줄을 알았어야지 몰랐더란 말이냐? 넷째, 돌도 씹었던 이가 썩거나 빠지고 시리면 사자임을 알았어야 않느냐? 다섯째, 전신주처럼 똑바르던 몸이 활처럼 굽어지면 사자가 온 줄을 알았어야지? 여섯째, 쌩쌩 걷던 다리가 아파 지팡이에 의지하면 사자가 다가온 것을 알아야지? 일곱째, 뭐든 잘 먹던 입이 밥알이 모래알 같아 반찬투정을 할라치면 그것이 사자임을 알아 봤어야지 그걸 모르다니.”

사자는 쯧쯧 혀를 내찼다. 그러자 인간이 말했다.

“아니, 직접 알려 줘야지. 어떻게 슬그머니 와서 함께 하는데 그들이 사자임을 알 수 있단 말인가?”

이처럼 『탈무드』에서는 구체적으로 죽음의 사자를 한 번도 아닌 일곱 번이나 보냈노라고 말하고 있다.

한편 청담靑潭(1902~1971) 선사는 이렇게 말했다.

“인간의 일생을 따지고 보면 죽음이라고 하는 큰 구렁이한테 뒷다리를 물려 끌려들어 가는 개구리의 운명과 다를 것이 없다. 그런 인간들이 살려고 발버둥치는 것을 볼 때 정말 안타까운 생각이 든다. 구렁이한테 물린 개구리의 운명은 구렁이 배 속에 완전히 들어가기까지 오직 구렁이 자신이 결정하는 것이지 개구리에게는 아무런 선택의 자유도 없다. 마찬가지로 우리 인간의 죽음은 인간의 자유의사에 의해서 결정되는 것이 아니라 오직 죽음 그 자체에 의해서만 결정된다. 천하의 영웅도 만고의 호걸이라도 죽음 앞에선 아무런 반항도 못하고 그저 순종해야 하는 것이다. 우리는 죽음 앞에 현실로 직면해 있으면서도 마치 남의 일처럼 까맣게 잊고 살고 있다.”

청담 스님의 설법은 한 자도 가감할 수 없을 정도로 냉철한 인생역경을 논했다. 머리끝이 쭝긋할 정도로 사실적으로 말을 풀어서 따로 주석이 필요 없을 정도다.

인간 관찰의 저서인 『수상록』을 쓴 몽테뉴Montaigne(1533~1592)는 죽음에 대해서 이렇게 말했다.

"어디서 죽음이 우리들을 기다리고 있는지 모른다. 곳곳에서 기다리고 있지 않겠는가. 죽음을 예측하는 것은 자유를 예측하는 일이다. 죽음을 배운자는 굴종을 잊고, 죽음의 깨달음은 온갖 예속과 구속에서 우리들을 해방시킨다."

몽테뉴는 르네상스시대 프랑스 철학자로 회의론주의자였다. 그는 인간의 인식으로는 보편타당한 진리를 얻을 수 없다는 사상을 가졌다. 그런 회의론을 향해 사람들은 말한다.

"빌딩이 무너지는 그때 그 순간 거기에만 안 갔어도 죽음을 면했을 것이다. 또 추락하는 비행기에만 안 탔어도, 그때 그 친구가 음주운전을 하는 차만 안 탔어도."

인간의 능력으로는 타당한 논리를 얻을 수 없다는 것이 회의론이다. 죽음의 예측은 이런 의외성을 합리적으로 추론해 내지 못한다는 취약점을 지니고 있다.

죽음의 신은 금화(돈)이다

영국의 제프리 초서Geoffrey Chaucer(1343~1400)는 『캔터베리 이야기』에서 '죽음의 신'에 대하여 다음과 같은 이야기로 말하고 있다.

의형제를 맺은 세 난봉꾼이 살아도 같이 살고 죽어도 같이 죽자고 맹세한다. 그리고 날마다 사람이 죽어 나가는 죽음의 마을로 향한다. 기필코 죽음의 신을 찾아내 처치하고야 말겠다고 다짐하며 쳐들어갔다. 그런데 마을 입구에서 얼굴에 깊은 주름살의 초라한 노인을 만나게 된다. 세 난봉꾼이 얼굴에 주름살이 많다며 핀잔을 주자 노인이 말했다.

"내가 인도까지 가서 찾아보았지만 도시에도 농촌에도 내 늙은 나이와 젊음을 바꾸겠다는 사람은 없었소. 나는 하나님이 부를 때까지 늙은 나이로 살 수밖에 없소. 몹쓸 놈의 죽음조차도 내 목숨을 원치 않나 보오. 내가 어머니의 품처럼 들어갈 지구를 지팡이로 툭툭치며 제발 품안으로 들여보내 주시오. 제 얼굴이 이렇게 쪼글쪼글 하잖아요. 저의 뼈가 휴식을 취하려면 얼마나 기다려야 합니까? 제 침실에 모아놓은 금화를 모두 드릴테니 나의 청을 들어 주십시오."

그러자 세 난봉꾼이 말했다.

"이 늙은이가 죽음의 신에 대해 뭔가 알고 있어."

셋이서 늙은이에게 다그쳐 묻자 노인이 말했다.

"좋소. 정말 죽음의 신을 만나고 싶다면 이 꼬부랑길을 올라가 저 숲속 큰 나무 밑으로 가보시오. 헤어진지 얼마 안 됐으니 그곳에 머물러 있을 것이오. 당신들이 큰소리를 쳐도 숨지 않고 자리를 지킬 것이오."

세 난봉꾼이 숲속 나무 밑으로 달려갔다. 그런데 그곳에는 큰 자루에 금으로 만든 번쩍번쩍한 주화 여덟 말이 놓여 있었다. 금화를 보자 그들은 죽음의 신을 찾겠다는 생각은 잊은 채 흥분했다. 셋은 이제 여생을 편히 살게 되었다며 지금 옮기면 사람들이 노상강도로 보고 우리를 매달아 죽일 것이라며 어두워지면 옮기자고 했다.

셋은 의형제를 맺은 사이이지만 금화를 보자 각자 생각이 달랐다. 그리고 제비를 뽑아 한 사람이 시내로 내려가 빵과 술을 사오기로 했다. 한 사람이 빵과 술을 사러간 사이 남은 두 사람이 의논하기를 빵과 술을 사러간 친구를 해치우고 둘이서 금화를 나누어 갖자고 모의했다. 한편 빵과 술을 사러간 친구는 금화를 셋이서 나누어 가지는 것보다 혼자 차지할 욕심에 약방에서 독약을 사서 두 술병에 넣고 자기가 마실 술에는 넣지 않았다. 빵과 술을 사러간 친구가 오자 모의한 대로 둘이서 친구를 칼로 찔러 죽이고 그가 사온 빵과 술을 나누어 마셨다. 결국 그 자리에서 세 난봉꾼이 다 죽게 되었다. 금화가 결국에는 죽음의 신이 되어 버린 것이다.

우리가 살고 있는 자본주의 사회는 어쩌면 금전만능 시대다. 그래서 돈만 있으면 못하는 것이 없을 정도다. 전지전능은 아니라도 만능이면 전능에 가깝다. 존엄한 인간의 생명까지도 주관하려고 하는 돈, 이것은 인간이 만들어 냈지만 신의 일면을 보여주고 있는 것일 수 있다.

장자는 사람이 천지간에 산다는 것은 백구白駒, 즉 뜨는 해가 틈 사귀를 지나는 것 같이 잠깐인 것이라고 했다. 동쪽에서 해가 떠서 서쪽으로 지는 것을 틈사귀로 본 것이다. 그리고 사람은 어떤 기운이 모여서 된 것으로서 잠깐 사이에 지나가는 틈에 살 뿐이라고 말하고 있다.

그러니까 형상이 없는 무에서 형상이 있는 유가 생기고 그 형상이 있는 것은 결국 형상이 없는 것으로 돌아가는 것이 지극한 도라고 말하고 있다. 그러면서 도는 들을 수 없는 것이다. 듣는다면 그것은 도가 아니다. 또 도는 볼 수 없는 것이다. 도는 말할 수 없고, 모든 형상을 형상으로 만들고 이것을 다시 없는 것으로 돌린다.

이를 묻는다면 그 끝을 묻는 것이며, 무유無有는 대허大虛에서 놀고 심원하여 공적空寂할 뿐이라고 하는데, 태허太虛를 시작이라 하겠는가 끝이라고 하겠는가?

이는 가는 자를 보내고 오는 자를 맞이하는 도이며 지식의 영역을 벗어난 것이다.

MY OBSERVER IS ME

끝내 죽고야 마는
고정된 인간의 삶

범종梵鐘은 종메로 쳐야 품고 있는 소리를 낸다. 종메로 치지 않으면 그 종이 간직하고 있는 웅장한 소리를 들을 수 없다. 인간은 귀가 있어 들을 수 있고, 눈이 있어 볼 수 있고, 코가 있어 냄새를 맡을 수 있고, 입이 있어 먹고 말할 수 있다. 인간이 범종이라면 눈·귀·코·입·몸의 오관이 종메다. 세상에 널려 있는 산천초목과 수많은 생명은 나의 속사람을 자극하는 종메이고, 나를 거울에 비춰 사물의 존재를 일깨워 주는 종이다.

하고 많은 생명 중에 사람으로 내가 있고, 아무리 생각해 보아도 하늘과 땅 사이에 나의 생명보다 귀한 것은 없다. 이런 내 몸과 생명은 어디서 왔는가? 나라고 하는 생명은 아버지와 어머니가 주셨다. 이는 엄연한 사실이다. 따라서 나의 뿌리는 부모이다.

248 • 나의 관찰자는 나다

세상에 유일무이한 내 생명에 대하여 『성경』에서는 '천하를 얻고
도 내 목숨을 잃으면 무슨 소용이 있겠느냐(마16:26)'라고 했다.

하늘과 땅을 주고도 바꿀 수 없는 소중한 생명을 부모에게 받았
는데 이보다 더 큰 은혜가 어디에 있겠는가. 이렇게 생각하는 지
혜를 가지는 것 또한 좋데다. 『시경詩經』에서는 '아버지 날 낳으시
고 어머니 날 기르시니 그 은혜 하늘처럼 넓고 커서 갚아도 끝이
없다'라고 했다.

삶은 신비롭고 죽음은 기적이다

불교 『열반경涅槃經』에는 인간이 귀한 생명을 받아 이 세상에 나
오기가 얼마나 어렵고 힘든가를 맹귀우목盲龜遇木의 예화를 들어
설명하고 있다.

헤아릴 수 없이 오래 사는 눈먼 거북이가 바다 밑에 있다가 백
년마다 한 번씩 숨을 쉬려고 물 위로 올라온다. 그 바다에는 구멍
이 뚫린 나무가 한량없이 넓은 바다의 물결을 따라 정처 없이 떠
밀려 다니고 있었다. 눈먼 거북이 백 년을 기다렸다가 물 위로 올
라오는데 마침 그 구멍 뚫린 나무가 그 거북이 머리 위에 오게 되
어 나무 구멍으로 고개를 내밀고 숨을 쉬기가 얼마나 어려운 일인
가 하는 이야기다.

이는 천재일우千載一遇의 기회일 뿐만 아니라 인간의 머리로는

상상도 할 수 없는 일이다. 바로 인간이 생명을 받아 이 세상에 나오기가 그만큼 어렵다는 뜻이다.

또 『선림총서』 2집 '명추회요'에서는 비유하자면 '범천梵天(하늘의 천사)이 겨자씨 한 알을 저 높은 하늘에서 넓은 땅 위로 던지는데 땅에는 바늘 하나를 거꾸로 꽂아 놓았다. 그 작은 겨자씨가 용케도 꽂아 놓은 바늘 끝에 떨어져 내려앉기가 얼마나 어려운 일인가'라고 했다. 이렇게 땅 위에 생명을 받아내기가 힘들다는 비유의 격언이다.

일본의 한 인류학 교수는 인간이 이 지상에 태어날 수 있는 확률은 1억짜리 복권에 100번쯤 당첨될 수 있는 확률이라고 했다. 한 인간이 이 땅에 생명으로 나오기가 그만큼 힘들다는 이야기다.

『장자』 외편外篇 '지북유知北遊'에서 사람이 이 천지 사이에 산다는 것은 흰 망아지가 문틈을 지나는 것 같이 잠깐인 것이라고 했다.

화살이 활시위를 떠난 것 같이, 칼이 칼집에서 빠져나간 것처럼 빠른 것이다. 이것이 본연의 무無본원으로 돌아가는 귀歸로이며, 또한 넓고 크게 돌아가는 대귀大歸인 것이다.

참으로 인간이 지구라는 땅 위에 고귀한 생명으로 태어나는 것은 하늘이 내려준 행운으로 천복이다. 마음껏 자유로움을 누리고, 평화의 세계에서 행복해야 할 권리가 있다. 인간이 마음껏 상상할 수 있는 것처럼, 신이 어디에도 있어서 부소부재한 것처럼 지구를 무대로 자유자재로 살아갈 의무가 있다. 그러기에 인간의 생각은 멀리 있는 별보다 더 멀리 생각의 끈을 던지고 잠시면 거두어들일

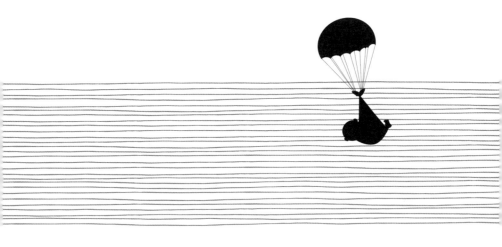

수 있는 고귀한 존재인 것이다.

이처럼 한량없는 자유의 마음을 소유했는가 하면 인간을 중심으로 한 모든 생명체는 예외 없이 고정된 삶을 살고 있다. 생명체는 예외 없이 태어날 때부터 바꿀 수 없는 하나의 운명을 지니고 태어난다. 식물은 식물로만, 동물은 동물로만, 사람은 사람으로만 그것도 남자는 남자로만, 여자는 여자로만 살아가게 되어 있는 것이다.

그리고 모든 생명은 예외 없이 반드시 죽는다. 이 또한 고정된 삶이다. 『열반경』의 맹귀우목이나 『선림총서』의 명추회요에서 생명을 받아 태어나기가 얼마나 힘든가를 말하고 있는데, 딱 정해진 고정된 삶을 살아야 하니 아쉽기 그지없다. 하지만 하고 많은 생명 중에 인간으로 태어나 이 시대의 많은 사람과 인연을 맺고 살기가 얼마나 희귀한 일인가를 생각할 때 삶은 소중할 수밖에 없다.

그중에서도 남자로 태어나고 여자로 태어나서 부부의 연을 맺는 것은 명추회요에서 말한 저 높은 하늘에서 던진 겨자씨가 땅에 거꾸로 꽂아 놓은 바늘 끝에 내려앉은 참으로 빛나는 씨가 아니겠는가?

이렇게 귀한 인연으로 21세기 이 시대에 태어난 이 기적을 감사하지 못한다면 스스로 부랑자가 되는 것이다.

당신이 김씨 건, 이씨 건, 박씨 건 헤아릴 수 없는 인연과 인연이 만나 그 결과로서 당신이 지금 이 자리에 서게 되었음을 잊는다면 예의를 모르는 사람이다. 생각건대 나 하나를 세우기 위해 저 윗대 할아버지로부터 우주를 휘감는 장구한 역사의 수레바퀴를 굴려 이 생명을 옮겨주셨다고 생각할 때 하늘을 우러러 무릎을 꿇지 않을 수 없다. 종은 종메로 쳐야 소리가 나지만 생각을 하는 인간은 깨달음 자체가 종메다.

나의 관찰자는
나일 수밖에 없다

살다 보니 세상의 중심은 나다. 만남의 중심도 나다.
부모님이 낳아주셨지만 모든 관계의 중심은 나다.
나를 떼어 놓고는 가정도, 사회도, 국가도, 세계도
무슨 소용이 있겠는가!

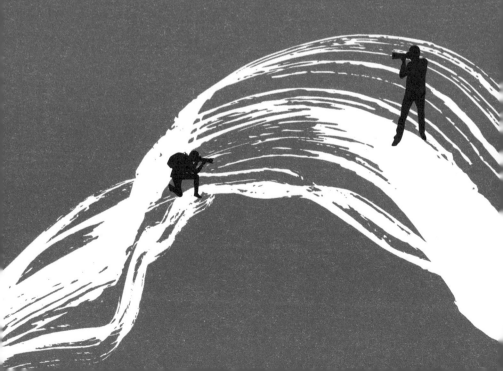

MY OBSERVER IS ME

나라 잃은 유대인들의
삶을 보면서

유대인들은 이질 문화 속에 살면서도 자신들의 민족적 특성을 잃지 않고 살아남았다. 그리고 기원전 12세기에서야 비로소 나라라고 부를 수 있는 영토에서 살게 되었다. 그 땅은 제국帝國의 군대가 통로로 사용했던 좁고 긴 땅이었다. 이런 선택으로 인해 멸망을 당하거나 외국으로 추방되거나 노예로 팔리는 등 쉴 새 없이 수난을 당했다. 그러나 좁고 긴 땅에서 그때마다 재건을 도모하면서 살았다. 이는 마치 우리나라가 반도에 자리를 잡음으로써 끊임없이 외침을 받은 것처럼 유대민족도 시대에 따라서 가나안, 팔레스틴, 유다, 유대로 불리면서 살아왔다.

이렇게 긴 세월을 살아오다가 오늘날에는 독립된 이스라엘인으로 살고 있다. 그러니까 이스라엘 역사에서 이집트의 탈출은 모세의 영도로 감행되었고, '약속의 땅' 가나안의 귀환은 여호수아의 인솔로 실현되었다.

유대인들은 400년 만에 그들의 동포인 아브라함과 이삭 및 야곱의 후손이 신의 이끌림에 의해 가나안 땅에서 정착하게 되었다. 그리고 세계 최초로 데모크라시, 백성을 위하여 정치를 행하는 민주주의를 세웠다. 데모크라시는 사사士師의 제도로 그들은 신으로부터 임명을 받고, 신에 대하여 책임을 지며, 계시에 의해서 이끌림이 되는 의회를 구성하는 영도력을 발휘했다.

사사 제도는 '장로의회(상원)'와 '중의회'를 소집할 수 있다. 장로의회는 오늘의 상원 멤버와 같고, 정부의 입법과 사법을 겸하는 것으로 되어 있다. 중의회는 하원과 비슷한 제도라고 할 수 있다. 모세가 60만 명을 이끌 때도 각 부족에서 선택되어 온 대표자 및 사사 제도와 유사한 관습으로 논의되었으리라고 추정되며 부족을 통합하는 통치제도였다.

사사 시대를 맞아 사울왕, 다윗왕과 솔로몬왕을 거치면서 유대 민족은 화려한 왕조시대를 열었다. 유대역사를 보면 처음 1,000년은 유목민으로 살았으며, 다음 1,000년은 유목에서 벗어나 전쟁에 능해지고 무적의 용맹을 자랑하며 전쟁에서 이겨 승리를 거두는 민족이 되었다. 이후에 유다나 이스라엘이라는 두 왕국의 역사를 보면 음모와 배반, 횡령과 암살 등이 끊이지 않았고 이스라엘이라는 10지파의 유대인은 소멸을 맞이했다. 그리고 유다의 2지파만이 유대인으로 살아남게 되었다.

앞 부분에서 마사다 전투에 대한 이야기를 언급했는데, 이것이 유대인들의 최후의 전쟁이었다. 그때 로마에 굴복한 서기 73년 국토를 잃고 쫓겨나 세계 각처에 흩어져 사는 디아스포라Diaspora 이산의 운명을 맞은 것은 바로 유다의 후손들이었다. 12지파 중에 10지파의 후손들은 다른 민족에 동화되어 흔적도 없이 사라지고, 유다를 중심으로 한 2지파의 유대민족만이 다시 이스라엘 땅으로 귀환하여 나라를 재건하는 것이 꿈이고 목표였다.

소수민족이었던 이스라엘은 침략과 전쟁으로 끊임없이 참상을 겪어왔다. 로마 갈바 황제의 탄압에 반란을 일으키고, 그로 인한 박해를 견디다 못해 2세기경에는 벨그르트에서 다시 반란을 일으켰다. 66년에는 로마총독 플로루스가 예루살렘 성전에 침입하여 황금을 훔쳐가자 유대인들은 분노하여 곳곳에서 대반란을 일으켰다. 그때 총독은 강제로 추방되고 로마 수비대까지 격파했다.

로마 황제 네로는 팔레스틴에 거주하는 유대인을 진압하기 위해 베스파시아누스 장군을 급파하여 2만여 명의 유대인을 학살했고, 갈릴리에서 8천여 명이 무참히 죽임을 당했다. 그리고 30만여 명이 노예로 팔려갔다. 그 무렵 네로가 살해되자 베스파시아누스가 황제가 되고 그 아들 티투스가 예루살렘을 포위하고 병력을 투입하여 110만여 명을 잔인하게 학살했다.

서기 70년 예루살렘이 함락되고 3년간 마사다에서 항쟁하다가 점령되자 960여 명이 자폭 순절하고 남은 사람은 여자 5명과 소년 2명이 전부였다.

로마에 점령된 유대인들은 짐승처럼 노예로 끌려가 농노가 되거나 전쟁터의 맨 앞줄에서 화살받이가 되었다. 그 후 기름가마에 튀겨지고 사자굴에 던져졌으며, 전투사로 시합장에서 싸우다 죽거나 실험의 대상이 되어 소모품 취급을 당하며 죽어갔다.

예루살렘은 역사적으로 '하나님의 궤'를 옮긴 곳이며 성막을 세워 다윗왕을 장사지낸 곳이다. 이후 솔로몬에 의해 성전이 건설되고, 이스라엘 백성의 종교 생활의 중심지가 되었다. 기원전B.C. 587년에 바벨론의 왕 느부갓네살에 의해 멸망되고, B.C. 538년에 바사왕 고레스에 의해 해방되어 다시 성전을 재건축했다. 로마에 점령되기 전까지 예루살렘은 신성한 도성으로 숭경되었다.

그곳은 신약시대에는 예수의 주요 활동무대가 되었으며, 그리스도의 부활과 더불어 그리스도인들의 거룩한 도시가 되었다. 예루살렘은 초기 기독교 전도의 근거지였으며, 앞에서 밝힌대로 70년에 예루살렘이 로마에 의해 점령되기까지 유대인들에게는 가장 신성한 도성이었다.

그 후 135년에는 하드리아누스 황제에 의해 재건되고, 325년 콘스탄티누스에 의해 기독교 도시가 되었다. 그런데 이곳이 637년 아랍계 이슬람교도가 점령하면서 성지를 찾아 순례하는 유럽의 천주교도들을 상업적인 목적으로 대했다. 그러다가 11세기(1076)에 아랍계 이슬람교도들이 세력을 잃고 터키계 이슬람교도들이 주인이 되면서 성지순례자들이 위험에 처하게 되었다.

그때 동부 로마의 수도 콘스탄티노플, 즉 지금의 이스탄불을 군사적으로 위협했다. 당시 로마제국의 황제 알렉시우스 1세는 방어할 능력이 없어서 로마 교황 우르바노 2세에게 사실을 알렸다. 그러자 교황 우르바노 2세는 1095년 예루살렘 성지를 탈환할 목적으로 십자군 파병을 제창했다. 1096년 3월 1차 십자군이 예루살렘을 향하여 출발했다. 십자군의 출발은 유대인의 비극을 초래했다.

십자군 전쟁은 이슬람과 유대척결이 목적

십자군의 목표는 이슬람이 점령한 예루살렘이었지만 그 실상은 그리스도를 십자가에 매달은 유대인에 대한 복수심이 더 불타고 있었다.

1099년 7월 15일 예루살렘을 점령한 십자군은 유대인이 시나고그Synagogue에 숨어 있는 회당에 불을 질러 모조리 태워 죽였다. 십자군은 성지를 탈환하여 중흥을 꾀한다는 것이었지만 실제로는 유대인을 학살하고 약탈과 만행을 저지르는 군대였다.

십자군은 처음부터 농노들을 중심으로 모병되고, 그 지원병들에게 전쟁에서 이기게 되면 전리품을 가져올 수 있다는 것을 약속했다. 이렇게 모인 십자군이었으니 물자보급이나 식량지원이 어려울 때는 현지에서 조달할 수밖에 없었다. 그리고 천주교회의 지역을 벗어나 이교도 지역을 행군할 때는 현지조달에 의존하다 보니 약탈과 강도 행각을 서슴지 않았다.

처음 한두 번은 약탈이었으나 점차 전리품에 눈독을 들여 살인 등의 중범죄를 저지르는 폭력집단으로 변질되었다. 이때부터 십자군 부대가 지나가는 곳은 강도와 살인 및 강간이 자행되었으며, 그 지방은 공포의 도가니가 되었다.

십자군의 눈에는 이교도들이나 유대인들은 전리품으로밖에 보이지 않았다. 성지탈환이라는 목표 아래 잔인한 행동이 정당화되고, 양심의 가책이나 신앙의 양심조차 묵살되었다. 오히려 이교노들을 죽이는 것은 하나님의 뜻을 위한 영광스러운 일이며, 이것은 교황이 허락해준 특권이었던 것이다. 이는 결국 교황이 무장 강도질을 허가해준 꼴이다.

1096년 마인츠에서는 전유물을 차지하기 위하여 개종을 거부한 1천여 명의 유대인을 무차별 살해했다. 마그데부르크, 메스, 프랑크푸르트 등지에서도 무자비한 학살을 자행했다.

십자군은 이슬람교도와 교전하면서 유대인을 또 다른 적으로 간주했으며 남녀노소를 가리지 않고 전멸작전을 구사했다. 더구나 예루살렘 성전에 입성한 십자군의 무지막지한 학살로 시체가 산더미처럼 쌓였으며, 성전 바닥은 붉은 피로 바다를 이루었다. 이런 살인이 하나님의 영광을 드러내는 것이라고 믿었으며, 이런 잔인한 행위가 그리스도의 뜻을 땅끝까지 전하기 위해서 당연한 일이라고 생각했다.

십자군은 결국 하나님의 이름으로 학살하고, 하나님의 이름으로 약탈하고, 하나님의 이름으로 강간하고, 하나님의 이름으로 방화하는 무도한 행위를 서슴지 않았다.

이처럼 십자군이 아홉 차례에 걸쳐 200년 동안 흉측한 행각을 저질렀으니 이보다 부끄러운 일이 세상 어디에 또 있을까? 그런데 성 버나드St. Benard (1090~1153)는 설교를 통하여 "적을 죽이는 것은 주님께 쓰임을 받는 행동이며, 자신이 죽임을 당하는 것은 주님 곁으로 가기 위한 행동이다"라고 했다.

물론 이슬람인들도 한 손에는 코란, 한 손에는 칼을 들고 있다. 만일 인간이 신의 이름을 빌려서 대립하고 전쟁을 일삼는다면 어떻게 될까? 사랑의 신을 믿는 종교가 화해를 외면한다면 지구상에 평화는 올 수 있을까? 타 종교와의 전쟁을 '성전'이라고 정당화한다면 지구상의 평화는 요원하다는 말이 아닌가?

중요한 것은 '십자군 전쟁이 하나님의 이름으로 일으킨 성전이었다면 왜 실패했으며, 하나님이 선민으로 택하여 섭리를 이끌어온 이스라엘 민족이 왜 그토록 혹독한 핍박을 받아야만 했던가' 이다.

기독교인 7백만 명과 유대인 6백만 명이 죽었다

역사적으로도 그렇지만 20세기에 들어와 1933년 1월 30일 히틀러가 총독이 되자 "하일링, 하일링"하며 환호했다. 그러나 히틀러는 권좌에 오르자마자 수용소에 사격부대를 동원하여 살인하는가 하면 가스실에서 남녀노소 젖먹이까지 무차별로 죽였다. 바로 이 희생자 중에 7백만 명이 그리스도인이었고, 6백만여 명이 유대인이었다. 한국기독교연구소에서 발행한 『이것이 유대인이다』에서는 이 사실을 적나라하게 적고 있다.

이런 상황을 지켜보면서 독일의 마르틴 니묄러Martin Niemoller (1892~1984) 목사는 탄식하며 다음과 같은 시를 읊었다.

'나치가 공산주의자를 덮쳤을 때

나는 침묵했다.

나는 공산주의자가 아니었기 때문이다.

그다음에 사회주의자들을 가두었을 때

나는 잠자코 있었다.

나는 사회주의자가 아니었기 때문이다.

나치가 노동조합에 왔을 때

나는 항의하지 않았다.

나는 노동조합원이 아니었기 때문이다.

그리고 그들이 유대인에게 왔을 때

나는 아무 말도 하지 않았다.

나는 유대인이 아니었기 때문이다.

그들이 나에게 닥쳐왔을 때

나를 위해 말해 줄 이들이 아무도 남아있지 않았다.'

나치가 잔악무도하게 엄청난 사람을 죽였는데도 아무 말도 하지 않고 다수 속에 숨어 있다가 그 위험이 자신에게 닥쳤을 때에야 말해 줄 사람이 하나도 없는 것을 보고 비로소 자기의 비열함을 깨닫게 되는 통렬한 시다.

여기서 기독교인을 유대인들보다 더 많이 학살했는데도 나치가 '유대인을 죽여라'라고 떠들어대는 바람에 주목되지 않았다는 사실을 간과해서는 안 될 것이다.

이 사건이 기원전 원시시대의 이야기가 아니라 밝은 지성을 자랑하던 20세기 초반의 이야기라는데 어떻게 말을 해야 할까? 당시 살아있는 양심은 다 어디에 있었으며, 1920년에 발효된 국제연맹은 무엇을 했던 것이며, 지구상에 불교인들이나 이슬람인들 및 유교인들은 다 어디에 있었단 말인가?

무섭고 두렵고 떨린다. 이토록 잔인한 살인자들을 보고만 있었던 것은 모두 다 한 시대의 방관자요, 그 살인을 묵인한 익명의 죄인들이라 하지 않을 수 없다. 그 질곡의 20세기를 넘어 이제 21세기에 이르렀다.

하지만 지금도 세계 도처에서 끊임없이 살상을 일삼는 전쟁이 계속되고 있다. 1945년에 결성된 국제연합이 내건 슬로건은 크게 '전쟁 방지, 인간의 기본권 보장, 정의와 국제법 권위의 유지'이다.

그 정신대로 이 지구상에서 전쟁의 고리를 끊고, 이 우주 가운데 유일하게 생명체가 존재하는 지구라는 에덴동산에 전쟁의 불꽃을 잠재울 수는 없을까? 사랑의 동산을 만들어 푸른 초원에서 한없이 지식을 늘리고 서로 욕심을 줄이면서 평화롭게 살았으면 한다. 그리고 국제연맹에서 못한 세계인의 인성을 바로잡아 사랑을 나누고 자비를 베풀며 정의의 사회를 만들어 나가기 위해 힘을 모았으면 한다.

만약 인간의 잘못으로 서로를 증오하고 이 지구에서 전쟁을 통해 인류를 멸절시킨다면 그것은 우주에 대한 모독이다. 인간이 그런 포악을 저지르지 않을 것이라 믿지만 지금까지의 역사는 이런 일을 한 번쯤 의심하게 만들고 있다.

지구라는 별에서 다 함께 살아가는 것이 인류의 꿈이라면 유대인뿐만 아니라 어느 민족도 이 낙원의 영토에서 살 권리가 있다.

MY OBSERVER IS ME

합종연횡合從連衡은
기원전 2~3세기 전국시대의 유물

신문에 자주 오르내리는 합종연횡이라는 말은 우리나라가 중국의 것을 그대로 받아 쓰고 있는 것이다. 중국 역사에서 춘추春秋시대는 오패五覇, 즉 다섯 나라가 다투던 시대이고 전국戰國시대는 칠웅七雄, 즉 일곱 나라가 합종연횡으로 싸우다가 진秦나라로 통일되는 과정을 말한다.

합종책合從策은 소진蘇秦(기원전 284)의 계책으로 남북으로 나란히 여섯 나라가 동맹을 맺어 진나라에 맞선다는 책략이다.

연횡책連衡策은 장의張儀(기원전 310)가 내세운 정책으로 여섯 나라가 동맹을 맺었다 하더라도 그중 한 나라와 동맹을 체결하고 균열을 꾀하여 고립시킨 다음 나머지를 다 정벌하여 통일의 위업을 달성한다는 계책이다.

나의 관찰자는 나일 수밖에 없다 • 267

전국시대는 한韓·위魏·조趙가 진晉나라에서 분열되고, 연燕·제齊·
초楚와 막강한 진秦 일곱 나라가 각축전을 벌이다가 진秦나라에 통
일될 때까지의 혼란기를 말한다.

서로 상반된 소진과 장의는 다 같이 귀곡자鬼谷子의 제자로 세 치
의 혀와 두 다리로 천하를 종횡한 책사策士이며 변설가였다. 그들
은 기발한 말솜씨로 일곱 나라의 군주를 녹여냈고 각국의 정책을
떡 주무르듯 좌지우지했다.

합종이라는 말은 진·한·위·조·연·제·초가 남북으로 연결하
여 종從으로 강한 진나라에 대항하자는 것이다. 여기서 종은 '따를
종'으로 합하여 따른다는 의미이다. 이에 비해 연횡은 동서의 횡
으로 여섯 나라와 각각 진과 동맹을 체결한다는 상반된 정책이다.

소진과 장의는 귀곡 선생 밑에서 '상대방이 입을 열면 입을 닫
아라', '상대방의 마음에 깊이 들어가 빗장을 채워라', '상대방을
띄워 주는 말로 묶어라', '상대방을 안마하듯이 상대의 마음과 뜻
에 부합하라', '세 치의 혀가 백만 군사보다 강하다'라는 것들을
수학修學하며 철저한 가르침을 받았다.

소진과 장의는 귀곡 선생 문하에서 뛰어난 재주로 상대방의 심
리를 정확하게 간파해 그것을 관철하는 변설을 오랜 시간 갈고닦
았다. 그리고 마침내 세상의 사리를 따져 이치를 밝히는 데 누구
도 따를 수 없을 정도로 엄격한 수학을 마치고 먹고 먹히는 살얼
음판에 뛰어들게 되었다.

귀곡 선생은 소진과 장의가 이제 스스로 세상을 헤쳐나갈 만큼

되었을 때 그들에게 말했다.

"방에 앉아있는 나를 변설로 설득해 밖으로 나오도록 해보라."

먼저 장의가 온갖 변설로 설득하여 밖으로 나오도록 유인했으나 실패하고 말았다. 이를 지켜보고 있던 소진이 선생에게 말했다.

"저는 방에 계신 선생님을 밖으로 나오시게 할 수는 없지만 만약 선생님께서 밖에 계신다면 당장 안으로 들어오시게 하는 것은 쉬운 일입니다."

그러자 귀곡 선생은 몸을 일으켜 밖으로 나오면서 말했다.

"밖에 있는 나를 안으로 들어오게 하는 것이나 방에 있는 나를 밖으로 나오게 하는 것이나 마찬가지가 아니겠느냐?"

선생의 말이 끝나자 소진이 말했다.

"보십시오. 방에 계신 선생님께서 밖으로 나오시지 않으셨습니까?"

소진의 말에 귀곡 선생이 움찔하면서 말했다.

"아차, 내가 너에게 깜빡 속고 말았구나! 그래 너의 변설은 그만하면 쓸만하다."

소진과 장의는 일곱 나라를 갈라 세우고 재상宰相의 자리에 올라 그 시대의 정치와 외교를 쥐락펴락했다. 그러나 그들의 변설에 처음부터 동의한 것은 아니었다. 소진은 세력이 강한 진나라에 대항해야 약한 나라가 살아남을 수 있다는 합종책을 제후들에게 제시했지만 그들은 두려워할 뿐 선뜻 받아들이지 않고 외면했다. 어느 나라에서도 거들떠보지 않자 소진은 다 해진 옷을 입고 고향으로 돌아왔다. 이를 보고 부모도, 아내도 본체만체하면서 밥을 달라고 해도 들은 척도 하지 않았다. 소진은 이를 악물고 밤낮으로 책을 읽고 잠이 오면 송곳으로 허벅지를 찌르면서 공부에 매진했다.

그런 뒤에 다시 여섯 나라를 다니면서 '뭉쳐야 멸망하지 않는다'라고 설득했다. 그러자 마침내 소진의 합종책이 받아들여져 여섯 나라의 재상에 오르게 되었다. 재상이 되어 고향으로 돌아온다는 소식을 듣고 식구들은 30리 밖까지 마중을 나왔다. 집에 들어서자 아내는 그를 쳐다보지도 못하고 땅바닥에 꿇어앉아 있었다. 소진은 이를 보면서 개탄했다.

"사람이 궁하면 부모도 자식을 자식으로 여기지 않고, 부하면 두려워하니 권력이 두렵기만 하구나."

한편 장의는 소진이 재상이 되었다는 소식을 듣고 찾아갔으나 문전박대를 당하고 쫓겨났다.

"망할 놈, 출세하더니 친구도 몰라보는구나. 나 스스로 일어나 네놈의 코를 납작하게 만들어 주마."

소진이 장의를 차갑게 대한 것은 그의 의지를 분발하게 하려는 속 깊은 계산이 깔려있었다. 이를 뒤늦게 깨달은 장의는 자기가 한 수 아래라는 사실을 깨닫고 소진과는 부딪치지 않으려고 한사코 피했다.

장의 역시 소진과 마찬가지로 연횡책이 받아들여지지 않아 떠돌아다니다가 조나라의 재상집 연회에 참석하게 되었다. 그런데

그 집에서 진나라 소왕이 15개의 성읍과 바꾸자고 한 귀한 화씨
벽을 잃어버리게 되었다. 누추한 차림으로 참석한 장의는 누명을
쓰고 흠씬 얻어맞고 집으로 돌아왔다. 그러자 아내가 통곡하며 넋
두리를 해댔다.

"공부하여 천하를 제패하겠다고 큰소리를 치더니 매 찜질을 당
하는 것이 웬 말입니까?"

이 말에 장의는 혀를 쑥 내밀며 말했다.

"내 혀가 온전한지(오설상재吾舌常在) 살펴보시오."

남편의 기이한 행동에 아내가 염려되어 웃으며 말했다.

"혀는 멀쩡하군요."

"그러면 됐소. 몸이 좀 상한 거야 대수겠소."

장의는 그 길로 진나라 혜문왕惠文王을 찾아가 연횡책을 조리있
게 설명했다. 혜문왕이 연횡책을 받아들여 하서河西와 하동河東을
차지하게 되었다. 그리고 곧바로 위魏나라 혜시惠施를 내쫓고 장의
가 재상이 되었다. 그 후 진나라는 부국강병책과 원교근공책을 구
사하여 여섯 나라를 차례로 멸망시켜 기원전 221년 진나라가 천
하통일을 이룩했다. 이렇게 하여 전국시대를 마감하고 진나라는
시황제 시대를 열었다.

진나라 통일에 장의의 연횡책도 공이 컸지만 범수范睢의 원교근
공책도 빼놓을 수 없는 헌책獻策 중의 하나였다.

오늘날 세계정세의 판도를 놓고 볼 때 기원전 2~3세기의 합종
연횡책이 퇴색된 것이 아니라 새롭게 변신하여 국제간에도 국내

정치에도 횡행하고 있다. 2000년도 넘은 기원전 이야기를 새삼스럽게 훑어보며, 중국과 미국이 세계의 여러 나라와 합종책을 펴면서 문을 여는 건乾과 문을 닫는 곤坤을 구사하여 폐합술을 쓰는 것에 마음을 졸이게 된다.

팔만대장경의 화살촉이
중생의 가슴에 꽂혀

　석공혜장石鞏惠藏은 사냥꾼으로 본래 출가 사문을 싫어했다. 출가하면 부모를 봉양하지 않고 경작도 하지 않으며 남이 지은 곡식을 빌어먹는다는 생각에서였다.

　어느 날 석공이 사냥을 나갔다가 사슴을 쫓던 중에 우연히 마조선사馬祖禪師의 암자를 지나게 되었다. 석공이 마조선사와 맞닥뜨리자 물었다.

"금방 사슴이 지나가는 것을 보셨습니까?"

다짜고짜 사슴의 행방을 묻는 그에게 선사는 되물었다.

"그대는 무엇을 하는 사람인가?"

"사냥꾼입니다."

사냥꾼인 석공을 바라보며 마조선사는 물었다.

"그대는 활을 쏠 줄 아는가?"

석공은 활을 들고 사슴을 쫓는 중이었다.

"네, 활을 쏠 줄 압니다."

"화살 하나로 몇 마리나 맞추는가?"

"화살 하나로 한 마리를 맞출 뿐입니다."

그러자 마조선사가 석공을 바라보며 말했다.

"그 정도라면 활 쏘는 솜씨가 시원치 않군."

석공은 자신의 활 솜씨를 비웃는 듯해서 대들며 물었다.

"그러면 스님께서는 활을 쏠 줄 아십니까?"

"물론이지."

"화살 하나로 몇 마리나 맞추십니까?"

"나야 화살 하나로 무더기로 잡지."

이 말에 석공이 의아해하며 대꾸했다.

"살생을 금한다는 스님께서 활을 왜 쏘며, 짐승들도 생명이 있기는 마찬가지인데 어찌 무더기로 잡아 죽인단 말입니까?"

이 말에 마조선사가 기다렸다는 듯이 석공을 바라보며 말했다.

"그대는 짐승에 대하여 그렇게 잘 알면서 왜 자기 자신을 향해 쏘지 못하는가?"

석공은 얼굴이 일그러지면서 묘한 표정을 지었다. 그리고 진지한 표정으로 되물었다.

"저 자신을 향해 쏘려 해도 그 방법을 모르겠습니다."

석공은 자성의 빛을 보였다.

"그대는 오랫동안 무명의 번뇌를 쌓아 왔는데 오늘에야 비로소 빛을 찾는군."

석공은 마조선사의 말에 활을 버리고 땅에 엎드려 절을 한 뒤 출가를 간청했다. 마조선사는 석공에게 출가를 허락하고 부엌에 들어가서 일하도록 했다. 하루는 부엌에서 일하고 있는 석공에게 마조선사가 지나가다가 물었다.

"무엇을 하고 있느냐?"

"예, 소를 먹이고 있습니다."

이 말은 사가에서 일하던 생각과 사방으로 쫓아다니며 사냥하던 버릇이 불현듯 떠올라 자신을 통제하고 있다는 뜻이었다. 석공의 놀라운 답변에 마조선사가 조용히 물었다.

"어떻게 소를 먹이느냐?"

"그놈이 풀밭으로 가려고 하면 사정없이 고삐를 잡아당깁니다."

석공은 스스로 소에 비유하고 과거의 근성이 발동하면 이를 극복하기 위해 온 힘을 쏟고 있다는 것이었다. 석공의 이 말을 듣자 마조선사의 입가에는 잔잔한 미소가 흘렀다.

"그대는 참으로 소치기 목우牧牛로 소 먹이는 방법을 깊이 깨우쳤도다."

풀밭에 뛰어놀던 사슴을 잡겠다는 탐욕, 잔혹의 화살에 쫓기어 마조선사 앞을 지나치려 했던 석공, 바로 그곳에 삼천대천세계의 모든 살아 움직이는 것들이 한 무리, 그것들을 화살 하나로 쏘는 도리를 말한 것이지만 실은 화살 하나도 쏘지 않는다는 말이 아닌가? 그런 석공이 어느새 부엌에서 나와 대중들 앞 법당에 오를 때마다 두 팔로 활을 당기는 자세를 취하며 큰 소리로 할喝을 했다. 석공은 무려 30년 동안 계속했다.

"화살을 받아라."

그러자 삼평三平이 법좌 앞으로 가서 가슴을 활짝 열어 제쳤다. 석공이 바로 활을 내려놓으니 삼평이 석공 스님에게 말했다.

"어떤 것이 사람을 살리는 화살입니까?"

그러자 석공이 활시위를 세 번 튕겼다. 그러자 삼평이 그 자리에 엎드려 절을 했다.

"30년 동안 화살을 당겼는데 오늘에야 반쪽짜리 성인을 쏘았다."

나중에 이 일을 들어 말하려 해도 동쪽으로도, 서쪽으로도, 남쪽으로도, 북쪽으로도 문이 열려 보름달을 향해 화살을 당길 일이 없게 되었다고 했다. 석공은 자신의 마음을 알아주는 지음知音인 삼평을 만나 가슴을 풀어헤치니 화살이 보름달을 향해 날아가다 중생의 가슴에 꽂혔다.

※ 효시嚆矢라는 말은 울릴 효와 화살 시로 '울리면서 뼝 하고 날아가는 화살'을 말한다. 그 뜻은 전투를 시작할 때 소리 나는 화살을 쏘아 알린 데서 유래했다. 또 경전에서 화살은 구도자의 정진精進을 화살로써 무명無明을 뚫고 괴로움에서 벗어나는 것을 말한다. 그리고 일식과 월식이 있을 때 공중을 향해 화살을 쏘아 요귀를 쫓았다는 기록이 있다.

활은 달의 형태로 강한 여성의 성력性力을 상징하고, 화살은 남성의 강인함을 상징하여 욕망을 뚫고 나오는 것으로 자기합일自己合一과 풍요를 상징하기도 했다.

어쨌든 석공의 화살은 마조로 인하여 자기 자신을 향해 쏜 최초의 인물로 선종사禪宗史에 길이 남게 되었다. 오늘도 팔만대장경의 화살촉이 누구의 마음에 꽂히고 있을까?

핫아비 유부남有婦男과
핫어미 유부녀有夫女

유부남은 아내가 있는 남자를 말하고, 유부녀는 남편이 있는 여자를 말한다. 따라서 결혼한 남편과 아내를 가리켜 유부남과 유부녀라고 한다. 핫아비나 핫어미 역시 아내가 있는 남자와 남편이 있는 여자를 일컫는 말이다.

인생은 아내라는 여자와 남편이라는 남자가 만나서 시작된다. 내가 너를 만나고 네가 나를 만나는 조우遭遇, 자아自我와 타아他我의 해후邂逅가 인생의 출발점이다.

거창한 역사라는 것도 민족과 민족이 만나고, 문화와 문화가 서로 만나 조우하는 가운데 화합하고 융합하여 더 나은 시대를 열어가는 것이다.

종교宗教도 하나님을 만나고, 부처를 만나고, 진리를 만나고, 절대자를 만나 참다운 인생을 살아가는 것이 궁극의 목표다.

인간은 너와 나의 만남이지만 결국 한 남자와 한 여자가 관계를 맺고 만남을 갖는 것이다. 그 최초는 아담과 이브의 만남이다. 그래서 서로 사랑하는 남녀의 눈에는 반짝이는 정기精氣가 있어야 하고, 얼굴에는 서로를 위하는 환한 화기和氣가 있어야 한다. 몸에는 정의로운 향기香氣가 풍겨야 하고, 생활에는 반지르한 윤기潤氣가 흘러야 한다. 그런 남자와 여자가 서로를 위하고 사랑하며, 공경하고 섬기며, 평화로운 가정을 꾸려 사회와 국가의 초석이 되어야 한다.

그 시초는 남녀에 의해 비롯되었지만 역사의 주인공인 내가 있기 위해서는 반드시 아버지 아담과 어머니 이브의 만남이 필연적으로 있어야만 한다. 아버지와 어머니는 나를 낳아주시고 길러주신 부모님이시다.

부모님은 바다보다 넓고 하늘보다 높은 사랑을 끊임없이 베풀어 주신다. 그 베풀어 주시는 사랑의 크기는 무엇으로도 측량할 수가 없다. 그 사랑은 너무나 커서 극대極大이고, 또 너무나 작아서 극소極小이다. 부모의 한량없는 사랑은 온 우주를 품고도 자락이 남는다. 그런데 때로는 바늘 끝이 들어갈 틈도 없다. 그만큼 완벽한 사랑이 부모가 우리에게 베풀어 주는 사랑이다.

부모의 사랑하는 마음은 어디라는 공간으로 규정지을 수도 없고, 언제라는 시간으로 제한할 수도 없는 무소부재다. 그런 사랑 속에서 내가 태어난 것이다. 태어나고 보니 한 번밖에 없는 아주 특별하고 고귀한 삶을 살아가도록 한 생을 허락해 주셨다.

살다 보니 세상의 중심은 나다. 만남의 중심도 나다. 부모님이 낳아주셨지만 모든 관계의 중심은 나다. 나를 떼어 놓고는 가정도, 사회도, 국가도, 세계도 무슨 소용이 있겠는가!

나를 중심으로 생각할 때 역사의 수레바퀴는 나를 이 땅에 탄생시키기 위해 굴러왔다고 볼 수밖에 없다. 아버지와 어머니가 사랑으로 만난 것도 나를 탄생시키기 위해서였고, 정과 사랑으로 길러 주심도, 형제자매들이 있게 한 것도 결국 나를 위해서이다. 내 이웃과 사회와 국가를 있게 한 것도, 세계를 있게 한 것도 나를 중심으로 한 관계의 그물 속에서 준비된 것이다.

이 얼마나 치밀하고 주도면밀하게 준비된 나의 탄생인가? 이런 천운 가운데 태어났으니 나는 특별히 하늘이 점지하여 어머니의 태를 달고 나온 태왕자 아닌가. 지상에 준비된 부모의 사랑, 부부의 사랑, 자녀의 사랑이라는 사랑을 가정에 요람으로 깔아 놓고 태어났다. 이처럼 나의 탄생을 준비하여 마음껏 행복을 누리게끔 세상 모든 사람의 사랑을 결합하여 체험하도록 허락해 주셨다.

그래서 가정은 천국의 훈련장이며, 천국기지의 센터로 이 지상의 가정을 천국의 모델로 삼아 마음껏 사랑을 나누고 행복을 누리며 살도록 예비한 곳이다. 그러니까 나는 하늘나라에서 펼치고자 한 이상천국을 지상에서 체험하고 하늘나라에서 실현해야 할 영원한 세계이다.

가정이라는 지성소는 신성불가침으로 결정적인 흠과 티가 없이 깨끗해야 한다. 그런데 오늘의 세태를 보면 철옹성 같은 가정이어야 할 단단한 가정이 울고 갈라지고 무너져 내려 나락으로 떨어지고 있다. 호텔 등에서 외간 남녀가 인간쓰레기로 추악하게 떨어지고 있는 것은 죄악이다.

존엄성 없는 인간이 양산되고 있다니 한심할 노릇이다. 외도라는 사특한 마음으로 양심의 소리를 못 듣는다면 이미 인간이기를 포기한 악마나 다름없다. 인간의 탈을 쓴 악마의 종자들에게 망나니가 칼을 들고 죄인의 머리를 후려칠 것이다.

기독교에서는 이미 사탄의 지배를 받는 인간들이라고 말하고 있지만 썩은 정신을 가진 인간이란 시체에 콧구멍을 뚫어 놓은 것에 불과할 뿐이다. 배꼽 밑에 있는 자신의 지성소도 하나 제대로 간수하지 못한다면 소돔과 고모라성의 소금기둥일 뿐이다.

세상에서 가장 신성하고 거룩한 장소는 가정이다. 가정을 깨부수는 짓은 악마일 뿐이다.

세상에서 제일 오래 살고 경험과 경력이 높은 사람이 누구냐고 묻는다면 할아버지이다. 그런 할아버지의 맨 꼭대기의 할아버지는 하나님이시다. 핫아비 유부남과 핫어미 유부녀가 땅에서 하나님의 축복을 받고 하나님의 사랑을 중심으로 삼고 부모의 사랑, 부부의 사랑, 자녀의 사랑을 이룬다면 삼대상 사랑을 이루었으므로 모처럼 하나님이 바라신 가정을 이룬 에덴인 것이다. 그러므로 베드로 사도가 이 땅에 주고 간 천국 문의 열쇠는 참다운 가정을 이루는 데 있다고 하는 소중한 메시지가 열매를 맺은 것이다.

장기나 바둑도
천하를 경륜하는 지침

아무것도 없는 것, 즉 무에서 유를 만들어 내는 것을 무중유생無中有生이라고 한다. 가로 10줄과 세로 9줄이 그려진 말판인 장기판將棋板과, 가로 19줄과 세로 19줄로 흑점黑點이 181, 백점白點이 180인 바둑판을 보면서 느낀 감회이다.

바둑판의 포석은 천문天文을 본떴고, 장기판은 땅을 뺏기고 뺏는 인류의 전쟁사를 그린 것이다. 바둑판이 천원天圓으로 우주의 질서인 음양오행陰陽五行의 금金·목木·수水·화火·토土로 본 것이라면, 장기판은 하늘의 정기를 받아 땅의 역사를 이어가는 건乾·곤坤·감坎·리離로 하늘과 땅과 물과 불의 상징인 것이다.

바둑알은 검은 흑黑돌과 흰 백白돌이다. 장기판에는 궁宮과 사士와 말馬과 상象, 차車와 포包와 병졸兵卒의 크고 작은 기물이 있다. 바둑은 하늘의 별처럼 흑백의 구별은 있지만 크고 작음이 없이 평등하다. 하늘의 천도天道가 크거나 작거나 높거나 낮거나 시작과 끝이 없는 무시무종無始無終으로 없으면서 있고 있으면서 없는 것이기 때문이다. 장기판을 보면 궁을 호위하는 사가 있고, 맨 앞줄에 물러설 줄 모르는 병졸이 있으며, 직선으로 내달리는 차와 기동력이 뛰어난 상과 말이 있다. 그리고 산 너머 멀리 떨어져 있는 적도 무찌르는 포가 버티고 있다.

장기나 바둑이나 모두 마주 앉아 번갈아 가며 두고 나중에 승부를 가리지만 그 느낌은 사뭇 다르다.

장기에서 홍紅의 한漢과 청靑의 초楚가 궁으로 자리 잡고 두는 수는 단순명료하고, 흑과 백인 바둑은 넓고 커서 수가 무궁무진하다. 그래서 바둑은 백만대군을 이끄는 맛이 있고, 장기는 대대 병력을 지휘하는 지엽 정도의 차이점이다. 국회에 들어가 나라 살림을 꾸리는 것과 집안의 가장이 되어 집안 살림을 꾸리는 것과의 비교라면 어떨지 모르겠다.

장기나 바둑이나 판 대결에서 중시해야 할 점이 있다면 예禮로 출발하여 승패가 났을 때 깨끗한 마무리이다. 흔히 잡기雜技라고 말하지만 엄연히 격格을 갖추어야 한다. '바둑 한 수 놓아 주시겠습니까?', '장기나 한 판 두실까요?' 하는 말처럼 격을 갖춘 오락으로 엄연한 예가 있다는 말이다.

그리고 구사되는 전략이나 전술이 다를 뿐 지능과 사고가 겸비되어 있고, 진영陣營이 갖추어진 진법陣法이 차려진 놀이로 승과 패가 결정된다. 이 승패에 따라 목소리가 높아질 때도 있다. 그래서 놀이 문화에도 수양修養이 필요하다. 함께 즐기는 자리인 만큼 서로를 존중하고 상대방을 위하여 예절을 갖춰야 인격적인 대접을 받는다.

『논어論語』의 '공야장公冶長'에 공자의 제자인 재여宰子(B.C. 522~458)에 대한 이야기가 있다. 재여는 말재주가 뛰어나고 제齊나라에서 대부벼슬까지 지낸 관료 출신이었다. 그가 어느 날 낮잠을 자는 것을 보고 스승인 공자가 말했다.

"장기나 바둑을 둘지언정 왜 낮잠을 자느냐? 썩은 나무에는 조각을 할 수 없고 더러운 흙담에는 흙손질을 할 수가 없다. 재여에게 무엇을 나무라겠는가?"

이어서 공자가 또 말했다.

"전에 나는 사람을 대함에 있어서 그 말을 듣고 행동까지 믿었지만, 이제 그 말을 듣고도 행동을 살피게 되었다. 재여의 일 때문에 사람보는 태도를 고치게 되었다."

공자가 제자에게 이처럼 따끔한 질책을 준 것은 일찍이 없었던 일로 참으로 의외다. 공자가 재여를 대함이 풀을 쳐서 뱀을 놀라게 하는 타초경사打草驚蛇일까? 정신을 차리게 만드는 성동격서聲東擊西일까? 참으로 헤아리기 힘든 난제다. 그러나 분명히 재여를 깨우쳐 주기 위한 달초撻楚의 말로 가슴 아픈 견책이었을 것이다.

장기는 32짝에 붉은 글자와 푸른 글자의 두 종류로 나누어 장기판에 배치해 놓고 교대로 기물을 움직인다. 기물을 손에 쥐고 놓는 순간까지 머릿속에는 오만 가지 수를 헤아리는 지략이 스쳐 지나가고 다음 상대방의 수까지 내다보며 낙점한다. 낙점이 되는 순간까지 상대방의 안면을 살피는가 하면 목소리의 고저까지 헤아리며 필살의 한 점, 한 수가 되기를 바란다.

여기서 장기판에 상象은 꽤나 큰 비중을 차지하고 있는데 아무래도 '장기의 연원지가 남방의 전력이 아닐까?' 하는 생각이다. 상이 코끼리 상이므로 전투대열에 상을 앞세운 것을 보면 코끼리를 내세워 전투를 한 것으로 봐서 인도나 그 외 남방임을 짐작할 수 있다. 장기의 큰 기물이 한이라는 궁과 초라는 궁이 있어 혹 기원이 중국이 아닐까 싶었는데 인도라고 한다.

전하는 말에 의하면 인도의 통치자가 고승을 만나 '생각을 깊이하고 앞을 내다보는 슬기를 가지게 하되 결과를 미리 알 수 없는 놀이를 만들어 달라'고 부탁했는데, 그 조건에 맞춰 전쟁형식을 본뜬 장기를 창안하게 되었다고 한다.

그래서 고대의 산크리스트어로 상희象戱, 상기象棋, 상혁象奕이라고 장기 놀이를 불렀다고 한다. 이것이 페르시아를 거쳐 중앙아시아를 지나 당나라 말기에 중국에 전해졌으며, 12세기에 오늘날과 같은 놀이 기구가 완성된 것이다.

장기의 한초전은 『초한지』의 가장 극적인 장면을 묘사한 대목으로 흥미진진하다. 팽성에서 왕이되어 등극한 초楚패왕 항우項羽와 한漢고조 유방劉邦이 천하를 놓고 벌이는 『초한지』의 최대의 대단원으로 긴장감의 백미다. 이런 극적인 장면을 장기판에 대두시켜 역사를 일깨우게 한 중국인들의 기지에 놀라지 않을 수 없다.

최남선崔南善의 『백과사전』에는 송나라 때 장기가 고려에 전래된 것으로 기록되어 있다.

장기의 한과 초는 유방과 항우다

한초의 유방과 항우의 등장은 시황제가 죽은 다음 해인 B.C. 209년이다. 남의 집 머슴살이를 하던 진승陳勝과 촌부 오광吳廣 등 900여 명이 군대에 끌려가다가 반란을 일으켰다. 군대에 입대하기 위하여 끌려가던 진승과 오광이 폭우를 만나면서 제날짜에 입대하지 못하면 참수형에 처하는 법 때문에 어차피 죽을 몸이 되었다. 그래서 지휘자를 살해하고 진승과 오광이 이들을 이끄는 지도자이자 장군이 되어 반란을 일으킨 것이다.

그들은 "왕후장상王侯將相의 씨가 따로 있다더냐, 우리도 왕후장상이 될 수 있다"라고 외치면서 궐기했다. 사실 왕王이나 황제皇帝는 하늘이 내는 것이라고 해왔는데, 왕후장상의 씨가 따로 없다는 말은 중국의 평민들에게는 획기적인 선언이었다. 시황제가 죽자 각지에서 반란이 잇따르며 진나라를 타도하자는 요원의 불길이 들불처럼 일어나 나중에는 한나라를 세운 유방과 초패왕 항우도 함께 반란세력의 주력이 되었다.

천하가 동란의 소용돌이로 변하여 장기판의 말과 상이 뛰고 포와 차가 달리고 치면서 대결의 구도 속에서 초나라의 항우와 한나라의 유방이 천하를 차지하기 위하여 장기판의 기물을 동원하듯 총매진하여 혈전을 벌였다. 그리고 5년이라는 지난한 전쟁의 역사는 졸병들을 끌어모아 힘을 집약시키고 마차가 지나갈 길을 만들고 장기판 위에서의 다툼처럼 치열했다. 병졸의 물러설 수 없는 임전무퇴의 정신은 어디에 비길 수 없으며, 기마의 내달림과 상의 넓은 위력은 결코 가볍게 볼 수 없다. 그런가 하면 여차하면 화력을 품는 포의 타격은 상대진영을 초토화시킬 수 있다.

이런 전투대열이 해하垓下에서 항우가 수세에 밀려 쫓기고 있었다. 대세를 이끈 유방은 사면초가에 놓인 항우를 한껏 밀어붙였다. 그동안 전투에서 8천여 명의 병사를 잃고 기병 20여 명을 이끌고 장강 기슭에 도착했을 때 항우 곁에는 기병 2명밖에 없었다. 거기서 오강烏江을 바라보자 정장亭長이 배를 강 언덕에 대고 말했다.

"동강이 작다고는 하지만 천 리 땅이 있고, 몇십만 민중이 있으며, 이곳에서 왕업을 도모할 수 있습니다. 어서 빨리 강을 건너십시오."

"내가 강을 건너 서쪽으로 진군하면서 이끌고 간 8천여 명의 병사들 중 지금 살아남은 사람은 한 명도 없다. 내가 이제 무슨 면목으로 동강의 노인장들을 대하겠는가?"

항우는 더 이상 어찌할 수가 없다고 결단하고 자결하기 전에 우미인虞美人과 작별했다. 그리고 명마 오추마烏騅馬를 정장에게 내어주자 우미인이 항우를 바라보며 자결의 칼을 들고 울부짖었다.

"힘은 산을 뽑을 듯하며 기상은 천하를 뒤엎을 듯한 역발산力拔山의 기개는 다 어디 갔는가?"

그러고는 힘없이 쓰러졌다.

항우는 과거 친구였으나 배신하고 유방에게 간 여마동呂馬童에게 말했다.

"들어라. 내 목에 천금의 상과 1만 호의 봉후가 걸려 있다. 옛정을 생각하여 그대에게 공덕이나 베풀고 가겠다."

항우는 그 자리에서 목을 썰러 삭렬하게 자결의 길을 백했나. 장기가 끝난 것이다.

날일日 자로 달리는 말이나, 쓸용用 자로 달리는 상이나, 전진만을 추구하는 졸병이나, 차나 포 그리고 왕을 지키는 사나 초왕이 죽으니 그 자취만 남았다.

유방과 천하를 놓고 한 치의 양보도 없이 다투던 초패왕도 쓸쓸하게 갔다. 승리자가 되었던 유방도 진나라가 채택했던 중앙집권제를 채택하고 재위에 오른 지 8년 뒤에 죽었다. 이를 보면 전략과 전술을 내세워 싸웠던 모든 것이 한낱 모래 위에 세운 전공이고, 파도에 휩쓸려 버리는 하루아침의 꿈일 뿐이다.

그래도 한왕 유방이나 초패왕의 이야기는 장기판에 남았으니 두고두고 되씹을 수 있지 않은가!

나무부처木佛를 쪼개 불태운
단하 스님

스님이 길을 가다가 유생儒生인 선비를 만났다.

"선비님, 어디를 가시는 길입니까?"

"예, 과거를 보러 가는 길입니다."

"스님은 어디를 가시는 길입니까?"

"선비께서는 관리 뽑는 과거를 보시지만, 전 부처 뽑는 과거를 보러 갑니다."

선비는 이 말에 표정이 달라지면서 스님 곁으로 다가와 물었다.

"아니, 부처 뽑는 과거도 있습니까?"

"암, 있고 말고요."

"부처 뽑는 과거를 보려면 어디로 가야 합니까?"

스님은 선비의 귀에 대고 말했다.

"강서에 마조도일馬祖道一(709~788) 스님이 계신데 그곳으로 가 보시오."

선비 단하丹霞(739~824)는 '부처 뽑는 과거'라는 말에 귀가 번쩍 뜨여 벼슬 과거를 포기하고 몇 날 며칠을 걸어서 마조 스님을 찾아갔다. 개원사開元寺를 찾아 마조 스님을 만나자 대뜸 물었다.

"여기서 부처를 뽑습니까?"

성질 급하게 묻는 청년의 말에 마조 스님은 껄껄 웃으면서 선뜻 석두희천石頭希遷(700~790) 화상을 스승으로 모시도록 하라면서 그리로 되돌려 보냈다. 단하는 불교에 대해서는 잘 모르지만 강서의 마조 스님과 호남의 석두 스님에 대해서는 익히 들어 알고 있었다. 단하는 즉시 발걸음을 돌려 또 다시 몇 날 며칠을 걸어 남악에 도착했다. 그리고 석두 스님을 만나자 마조 스님에게 했던 것과 같은 질문을 했다.

"여기서 부처를 뽑습니까?"

청년 선비를 보자 석두 스님은 웃음을 지으면서 고개를 끄덕이더니 상상 외의 말을 했다.

"방앗간에 가서 일이나 해라."

단하는 부엌으로 들어가 3년 동안 일을 했다. 선비로서 모든 것을 내려 놓고 행자 생활에 어느 정도 익숙해지던 어느 날 석두 스님은 대중에게 절 마당의 풀을 뽑도록 했다. 대중이 호미와 낫을 들고 제각기 풀을 뽑는데 단하가 대야에 물을 떠가지고 나왔다. 그리고 석두 스님에게 면도칼을 건네면서 무릎을 꿇고 앉아 머리를 내밀었다. 석두 스님은 웃으면서 머리를 깎아 주었다. 그리고 머리를 깎고 계를 설하려 하자 단하는 귀를 틀어막고 그곳을 뛰쳐나갔다. 석두 스님은 웃으면서 혼잣말로 중얼거렸다.

"어허, 결국 부처 과거에 합격했구먼!"

단하는 뛰쳐나온 길로 강서의 마조 스님을 찾아갔다. 절에 들어서자마자 법당으로 들어가 다짜고짜 법당 중앙에 모셔져 있는 문수보살상의 목을 타고 앉아 고래고래 소리를 질렀다. 대중이 기겁을 하고 온 절이 발칵 뒤집혔다. 경내가 소란스러워지자 마조 스님에게 달려가 이 사실을 알렸다.

"웬 미친놈이 법당에 들어와 불상 위에 올라타고 앉아 내려오지 않고 있습니다."

마조 스님이 달려가 보니 까까머리 중놈이 보살상의 목에 올라타 기분 좋게 고래고래 소리를 지르고 있었다. 보아하니 3년 전에 석두에게 보냈던 그 선비였다.

"이런 자식을 보았나, 천연덕스럽기도 하구나!"

단하가 마조 스님의 말을 듣더니 얼른 내려와 무릎을 꿇고 꾸벅 절을 올렸다. 그러면서 말했다.

"저에게 법명法名을 주셔서 감사합니다."

"법명이라니? 어허!"

"저에게 천연天然이라는 법명을 주시지 않으셨습니까?"

이후 단하는 천연이라는 법명을 쓰기 시작했으며, 주유천하周遊天下하면서 교화敎化의 길을 걸었다. 각지를 돌아다니면서 부처를 우상화하는가 하면 형식에 매이는 경향을 목격하자 이를 경계하기 시작했다. 당시 정치도 현종玄宗 황제가 양귀비楊貴妃에게 팔려 부패하여 어수선했다.

목불을 태운 단하 스님

이때 마침 단하가 낙양洛陽에 있는 혜림사惠林寺를 찾아 가는데 눈비가 내리기 시작했다. 남루한 옷에 눈비를 맞으며 절문에 들어서 원주院主와 마주했다. 밥 한 덩이로 주린 배를 채우고 객사客舍에 들어섰다.

싸늘한 바람이 산사를 휩쓰는데 방바닥을 만져보니 냉기가 싸늘했다. 썰렁한 방에서 법당을 들여다보니 안치된 목불이 눈에 들어왔다. 단하는 목불을 안고 부엌으로 들어가 도끼로 목불을 잘게 쪼개 아궁이에 불을 지폈다. 불길이 활활 타오르자 젖은 옷을 말릴 겸 아궁이에 바짝 다가섰다. 온몸에 온기가 퍼져오자 움추렸던 어깨를 펴는데 그때 원주가 나타났다. 목불을 쪼개 불을 때고 있는 것을 보고 소스라치게 놀란 원주가 큰 소리로 꾸짖으며 말했다.

"당신도 스님이 아니요. 그런데 어찌 모셔야 할 부처를 태운단 말이요?"

원주가 눈을 치켜뜨면서 단하에게 지옥에나 가야 마땅하다며 크게 성토했다. 그러자 단하 스님은 부지깽이로 숯불을 뒤적이며 말했다.

"부처를 화장하면 사리가 나온다는데, 왜 사리가 안 보이지?"

원주가 기가막히다는 듯이 말했다.

"아니, 목불에서 어떻게 사리가 나온단 말이오?"

그 말이 떨어지기가 무섭게 단하가 말했다.

"사리가 안 나올 바엔 나무토막이지 무슨 부처요? 나머지 부처도 가져다 때버릴까 보다."

원주는 더 이상 그 자리에 있을 수가 없어 자리를 뜨고 말았다.

목불을 태운 일을 『불교사전』에서는 '단하소불丹霞燒佛'이라고 한다. 당시 부처를 우상화하고 형식에 매이는 불교를 견책한 희대의 사례가 아닌가 싶다.

'금불金佛은 용광로를 건너지 못하고, 목불木佛은 불길을 건너지 못하고, 토불土佛은 물길을 건너지 못한다'라고 한 조주삼전어趙州三轉語는 단하가 목불을 태운 것은 깨달음을 밖에서 구하지 말고 마음속에 내재되어 있는 부처를 보라는 가르침인 것이다. 이는 평상심이 도요, 평상인이 부처임을 강조한 단하 스님의 철학과 사상의 한 단면이었다.

단하 스님이 목불을 태운 것은 자기성찰을 말한 것이고 모양도 없고 빛깔도 없고 문도 없는 무문관을 호소하는 목탁 소리인 것이다.

MY OBSERVER IS ME

파주 참외 장수의 셈법과
이천 참외 장수의 셈법

셈이 어수룩하거나 좀 모자란 사람들이 하는 장사를 흔히 '참외 장수 셈법'이라고 불려왔다. 파주 참외 장수와 이천 참외 장수를 5일 장터 사람들은 곧잘 입에 올리곤 했다.

파주 참외 장수의 셈법

파주 참외 장수는 파주골에서 나온 참외를 싸게 사서 지게에 지고 어디로 가서 팔면 이문이 많이 남을까를 생각했다. 참외를 팔아서 장가 밑천을 마련하려니 신바람이 났다. 얼른 동네 주막집으로 가서 장사꾼들을 만나 이 고을 저 고을의 참외 시세가 어떤지 알아보았다. 알아본 결과 사 놓은 참외를 다 팔기만 하면 상당한 이익을 남길 성 싶었다. 그러자 스스로 위로하듯 말했다.

"장사는 역시 먹는 장사가 최고야."

자세히 시세를 알아본 결과 서울의 참외값이 금값이라는 것을 들었다.

"서울에는 참외가 없어 임금님에게 바칠 참외가 부족할 지경이라네."

참외 장수는 막걸리 한 잔을 단숨에 들이마시고는 부리나케 참외 지게를 지고 서울을 향해 떠났다. 서울에 당도한 참외 장수가 저자에 나가 보니 이곳저곳에서 올라온 참외가 산더미처럼 쌓여 값이 똥값이었다. 파주 참외 장수는 크게 실망했다.

"서울 참외값이 금값이라는 말을 듣고 그 무거운 참외 지게를 지고 쉴 틈 없이 달려왔는데 이게 웬일이란 말인가?"

서울 참외값이 금값이라는 소문은 각 고을에 퍼져 너 나 할 것 없이 참외를 지고 서울로 올라오는 바람에 서울에 참외가 산더미처럼 쌓여 값이 폭락했던 것이다. 참외값이 똥값이 되자 파주 참외 장수는 쪼그리고 앉아 이런저런 생각에 머리가 욱신거렸다. 그때 지나가던 사람이 먼 산만 보고 앉아 있는 그를 보고 말했다.

"참외 팔러 오셨소? 골참외 고것 참 맛있게 생겼군! 그런데 어쩌면 좋소."

이 말에 파주 참외 장수가 걱정해 주는 행인을 보면서 말했다.

"네, 참외값이 똥값이라 팔지도 못하고 이처럼 고민하고 있소."

참외 장수가 기어들어 가는 목소리로 힘없이 말했다. 그 말에 행인이 말했다.

"참외를 팔려면 의정부로 가 보시오. 그렇게 쪼그리고 앉아 있어 봤자 그 참외가 팔리겠소?"

파주 참외 장수는 그 말에 눈을 동그랗게 뜨고 물었다.

"의정부는 참외값이 좋답디까?"

"좋다마다요. 너도나도 온통 서울로만 참외를 가지고 오는 바람에 그곳에서는 부르는 게 값인데 없어서 못 판답디다."

파주 참외 장수는 이 말에 용기를 내어 후딱 지게를 지고 의정부로 떠났다. 의정부에 도착하니 이게 웬일인가? 의정부에도 서울과 마찬가지로 이곳저곳에서 참외 장수가 밀려와 참외가 땅바닥에 나뒹굴고 있었다. 참외 장수들이 떼를 지어 시장이 시끌벅적할 뿐 참외는 팔리지 않았다.

어느 행인이 참외 장수들을 보더니 말했다.

"엊그제만 해도 없어서 못 팔았는데 올려면 좀 일찍 와야지."

결국 파주 참외 장수는 서울에서도 뒷북만 치고, 의정부에서도 뒷북만 쳐 비맞은 장닭꼴이 되고 말았다. 그래도 그냥 있을 수만은 없어서 이리저리 알아본 결과 오히려 파주의 참외값이 괜찮다는 소식을 듣고 투덜대며 다시 파주로 갔다.

며칠 동안을 참외를 지고 서울로, 의정부로, 다시 파주로 돌아쳤더니 몸은 피곤한데 지고 온 참외마저 다 썩어 팔 수가 없게 되었다. 파주 참외 장수는 어이가 없어 한숨을 내쉬며 말했다.

"아이고 내 참외, 아이고 내 참외. 장가 밑천은 그만두고 이게 웬 지랄같은 일이람."

파주 참외 장수는 썩은 참외를 길바닥에 던지며 울먹였다. 이를 보고 이웃집 노인이 혀를 끌끌차며 말했다.

"장사란 한 곳에서 진득하게 해야지, 남의 말만 듣고 쫓아다니 니 이꼴이지. 난 개성 인삼 장사라는 말은 들어 봤어도 파주 참외 장사란 말은 못들어 봤는데 들어보니 개운치 않구먼."

조금이라도 이익을 보려고 이쪽저쪽으로 남의 말만 듣고 다니 다가 결국 밑천까지 까먹은 '파주 참외 장수'란 말은 여기에서 생 겨났던 것이다.

이천 참외 장수의 셈법

한편 이천에도 참외 장수가 있었는데 이 역시 셈이 흐리고 계획 성이 없었지만 겉보기엔 멀쩡한 참외 장수였다.

어느 해 들녘에서 참외가 나오자 마누라에게 참외 장사를 해보 겠다고 졸라댔다. 아내는 성화를 듣다 못해서 장롱 안에 넣어 두 었던 무명 한 필을 꺼내 주었다. 이 무명은 아내가 손수 길쌈을 해 서 필요할 때 요긴하게 쓰려고 옷도 해 입지 않고 아끼고 아끼던 것이었다.

사내는 아내가 꺼내 준 무명을 둘러매고 새벽같이 장마당으로 달려갔다. 그리고 시세보다 싼 값에 무명 한 필을 팔아 엽전 세 냥을 받아쥐었다. 모처럼 돈 세 냥을 받아들고 보니 입이 찢어지게 흐뭇했다. 그는 빠른 걸음으로 달려가 별반 좋지도 않은 반씨네 참외밭에 들어섰다. 그리고 주인 반씨에게 물었다.

"이 참외 파는 참외가 맞습니까?"

"암요, 팔고말고요."

반씨는 참외 하나를 따서 참외밭에 들어선 사내에게 건네주었다. 한 입 먹어 보니 엿보다 달고 꿀보다 향기로웠다. 속된 말로 둘이 먹다가 하나가 죽어도 모를 지경으로 맛이 좋았다. 이렇게 맛있는 참외는 생전 처음이었다. 참외 맛을 본 사내는 참외밭 주인이 달라는 대로 값을 주고 참외 100여 개를 사서 바작지게에 실었다. 돈을 꺼낼 때는 돈 많은 행세를 하는 냥 거드름을 피우며 참외값을 치렀다.

그는 참외 지게를 지고 서울 남대문 시장을 향해 날아가듯 사뿐사뿐 내달렸다. 기분 좋은 사내는 달음박질을 치다시피 한참을 가다 보니 여름날 해가 높이 떠올라 찌는 듯이 더웠다. 100여 개가 넘는 참외를 지고 달려 왔으니 배도 고프고 참외에서 달디단 향내가 솔솔 풍겨와 배고픈 것이 더했다.

그는 길가 나무 그늘에 쉬면서 참외 하나를 꺼내 먹었다. 어찌나 맛이 있던지 어떻게 먹었는지도 모르게 먹어 치웠다. 한 개만 먹고는 도저히 견딜 수가 없어 한 개를 더 꺼내 먹었다. 그래도 시장기가 가라앉지 않자 또 한 개를 꺼내들고 나름대로 셈을 해 보았다.

"참외를 밭에서 한 개에 서푼씩을 주고 샀으니 이제 얼마 안남은 남대문 시장에 가서 여섯 푼씩은 받을 수 있을 거야. 그럼 60개만 팔아도 본전은 된다. 이렇게 장사 첫길에 본전 하고 실컷 먹는다면 장사한 셈이지."

이렇게 계산을 마치고 참외 몇 개를 더 먹었다. 그리고 다시 참외를 지고 언덕에 오르다 보니 땀이 비 오듯 하여 다시 쉬게 되었다. 쉬면서 또 참외 몇 개를 꺼내 먹었다. 이상하게도 소변 한 번 누고 나면 곧바로 허기가 왔다. 사내는 본전인 60개만 남기고는 더 먹는 것을 참기로 했다. 이제 배도 부르고 짐도 가벼워졌다. 사내는 짐을 지고 가면서 곰곰이 생각해 보았다. 이참에 참외 장사를 시작한 것이 아무리 생각해 봐도 잘한 일이라고 여겨지면서 흐뭇했다.

'이번 경험이야말로 천금을 주고도 살 수 없을 거야.'

어느덧 남대문 시장이 몇 마장 남지 않은 듯싶었다. 그는 한 번더 쉬기로 마음먹고 지게를 받쳐놓고는 언덕에 어깨를 대고 쉬었다. 그런데 피로가 엄습해 오면서 깜빡 졸음이 쏟아졌다. 잠깐 잠든 사이에 어떤 못된 놈이 지게를 지고 사라져 버렸다. 잠을 깨보니 지게가 보이지 않는 것이었다.

정신이 번쩍 들어 이곳저곳을 살펴봤으나 참외 지게는 보이지 않았다. 소리를 질러보고 갈만한 길목을 찾아다녔다. 다시 제자리에 와 봐도 도저히 찾을 길이 없었다. 한참을 멍하니 하늘을 쳐다

보다가 어이없다는 듯이 자기 허벅지를 치더니 큰 소리로 말했다.

"야, 이 도적놈아. 네가 참외 지게를 가져갔지만 너는 헛수고 했다. 내가 이익 남는 것은 벌써 먹어 두었거든."

이천 참외 장수는 본전을 다 잃어버리고는 이익 남는 분을 먹었다고 위안을 삼았다.

이처럼 파주 참외 장수는 이익을 쫓아 이리저리 헤매다가 고생만 한 채 한 푼도 못 건지고 몽땅 썩어서 땡쳤고, 이천 참외 장수는 이익을 남긴 것은 먹었다는 셈법으로 위안을 삼았다. 그래서 두 참외 장수의 셈법이 시대를 뛰어넘어 오늘날에도 회자되고 있다.

예부터 이 이야기에서 '장사는 아무나 하나'라고 말하게 되었고, 어리숙한 참외 장수 셈법이라 이르게 되었다.

※ 참외는 인도가 원산지라고 한다. 선사시대 때부터 아시아와 유럽에서 두루 재배되어 한마디로 인류의 입맛을 상큼하게 했다. 『동국여지승람東國輿地勝覽』에서는 조선 성종 때 겨울에 참외를 임금께 바쳤다는 기록이 있다. 아시아를 거쳐 고려시대 때 들어왔다고 한다.

MY OBSERVER IS ME

요堯임금과
허유許由에 대한 전설

요堯임금과 순舜임금 시대를 이상으로 삼는 유교儒教는 요·순 시대를 인국仁國 시대로 유교의 표상表象으로 삼고 있다.

중국 상고上古의 케케묵은 요순시절 전설 같은 은사隱士 허유許由에 관한 이야기는 지금 들어도 깊은 감동으로 귀감을 준다.

황제가 죽은 뒤 요임금이 천자가 된 후 왕위를 아들에게 물려주는 것이 아니라 현자賢者에게 물려주는 관례가 있었다.

사마천司馬遷이 쓴 『사기史記』에는 요임금의 어짊仁이 하늘과 같았고, 그의 지혜는 신과 같았으며, 백성들은 그를 해처럼 구름처럼 따랐다고 한다. 또 하늘의 뜻을 받들고 인정이 많았으며, 백성들을 자식같이 사랑했다고 전하고 있다.

그런 요임금이 관례에 따라 천자의 자리를 순임금에게 전하고,

순임금은 우禹임금에게 각각 왕위를 물려주었다. 이렇게 물려주는 것을 선양禪讓이라고 한다.

허유에 관한 전설적인 이야기는 요임금이 아직 순임금에게 왕위를 물려주기 전의 일이었다.

요임금은 처음에 허유라는 현인에게 왕위를 물려주려고 했다. 그때 허유는 정치에 뜻이 없다며 요임금의 호의를 거절했다. 허유는 권세를 탐하는 벼슬아치들이 아부하고 아첨하며 중상모략하는 것이 싫어서 기산箕山에 은둔하여 살고 있었다. 그런데 정치를 맡아 달라고 요임금이 권유하자 못 들을 말을 들었다며 다시 기산으로 들어가 숨어 살았다.

중국 고사에는 허유에게도 속물 근성이 있었다고 말하기도 한다. 벼슬이 싫으면 아주 깊은 산속으로 들어가 도저히 찾을 수 없는 곳에서 살아야 하지만 사람이 찾을 만한 곳에 살면서 "나는 벼슬이 싫은데 자꾸만 와서 귀찮게 한다"라며 은근히 자기를 내세웠다고 평한다.

요임금은 허유가 겸손해서 그런 것이라 생각하고 기산에 사람을 파견하여 '정 그렇다면 구주九州의 장長이라도 맡아달라'고 부탁했다. 이 말을 들은 허유는 이렇게 말했다.

"새들이 숲속에 깃들어 사는 것은 나뭇가지 하나면 충분하고 두더지가 물을 많이 마신다 해도 배부르면 그만이오. 나 또한 기산에서 새나 두더지와 함께 살 것이니 다신 찾아오지 마시오."

말을 마친 허유는 산 아래 영수潁水라는 강으로 내려가서 두 손으로 물을 움켜쥐어 귀를 씻었다. 이때 허유의 친구 소부巢夫가 기산에서 같이 은거생활을 하고 있었는데 송아지를 몰고 강가에 와서 물을 먹이려다가 허유가 귀를 씻는 모습을 보고 물었다.

"어인 일로 귀를 씻는 중이오?"

이에 허유가 말했다.

"일전에 요가 나라를 맡아 달라고 하기에 거절했더니 오늘은 구주의 장을 맡아 달라고 하지 않겠소. 이 말을 들어 귀가 더러워져 씻는 중이오."

그러자 소부가 말했다.

"그토록 깨끗하지 못한 말을 듣고 귀를 씻지 않을 수 없겠군요."

허유에게 말을 건넨 소부가 말을 이었다.

"하마터면 내 송아지 입만 더럽힐 뻔했군."

소부는 송아지를 이끌고 위로 올라가 허유가 귀를 씻은 물을 피해 마시게 했다.

이상의 이야기를 '세이공청洗耳恭聽'이라 하고, 허유가 벼슬길에 나아가지 않고 기산에 숨어 절조를 지켰다 하여 '기산지조箕山之操'라고도 한다.

허유괘표許由掛瓢라는 말이 있다. 이는 허유가 기산에 숨어 청렴하게 살아가면서 전 재산이 걸어 놓은 표주박 하나이니, 허유의 표주박이라는 이야기이다. 기산에 은거해 한가로이 사는 허유는 배가 고프면 나무 열매를 따먹고, 목이 마르면 흐르는 시냇가에서 물을 손으로 움켜 마시며 아무 걱정 없이 편안하게 하루하루를 보

냈다. 허유가 필요한 모든 것은 기산에서 얻고 기산은 먹을 나무 열매와 산자락의 물과 포근한 잠자리를 제공해 주었다.

사실 허유는 자연과 동거동락하며 뱁새가 몇 개의 나뭇가지로 둥지를 틀고 사는 것처럼, 또 두더지가 강물을 마시고 배부르듯이 그렇게 살고 있었다. 그러니까 그 외의 것은 필요 이상이므로 오히려 장애물일 수밖에 없었다.

회오라기는 먹이를 쫓지 않고 종일 서 있다가 자기 앞에 지나가는 고기만 잡아먹는다. 먹잇감을 쫓지 않는 것이 자연이다. 허유도 유유자적하며 이렇게 살았다.

어느 날 허유가 산 능선에서 내려와 땀을 씻으며 손으로 물을 움켜 마시는데 건너편에 있던 아낙네가 표주박 하나를 건네주었다. 손으로 물을 먹는 것이 불편해 보였던 것이다. 손으로 물을 먹다가 표주박으로 떠 마시니 여간 편리한 것이 아니었다.

얼마 있다가 허유가 양지쪽에 이르러 풀섶 위에 누워 따스한 햇

볕을 받고 있었다. 그리고 막 돌아 누우려는데 옷섶에 넣어둔 표주박이 옆구리에 괴이는 것이었다. 조금은 귀찮았지만 일어나 표주박을 나뭇가지에 걸어놓고는 다시 누워 눈을 감았다. 따스한 햇볕에 막 잠이 들려는 순간 불어오는 바람에 표주박이 흔들리며 달그락 달그락 소리를 내는 것이었다.

허유는 그 소리를 들으면서 생각에 잠겼다.

'재산이라고는 저 표주박 하나밖에 없는데 저것도 재산이라고 나를 귀찮게 하는구나!'

허유는 가진다는 것은 곧 나를 묶는 것이라고 생각하고는 자리에서 일어나 미련없이 표주박을 버렸다. 전 재산인 표주박을 버리고 나니 아무것도 마음에 걸리는 것이 없었다. 온 세상의 자유로움을 혼자 독차지했다.

묵자墨子는 명주실에 물들이는 것을 슬퍼한다는 말로 '묵자비염墨子悲染'을 들어 이렇게 말했다.

"파란 물감으로 실에 물들이면 파랗게 되고, 노란 물감으로 물들이면 노랗게 된다. 어찌 유독 실을 물들이는 것만 이렇겠는가? 나라도 또한 물들여짐이 있는 것이다."

예를 들면, 순임금은 어진 허유와 백양伯陽의 착함에 물들어 천하를 태평하게 다스렸고, 우임금은 고요皐陶와 백익伯益의 가르침으로 나라를 물들여 어질게 이끌었다. 주周나라의 무왕武王도 태공망太公望과 주공단周公旦의 가르침에 물들어 천하의 제왕이 되었다.

그러나 하夏나라의 걸桀왕은 간신 추치推哆의 사악함에 물들어 폭군이 되었고, 은殷나라의 주紂왕은 숭후崇候와 악래惡來의 사악함에 물들어 나라를 잃었다. 주나라의 여왕勵王 역시 괵공虢公 장부長父와 영이종榮夷終의 사악함에 물들어 결국 천하를 잃고 치욕을 당했다.

묵자는 평소의 착한 행실이 오래 굳어지면 온 나라에 미쳐 홍하지만 평소의 작은 잘못이라도 이것이 나쁜 병폐로 굳어지면 일신상의 망신은 물론 나라를 망쳐 참극을 면치 못한다고 했다. 묵자는 위의 예를 들어 그만큼 사람의 천성은 좌편이나 우편이냐에 따라 신상에 막대한 영향을 끼친다고 말했다.

그러면 허유와 소보의 청빈에 물들여진 구당의 나라는 어떤 모습일까? 청빈은 청빈으로 남아야 입놀림할 때 씹는 상큼한 맛과 향이 시간이 지날수록 마음 깊은 곳에서 솔솔 날개처럼 살랑거리지 않겠는가?

우리 곁에 왔다가
홀연히 떠난 부처 성철

성철性徹 스님은 경남 산청 출신으로 1912년에 출생했으며, 어렸을 때 이름은 이영주李英柱이고 호는 퇴옹退翁이며 법명法名이 성철이다.

1935년 25세에 영가永嘉 대사의 『증도가證道歌』를 읽고 마음의 문이 열려 대원사大願寺를 찾아가 불철주야 40여 일을 용맹 정진하여 동산 스님으로부터 성철이라는 법명을 받았다.

1955년 팔공산 파계사 성전암에서 10년간 정진한 후 1966년에 해인사에 복귀하고, 1967년 해인총림 초대방장으로 추대되면서 백일 법문을 시작해 중생제도의 길을 걸었다.

그 후 대구 파계사 성전암에서 철조망을 치고 8년이 넘도록 두문불출杜門不出 자리에 눕지 않은 장좌불와長坐不臥하여 수행자들을 경이롭게 했다. 이후 스님의 독특한 가풍이 정립되었고, 이 일이 표상이 되어 '성철 불교'의 신화가 되었으며, 진면목이 세상에 알려지게 되었다.

성철 스님은 '인간에게는 영원성을 지닌 생명과 무한한 능력이 있다'는 신념으로 불교는 그러한 능력을 무한히 확대하고 개발하는 종교라는 것을 깨우쳐 알고 있었다. 그래서 성철 스님은 스스로 수행과정을 통하여 그 도정道程을 보여주고 있다. 성철 스님은 16년간 생식을 했고, 독학으로 영어·불어·독어·일본어·중국어 등을 자유자재로 구사했으며, 심령과학 분야까지 남다른 견해를 가지고 있었다.

성철 스님은 화두를 들고 정진하면 자성의 밑바닥까지 도달하고야 마는 집요함이 있었다. 이런 중에 신도들이 스님을 뵙고자 찾아오면 모든 것을 내려놓고 만나주었다. 스님은 3천배를 한 신도들에게만 면회를 허락했다. 3천배는 스님의 참회와 수행방법이기도 하지만 본래 자신을 불러일으키고 또 다른 자신을 만나는 자리이기도 한 것이다.

스님은 깨달음이란 어떻게 보면 내 마음속에 잘못 박힌 고정관념을 뽑아버리는 일이라고 했다.

성철 스님의 사상을 말하기란 쉽지 않지만 심묘한 진리를 단번에 깨친다는 돈오돈수頓悟頓修다. 여기서 돈오는 단박에 깨친다는 말이고, 돈수는 단박에 닦는다는 말로 수행의 성취를 말한다. 1981년『선문정로』에서 돈오돈수는 '올바른 깨달음의 방편'이라

주장하고 보조국사의 돈오점수 사상을 비판했다. 스님은 돈오점수를 신봉하는 사람들에 대해 이단사설異端邪說에 현혹된 자들로 돈점논쟁을 일으킨 바 있다. 또한 성철 스님은 돈오돈수의 깨달음은 돈오점수의 깨달음보다 더 심오한 경지이기에 더 이상의 점진적인 닦음漸修이 필요없는 것이라고 주장했다.

성철 스님의 법문 가운데에는 깨우침을 주고 각성을 촉구하는 많은 법문이 있지만 그중에 송곳으로 찌르는듯 아프고 절절한 불공 이야기가 있다. 절에서 흔히 '불공드린다'는 개념을 법문으로 가슴이 찡하면서 통쾌하게 주신 설법이다.

어떤 도적놈이 云何賊人 나의 가사 장삼을 빌려입고 假我衣服

부처님을 팔아 神販如來 자꾸만 죄업만 짓는가? 造種種業

머리를 깎고 승려가 되어 가사장삼까지 갖췄으면 중생을 제도해야 한다. 그런데 어찌 부처님을 팔아서 먹고 사는 도적놈이 되었느냐? 먹물 옷을 입고 여래를 팔아서 먹고 사는 사람을 부처님께서 뭐라고 하시겠는가? 이를 일러 도적놈이라 한다고 하셨다.

경에 말하기를 '사람 몸 받아 나기 어렵고 불법 만나기가 어렵다'라고 했다. 그런데 다행이 사람의 몸 받아서 승려가 되어 요행히 불법까지 받을 수 있는 자리에 섰는데 불법을 성취하여 중생을 제도해야지 도적놈이 되어서야 되겠는가?

부처를 팔아서 먹고사는 도적놈과 그 소굴

부처를 팔아서 먹고사는 사람을 도적놈이라 한다면, 그런 사람이 사는 곳은 무엇이라고 해야 하겠는가? 그곳은 절이 아니라 도적놈 소굴이다. 바로 적굴이라는 말이다.

그러면 부처님은 무엇이 되는가? 그럼 부처님은 도적놈의 앞잡이지 뭐겠는가? 부처님이 도적놈에게 팔려 있으니 부처님이 도적놈 앞잡이 아닌가?

다른 나라는 그만두고라도 우리나라에는 절도 많고 승려도 많은데, 도적놈 딱지를 면할 승려가 얼마나 되겠는가? 도적놈의 적굴을 면할 진정한 절이 몇 군데나 될지, 또 도적놈의 앞잡이를 면할 수 있는 부처님은 몇 분이나 될지 참으로 의문이다.

우리가 승려 노릇을 잘못하고 공부를 잘못하여 지옥에 갈지언정 천추만고에 가장 거룩하다는 부처님을 도적놈 앞잡이로 만들면 어떻게 되겠는가? 우리 자신이 도적놈이 되는 것은 나의 업이라 어쩌지 못한다고 생각하여 지옥에 간다할지라도 달게 받겠지만, 부처님까지 도적놈 앞잡이로 만들어서 어떻게 살겠느냐 이것이다. 어떻게 하든지 우리가 노력해서 거룩하신 부처님이 도적놈 앞잡이 노릇하는 일이 없도록 해야 하지 않겠느냐 이것이다.

헌데 부처님을 파는 방법에도 여러 가지가 있다. 그중에 가장 대표적인 것이 '불공한다'는 것이다. 그것은 순전히 부처님을 파는 행위이다.

'우리 부처님 영험하여 명命도 주고 복福도 주고 그러니 우리 부처님께 와서 불공하여 명도 받고 복도 받아가라'며 승려는 목탁을 친다. 목탁이란 본시 법을 전하는 것이 근본 생명이다. 그래서 유교의 공자도 제자들에게 '세상의 목탁이 되어라'라고 했다.

세상에 바른 법을 전하여 세상 사람들을 바르게 살게 하라는 가르침의 소리가 목탁 소리이다. 낭랑한 목탁으로 바른 법을 전하여 세상 사람들을 바른 길로 인도하는 것이 근본 사명이다. 그냥 목탁을 두드리며 부처님 앞에서 명 받고 복 빌어 돈벌이를 하는 데 이용해서야 바른 길이라 할 수 있겠는가? 이것이야말로 뭐라 말할 수 없는 곤란한 일이다.

이러할진데 지금 실정에서 목탁이 돈벌이에 이용되지 않는 절이 없을 정도이다. 다시 말하지만 부처님 앞에서 목탁을 치면서 명 받고 복을 빌고 하는 것, 그것은 일종의 장사이다. 부처님을 파는 것이다.

허물없는 사람이 어디 있겠나? 하지만 허물이 있는 것을 반성하여 고치는 것이 중요하다. 허물이 있는 것을 알면서도 반성하여 고치지 못하면 그것은 생함生陷 지옥이다.

불공을 하려면 부처님께서 말씀하신 불공을 해야 한다. 그런데 부처님 말씀은 팔만대장경이라 듣기만 해도 엄청나다. 장경각에 가서 경판을 쳐다보기만 해도 입이 딱 벌어진다. 그런데 이 많은 것을 언제 그 근본 진리를 찾아 불공할 수 있단 말인가?

그러나 넓고 넓어 망망한 것 같지만 경 중에서 어떤 경이 부처님 말씀의 근본이고 소중한 것인가 할 때 『화엄경』과 『법화경』, 『금강경』이 경 중의 경이요, 표준으로 알려져 있다. 그중에서도 『화엄경』과 『법화경』이 더 넓고 깊다고 불교에서는 정설로 통한 다. 특히 『화엄경』의 방대한 경을 요약한 '보현보살행원품'에 불 공에 대한 말씀이 있는데 다음과 같다.

"온 천하의 좋은 물건을 허공계에 가득 차도록 모으고, 또 촛등 을 켜서 그 촛불 심지가 수미산 같고, 기름이 바닷물 같이 많은데 그곳에서 부처를 향해 한없이 설을 한다면 이보나 너 큰 공이 어 디 있을까?"

그러나 꺼지지 않는 촛등을 켜고 한없이 절을 하면서 불공을 한 다하여도 법공양이라는 것이 있는데, 이 법공양만 못하다. 법공양 의 근본 골자는 중생을 이롭게 하는 데 있다. 그래서 부처님께서 도 말씀하셨다.

"아무리 많은 물자를 갖다놓고 예불하고 공을 드린다 해도 잠깐 동안 중생을 도와주는 것이, 중생에게 이익이 되게 하는 것이 재 물을 차려놓고 공양하는 것보다 몇천만 배나 더 낫다."

많은 돈을 써서 부처님께 많은 물자를 올려놓고 불공하는 것은 별 이익이 없고 비용만 많이 드는 공양이라면, 이익공양은 중생을 잠깐이라도 도와주는 것이 힘도 적게 들고 밑천도 적게 드는 큰 이익이 되는 공양이라는 것이다.

성철 스님은 밑천은 적게 들고 큰 덕 공양을 드리는 것을 다음 과 같이 전하고 있다.

"누구든지 나에게 돈 갖다놓고 명 빌고 복 빌고 하지 말고, 너희가 참으로 나를 믿고 따른다면 나의 가르침을 실천하라."

그리고 이어서 참으로 마음을 후벼파는 말을 힘주어 전하고 있다.

"길가에 병들어 거의 죽어가는 강아지가 배가 고파서 낑낑댈 때 조그마한 식은 밥 한 덩어리를 강아지에게 주는 것이 부처님께 진수성찬을 차려 놓고 무수 백천만 배 절을 하는 것보다 훨씬 공이 더 크다."

이러한 분이 부처님이라고 강조한 성철 스님은 심사숙고한 표정으로 말했다.

"말하건대 내 앞에 돈 갖다 놓아라. 복 주마. 내 앞에 돈 갖다 놓아라. 명 주마."

이런 소리를 한다면 도적놈이 아니고야 할 수 있단 말입니까? 자리가 숙연해지자 좌중을 마주 본 성철 스님은 목소리를 낮추어 중생을 돕는 것이 불공인 것이라 말한 후 남을 도와주는 것을 자랑하지 말라고 당부했다. 몸으로써 마음으로써 물질로써 좋은 불공을 해놓고 입으로 자랑하면 그 공을 다 부수어버리는 것이라고 강조했다.

"참 불공이란 아무리 많이 남을 도와주었다고 해도 절대로 자랑해서는 안 됩니다. 절대로 남모르게 도와주라는 것입니다. 예수도 '왼손이 하는 일을 바른 손이 모르게 하라'했는데 기막힌 소리 아닙니까? 도와주면서 자기의 오른손도 모르게 하라 했는데 하물며 사람이 알면 어떻게 되겠습니까?"

성철 스님은 말했다.

"자기를 바로 봅시다. 남모르게 남을 도웁시다. 남을 위해 기도합시다."

이것은 성철스님의 교단 내 정화이면서 공덕을 쌓는 공화功和 철학이고, 상하좌우를 끌어 앉는 협화協和의 마음이다. 다른 말로 상충相沖까지 끌어앉는 융화融和의 철학이다.

공자와 석가와 예수가 발맞춰 춤을 추면

성철 스님의 법어는 타 종교까지 아우르는 융화를 이룬다. 다음은 1986년 새해 법문 중 한 부분이다.

"노자와 장자와 공자가 손을 잡고 석가와 예수가 발을 맞춰 뒷동산과 앞뜰에서 태평가를 합창하니, 성인 악마가 사라지고 천당과 지옥조차 없습니다. 장엄한 법당에는 '아멘' 소리가 진동하고, 화려한 교회에서는 염불 소리가 요란하니 검다, 희다 시비 싸움이 꿈 속입니다."

또한 1986년 음력 4월 8일 부처님 오신 날 봉축행사에서 봉축법어 중 일부다. 종교 간의 갈등으로 심심찮게 일어나는 일들이 얼마나 부질없고 허무맹랑한 것인가를 여실하게 깨우쳐주고 있다. 넓게는 자기가 믿는 교주가 교회나 성당이나 법당에만 있는 것이 아니라 세상 어느 곳이나 안 계신 곳이 없음을 깨우쳐 준 법문이다. 그리고 이어서 주신 법문을 옮겨 보면 다음과 같다.

"교도소에서 살아가는 거룩한 부처님들, 오늘은 당신네의 생일이니 축하합니다. 술집에서 웃음 파는 엄숙한 부처님들, 오늘은 당신네의 생일이니 축하합니다."

그렇다. 따지고 보면 눈앞에 보이는 산천초목이 부처님 아닌 것이 없고, 우주 만물이 불성佛性을 지닌 부처님의 법신 아님이 없는데, 교도소의 죄수들과 술집 여인네들을 부처로 보았으니 이 얼마나 놀라운 사실인가. 짚어보면 부처님의 법문도 모두 달을 가리키는 손가락에 지나지 않는데, 손가락인 말과 문자를 쫓지 말고 저 달을 보라는 거인巨人의 질타인 것이다.

성철 스님의 법문은 종교 간의 융화를 이루고 개개인이 기독교인으로, 또 유교인으로 그리고 불교인으로 바로 서서 큰 틀로 협화協和하기를 바랐던 것이다.

또한 세간에 무수한 화제를 뿌린 스님의 열반송을 옮겨보면 다음과 같다.

일생 동안 남녀의 무리를 속여서 生平欺誑男女群
하늘 넘치도록 죄업을 쌓은 것이 수미산 같은데 彌失罪業過須彌
산 채 무간 지옥에 떨어져 그 한이 만 갈래요 活陷阿鼻恨萬端
한 수레바퀴 붉음을 토하며 푸른산에 걸렸네 一輪吐紅掛碧山

우리 곁에 왔던 부처라고까지 추앙받았던 스님은 도대체 무엇을 속였단 말인가? 평생 무리를 속여 지옥에 떨어지게 했다는데 무엇일까? 이 말이 한 매체의 프로그램을 통해 나오자 불자들의 불만도 터져 나왔다.

'이런 기회에 좋은 말씀을 하셔서 국민들이 기쁘고 고마움을 칭송하게 해야지, 느닷없이 내 말에 속지 말라 하시니 그럼 스님은 맨날 거짓말만 하신다는 건가?' 하고 수군거렸다. 이에 일부 기독교에서도 묘한 반향을 불러일으키기도 했다.

굳이 덧붙인다면 '내 말에 속지 마라'고 한 것은 내가 종정이라는 고깔을 쓰니 인터뷰도 나오고 법석인데 난들 별사람이냐? 부처님 가르침대로 살아서 고깔도 쓰지 않았느냐? 나를 보고 무엇을 얻으려 하지 말고 제각기 자신이 가지고 있는 영원한 생명과 무한한 능력을 스스로 개발해 깨달음을 갖도록 하라는 당부의 말씀이셨던 것이다.

성철 스님의 협화와 원화와 동화 사상은 원효의 화쟁론이요, 그 사상이 태고, 보우 스님을 통해 서산 스님으로 이어져 성철 스님의 사상으로 전수되어 우리 곁에 고이게 되었다. 그래서 성철 스님의 사상 속에는 '해동의 부처님'이라고까지 일컬어졌던 원효 스님의 사상이 꽃을 피우고, 남북한까지 아우르는 거류로 흐르고 있다. 성철 스님은 일제 침략과 6·25 한국전쟁, 4·19, 5·16, 5·18 등 격동의 시대를 관통한 현대불교의 거목으로 1993년 11월 4일 입적하셨다.

천안삼거리 흥 뒤에
능수버들 심은 뜻은

천안天安하면 '하늘이 편안한 곳'이라는 뜻과 더불어 삼거리와 능수버들이 떠오른다. 천안은 경상도와 전라도를 연결하는 삼남대로의 길목으로 교통 요충지다. 그런 만큼 오고 가는 사람이 많아 갖가지 사연이 만발하는 곳이다.

'흥타령'은 경기도 민요로 많은 사람의 시름을 풀어주고 기분을 돋구어 즐겁게 부르게 하는 민요의 대명사다.

천안삼거리 흥 능수버들은 흥
제 멋에 겨워서 흥 축 늘어졌구나 흥
에루화 좋구나 흥 성화가 났구나 흥

노래의 가사처럼 너 나 할 것 없이 듣고 부르고 즐기는 노래이다. 가사의 맨 첫 구절의 삼거리는 천안시 동남구 삼룡동에 있다. 버드나무에 대한 것은 이런저런 사연이 있는데 어귀가 맞지 않으나 옮겨보면 다음과 같다.

경상도나 전라도에서 과거 시험을 치르러 서울에 가려면 천안삼거리를 거쳐야 갈 수 있는데 하룻밤 묵어갈 수밖에 없다. 그중에 전라도 고부에서 온 박현수朴賢秀와 기생 능소綾紹가 이곳에서 애틋한 사랑을 나눈 이야기가 유명하다.

어느 시골 벽촌 홀아비가 어린 딸과 살고 있었는데 홀아비가 변방의 군사로 뽑혀 가게 되었다. 변방으로 가는 길에 천안삼거리를 지나다가 더는 어린 딸을 데리고 갈 수 없어서 이곳 주막에 딸을 맡기게 되었다. 딸 능소를 맡기면서 들고 있던 지팡이를 땅에 꽂으며 말했다.

"이 지팡이에서 푸른 잎이 피어나면 다시 너와 내가 이곳에서 만나게 될 것이다."

능소는 이곳 주막집의 허드렛일을 도우면서 자라 기생이 되었다. 능소는 미모가 뛰어나고 재주와 솜씨가 좋으며 얌전하다는 소문에 그 이름이 널리 알려졌다. 전라도 고부에 사는 박현수가 과거를 보러 서울로 올라가는 길에 주막집에 들렀다가 능소와 눈이 맞아 인연을 맺게 되었다.

그 후 박현수는 과거를 보려고 서울로 올라갔고 장원급제를 했다. 그리고 삼남 어사로 제수받아 남쪽으로 내려오다가 삼거리에서 능소와 상봉하여 두 사람은 손을 마주 잡고 흥타령인 삼거리 노래를 부르며 춤을 추고 기뻐했다.

그런데 때마침 변방에 군사로 갔던 능소 아버지도 군무를 마치고 무탈하게 돌아온 경사에 잔치를 벌여 삼거리 타령을 함께 부른 것이 이 타령의 효시였다고 한다. 능소 아버지가 꽂아 놓았던 버드나무 지팡이는 그동안 무성하게 자라서 거리에 축 늘어져 잎을 피웠다.

천안은 우리나라의 중심지일 뿐만 아니라 교통 요지로 북쪽으로는 평택과 수원을 거쳐 서울로 가는 길이다. 남쪽으로는 청주를 지나 문경새재를 넘어 안동과 보은을 거쳐 대구와 경주로 연결된다. 서쪽으로는 논산을 지나 전주와 광주 그리고 목포로 이어지는 천혜의 관문 지역이다.

그래서 예로부터 천안은 남쪽으로는 취암산이 힘찬 홍룡자세로 뻗어 내리고, 북쪽으로는 국사봉이 휘감는 듯 버티고 있어 청룡형세로 내달리고 있다. 서간극 우측으로는 일봉산日峰山과 월봉산月峰山이 백룡자세로 엎드리고 있으며, 그 한복판에는 남산이 여의주를 물고 다섯 용과 함께 승천하는 길지吉地이다. 이처럼 오룡쟁주五龍爭珠의 천안은 지덕地德이 풍부하여 인심이 후하고 살기 좋은 낙토樂土로 상징 동물이 용龍이다.

단군신화에 나오는 풍백風伯, 우사雨師, 운사雲師도 용의 의인화이며, 용은 물의 신이므로 농경문화권에서는 용신龍神사상이 있었다. 물이 있어야 농사를 지을 수 있었기 때문에 가뭄이 들면 용에게 기우제를 지내기도 했다.

신라의 서울인 경주의 황룡사 9층 탑과 문무대왕의 호국룡은 국가를 수호해 주는 용의 믿음 사상의 증표이기도 하다.

천안이라는 지명地名은 고려를 세운 왕건이 태조산 정상에 올라 오룡지세를 살펴보고 군사적 요충지로 판단했다. 그리하여 삼남 지역을 평정하기 위해 군사를 상주시켜 천안 도독부를 설치하고, 백성을 보호하니 하늘 아래 편안한 자리가 열려 삶이 풍요로웠다. 인심 좋고 살기 편안한 천안은 하늘의 도가 땅에 펼쳐지는 천륜天倫과 인륜人倫의 도가 어우러져 꽃피우는 곳이라고 한다. 그리고 서로 신뢰와 의로움으로 하나가 되니 결국 천도가 바로 서 하늘이 편안한 자리이다.

기남이와 기복이가 장가든 사연

천안읍지天安邑誌에 실려 있어 읽었던 삼거리와 버드나무의 내용 을 옮기면 다음과 같다.

경상도 안동安東에 사는 김金씨에게 기남起南이라는 아들이 있었 고, 김씨의 형에게는 기남이와 두 살 터울인 기복起福이라는 아들 이 있었다. 병으로 형이 먼저 세상을 떠나자 형의 아들 기복이를 데려다 길렀다.

기남이와 기복이는 사촌간이었지만 친형제처럼 사이좋게 살면서 함께 공부도 잘했다. 두 사촌 형제는 장성하여 의젓한 사내아이가 되었는데 기남이는 잘생기고 체격도 늘씬해 여기저기서 혼사자리가 들어왔다. 하지만 그의 사촌 형 기복이에게는 혼처가 얼른 나오지 않았다. 이런 와중에 기남이는 천안 이진사李進士댁의 딸과 결혼이 약속되어 행장을 꾸리게 되었다.

한편 기복이는 과거령科擧令이 내려져 짐을 꾸려 서울 길로 가는 중에 기남이와 함께 행렬에 나서게 되었다. 길을 나선 사촌 형제는 천안에 도착하여 하룻밤을 지내게 되었고 늦도록 정담情談을 나누다가 곤히 잠들었다. 기복이가 잠에서 깨어 보니 기남이가 보이지 않았다. 어찌 된 일인가 하고 자기가 입고 있던 옷의 주머니를 뒤져봤더니 편지가 들어 있었다.

편지의 내용인즉 동생인 자기가 형보다 먼저 장가를 들 수가 없으니 형이 대신 장가를 가고, 나는 형 대신 과거를 보러 간다는 것이었다. 기복이는 어이가 없는 일을 맞아 생각을 거듭하다가 이 사정을 삼촌에게 말했다. 삼촌은 이는 도리가 아니라면서 안동으로 돌아갔다. 기복이는 이러지도 저러지도 못하다가 동생 기남이의 부탁을 무작정 뿌리칠 수도 없어 거듭 생각하다가 집안 체면도 있고 하여 자기가 대신 장가를 가기로 작심했다. 하지만 같이 갈 행객行客이 없어 마침 옆방에 들었던 손님에게 딱한 사정을 이야기했더니 행객을 하겠노라고 했다.

행객의 허락을 받고 보니 그는 전라감사全羅監司 최남석崔南碩의 아들 민호民鎬라고 했다. 기복이는 최감사의 아들 민호와 함께 동행하여 이진사 댁으로 가서 동생 기남인 척하고 성례를 올렸다. 식을 올린 뒤 기복이와 최감사의 아들 민호는 삼경이 넘도록 술을 마시며 이야기를 나누었다. 기복이는 민호에게 일부러 술을 많이 권하여 취하게 했다. 민호가 곤드레만드레 술에 취하여 인사불성인 것을 보고 기복이는 신부방으로 민호를 몰래 밀어 넣고는 자기는 천안을 떠나 안동으로 돌아가 버렸다.

　민호가 잠에서 깨어 보니 자기가 신부와 나란히 누워있어서 깜짝 놀랐다. 그는 어쩔 줄을 몰라 했으나 일이 이렇게 된 이상 양반의 체면에 어찌할 수가 없었다. 하는 수 없이 천안에 묵고 있던 아버지 최감사에게 이 소식을 알렸다. 최감사는 규수를 보고 나서 마음에 들었던지 이것도 인연이라며 아들과 이진사댁 딸과의 혼

인을 승낙했다. 그리고 마침 최감사 댁에 장성한 딸이 있었는데 기복이와 결혼을 하게 했다. 이런 차에 서울로 과거를 보러 올라 갔던 기남이는 과거에 급제하여 그의 인품과 재능을 알아 본 시관 試官의 딸과 성대한 혼인을 하게 되었다.

서로의 인연이 닿아 기남이와 기복이와 민호는 우연치 않게 천 안에서 모이게 되었다. 그들은 천안이 운명의 땅이요, 출세의 땅 이 되었다면서 백년지기가 되어 잔을 기울이며 흥타령을 불렀다. 그러고는 삼거리에 기념으로 버드나무 한 그루씩을 심었다. 기복 이는 경상도로 가는 길목에 심었고, 기남이는 서울로 가는 길목에 심었으며, 민호는 전라도로 가는 길목에 심었다. 그리고 최감사의 사돈댁이며 민호의 처갓집에서 벌인 잔치는 시간 가는 줄 모르고 흥타령을 부르며 여흥을 즐겼다.

이 노래가 나중에 고을 고을에 퍼져 모든 국민이 함께 부르는 경기도 민요 '천안삼거리' 타령이 되었으며 천안의 명물로 세상에 알려지게 되었다. 그리고 세 사람이 심은 세 그루의 버드나무는 날이 갈수록 무성하여 가지가 늘어지니 천안의 명물인 능수버들 이 되었다.

흥타령의 가사 중 '삼거리', '제 멋에 겨워서', '축 늘어졌다', '성 화가 났다'는 대목은 묘한 뉘앙스를 가지는 희·노·애·락의 농담 이 깃들어 있다. 몇 순배 거듭 부르다 보면 강물 위에 세월의 돛을 띄우는 듯싶게 저절로 흥에 겨워진다.

MY OBSERVER IS ME

인류를 축복하기 위하여
참사랑 그물을 치신 스승님

　인도 남부에서는 원숭이를 잡을 때 코코넛을 덫으로 이용한다. 코코넛의 껍질에 손이 겨우 들어갈 만큼만 작은 구멍을 뚫는다. 그리고 그 속을 파내고 그 안에 쌀을 한 줌 넣는다. 그런 다음에 원숭이가 잘 다니는 길목의 나무에 매달아 놓는다. 원숭이가 코코넛 속의 쌀을 얻기 위해 손을 가까스로 집어넣고 쌀을 움켜쥔다. 손을 빼려고 해도 쌀을 움켜쥔 손은 빠지지 않는다. 쌀을 놓아 버리면 손을 빼고 도망칠 수 있을 텐데 원숭이는 손에 쥔 쌀을 놓지 못한다. 덫을 놓는 사람이 다가와 잡혀가도록 원숭이는 손에 쥔 쌀을 놓으려고 하지 않는다.

　셰익스피어의 말 가운데 '일각수는 나무에 속고, 곰은 거울에 속으며, 코끼리는 구멍에 속고, 사자는 올가미에 속고, 사람은 아첨하는 사람에게 속는다'라는 말이 있다. 저마다 제 꾀에 넘어간다는 단면을 지적한 것이다.

현대인은 풍요로움에 길들어 쌀을 움켜쥔 손을 빼내지 못하는 원숭이처럼 편안함과 안락의 달콤함에 빠져들어 있다. 술, 담배, 마약, 도박 등과 컴퓨터 게임, 스마트폰의 이기利器에도 깊이 빠져들고 있다. 원숭이가 쌀을 놓아 버리면 빼낼 수 있는 손이지만 손안에는 쌀이란 고정관념이 손을 빼낼 수 없도록 붙잡고 있어서 문명의 이기와 풍요에 깊이 잠식되고 있는 것이다.

원숭이는 원래 지혜가 모자라 쌀을 움켜쥘 줄만 알기 때문이지만 만물의 영장인 인간도 감각기관의 문인 눈과 귀, 코와 입 그리고 의식까지도 닫아버린 듯 매몰되어 버린다. 게임에 빠져 무아지경에 있는 사람이나 마약에 중독된 사람을 보면 꼭 실성失性한 사람 같다.

인간의 습성에는 현란하고 좋은 것을 보려는 눈, 솔깃한 것만 들으려는 귀, 향기로움만 추구하려는 코, 감미로운 것만 찾고 먹으려는 입, 편안하려는 몸의 욕구가 있다. 그런가 하면 우리의 마음은 고삐 풀린 망아지처럼 이리 뛰고 저리 뛰다가도 언제 그랬느냐는 듯 한 곳에 몰입하고 집중하는 경향이 있다.

거울은 아름다움과 추함을 그대로 비추고 저울은 가벼움과 무거움을 제대로 알려준다. 필자가 중학생일 때 '만 가지 어려운 고생을 이기고 승리한 사람은 높은 곳에서 영화로움을 누리는 왕자가 된다'는 만고지승자萬苦之勝者, 영고지왕자榮高之王者라는 말을 들고 마음이 저리도록 느낀 바가 있었다. 천도를 따라 만 가지 고생을 이겨낸 사람은 영원히 높은 자리에 오른다는 말이 필자 인생의 좌표가 되었다.

또한 '모든 만물을 성물^{聖物}로 취급하라. 세상 모든 물건은 거룩하다. 세상 모든 사람을 거룩하게 대하라. 세상 사람을 하나님 몸같이 생각해야 한다'는 말과 '자기 몸 역시 하나님같이, 자기 마음 역시 하나님같이 생각하라'는 말도 필자의 마음 깊은 곳에 꽂히고 말았다.

그 뒤 1987년 눈에 불꽃이 튀고 작열하는 '신인지관계^{神人之關係} 부자지인연^{父子之人緣}'이라는 말을 접하는 순간 필자의 온몸에 전율이 느껴졌다. 이 말은 우주의 근본인 하나님과 내가 부자^{父子}의 관계가 된다는데, 참으로 혼란스러우면서도 기분은 묘하게 좋았다. 이 말을 듣는 순간 필자는 코코넛 속에 들어있는 쌀을 움켜쥔 원숭이가 되어 버렸고, 나무에 속은 일각수가 되어 버렸으며, 올가미에 걸린 사자처럼 꼼짝없이 묶여 버렸다.

필자는 『논어^{論語}』를 읽으면서 섭공^{葉公}이 공자의 제자인 자로^{子路}에게 스승에 대해 물었던 대목이 떠올랐다.

"당신의 스승은 어떤 분이십니까?"

자로는 섭공의 물음에 아무 대답도 못하고 돌아와 스승인 공자에게 말을 전했다. 그러자 공자가 자로에게 이렇게 말했다.

"너는 왜 이렇게 말하지 않았느냐? '그 사람은 학문에 분발하여 밥 먹는 것도 잊어버리고, 도를 즐겨 하여 근심도 잊어버리며, 늙어가는 것조차 알지 못한다'라고 하지 않았느냐."

섭공과 자로에 대해서는 논어에서 여러 곳의 자료를 볼 수 있다. 섭공은 춘추시대 초楚나라 사람으로 심제량沈諸梁이며, 자는 자고子高이다. 초나라에서 대부大夫로 섭葉에 봉해지고 나중에 영윤과 사마司馬직을 겸했다. 용龍을 좋아하며 집안 곳곳에 용의 형상을 새겨 장식하고 벽에도 용의 그림을 그려놓을 정도였다.

하늘의 용이 이 소식을 듣고 섭공 앞에 모습을 보이자 섭공이 혼비백산하여 달아났다. 섭공호룡葉公好龍은 '겉으로는 좋아하지만 진정으로 좋아하지 않는 것'을 말한다. 그래서 표리부동한 사람을 풍자하는 말로 사용되었다. 왕이나 군주 앞에서는 선비를 숭상하지만 실제로는 배격해 좋아하지 않는 것을 비유하여 섭공호룡이라 한다.

섭공과 마주한 자로는 노魯나라 사람으로 이름은 중유仲由이고, 계로季路라고도 불렸다. 그는 공자보다 9살 아래이다. 노나라와 위衛나라에서 벼슬을 했고, 위나라 내란 중에 죽었다. 무용을 믿고 오만했으나 공자의 가르침을 받고 어진 사람이 되었다. 자로가 죽자 공자는 '내곁에 자로가 있을 때는 내게 나쁜 평판을 하는 사람이 없었다'라고 탄식했다.

공자의 제자 중에 자로에 앞서 안연顏淵이 죽었을 때도 통곡하면서 이렇게 말했다.

"아아, 하늘이 나를 망쳤구나. 하늘이 나를 망쳤구나!"

제자들이 지켜보고는 말했다.

"선생님께서는 심히 통곡하셨습니다."

그러자 공자는 말했다.

"그런 사람을 위해서 통곡하지 않는다면 누구를 위해서 통곡하겠는가!"

자로는 공자의 10대 제자로 있었으며 공문사과孔門四科, 즉 덕행德行, 언어言語, 정사政事, 문학文學 중 자로는 정사에 속했다. 덕행에는 안연顏淵, 민자건閔子騫, 염백우冉伯牛, 중궁仲弓이며, 언어에는 재아宰我, 자공子貢이며, 정사에는 염유冉有, 계로季路이고, 문학에는 자유子游, 자하子夏 등 열 사람이다. 이를 '공문십철孔門十哲'이라고도 한다.

섭공은 논어에서 여러 번 등장하고 있으며, 자로는 공자의 탄식을 자아낼 만큼 아끼던 제자였지만 스승에 앞서 죽었다.

필자의 경우에는 스승이 먼저 하늘나라에 가셨다. 그분은 원리 말씀의 큰 그물을 치고 천하의 모든 사람을 참사랑으로 품고 깨닫게 하며 75억 인류를 쌍수를 들어 축복하시겠다던 분이셨다.

천하의 모든 인간을 코가 없는 말씀의 그물을 쳐 하나님과 인간의 부자 지연임을 알리고 동위권·동참권·동거권을 넘어 상속권까지 이어받을 수 있다면 이보다 더 큰 축복이 어디에 있겠는가? 그리고 '사랑은 웃는 길을 따라서 여행한다'는 스승의 말을 가슴에 새기고 환한 웃음으로 하루를 기쁨으로 연다.

결국 이 말이 원숭이 손의 쌀이 되어 뺄 줄 모르고 그래서 그 참사랑의 품에 안기고 만 내 자신이 되었음을 필자는 칠십 중반을 넘어서야 깨달았다. 허나 후회는 없다. 스승은 내게 동위권과 동참권과 동거권을 알려주고 깨닫게 해 주었으며, 부자 지연을 맺어 살다가 저 하늘나라를 상속받을 테니 이외에 더 뭘 바라겠는가?

다만 필자는 중학교 2학년 때 '천주주관을 바라기 전에 자아주관을 먼저 하라'는 총재님의 말을 아직도 가슴에 끌어안고 '천주를 주관하기 전에 나를 먼저 주관해야 할 텐데' 하는 마음을 지니고 죽는 순간까지 이를 이룬다는 과제를 안고 있다.

주고 또 주고 아낌없이 주는
나무의 사랑

하늘을 찌를 듯이 높이 솟은 한 그루의 나무가 있었다. 그 나무가 꽃을 피우면 온갖 벌과 나비들이 날아와 춤을 추었다. 꽃이 지고 열매를 맺으면 먼 곳에 있던 새들이 날아와 나무 숲속에서 노래를 부르며 놀았다. 그럴 때마다 팔을 뻗은 나뭇가지들은 그늘에 와 있는 모든 것을 환영하고 축복해 주었다.

그러던 어느 날 작은 소년이 그 나무 그늘 밑에 와서 놀곤 했다. 나무는 그 작은 소년이 말없이 다가와 손을 내밀면 반가웠고 가지에 매달려 놀기도 하고 쉬면서 나무와 행복한 나날을 보냈다. 나무는 소년을 반겼고, 소년도 나무가 반겨주는 것 같아 좋았다. 사랑은 가까워질수록 서로를 받아들이는 진실이 있다.

나무는 언제부턴가 자기 곁에 와서 즐겁게 노는 소년을 사랑하게 되었다. 나무는 소년이 나무의 잎을 따서 왕관을 만들어 쓰고 왕자 노릇을 하는 모습이 좋았다. 그리고 가지를 꺾고 열매를 딸 때는 머리를 숙이고 겸손하게 손을 내밀 듯했지만 혹시 그가 내면 의 욕심으로 교만함에 빠지면 가지는 꼿꼿하게 뻗어 거부하는 몸 짓을 보였다. 나무는 소년이 와서 꽃을 꺾을 때도 기쁘게 가지를 내밀었다. 자신의 존재가 소년으로 인하여 사랑과 기쁨으로 가득 차곤 했다. 사랑하면 무엇인가를 줄 것이 있을 때 행복하다는 것 을 나무도 아는 듯했다.

이제 소년은 자랐다. 그는 가끔 나무에 올라 우묵한 곳에 누워 잠을 자기도 했다. 나무와 소년의 마음에 사랑이 자리 잡고 있을 때 무한한 행복을 맛보게 되었다. 소년이 꽃으로 월계관을 만들어 쓰고 춤을 추고 있을 때 나무도 함께 기쁨에 차 있었다. 솔솔 부는 바람에 나무는 이파리를 살랑거리며 사랑의 찬가를 불렀다.

소년은 나무와 노는 동안 많이 자랐다. 소년은 나무를 타고 높 은 곳까지 올라가 나뭇가지에 매달리며 놀았다. 나무는 소년이 와 서 놀아줄 때 매우 행복함을 느꼈다. 사랑은 가까이 다가와 줄 때 서로 편안함을 느끼고 행복한 꿈을 꾸는 것을 알았다.

시간이 흘러감에 따라 소년에게 의무감과 야망이 싹트기 시작 했다. 소년은 공부하고 시험에 합격해야 하는 일이 생겼고, 잡담 하며 놀 수 있는 친구들도 생겼다. 그래서 소년은 차츰 나무와 노 는 시간이 멀어져 갔고, 나무는 그가 오기를 애타게 기다렸다.

나무는 소년을 기다리면서 사랑은 밤낮없는 기다림이라고 생각했다. 나무는 팔을 벌리고 무작정 기다렸으나 소년이 오지 않아 슬펐다. 사랑은 나누어 가질 때 기쁨이 배가 되고, 누군가에게 무언가를 나누어 줄 때 행복함을 누리게 되는 것을 알았다.

소년은 성장함에 따라 나무에게 오는 시간이 점점 뜸해졌다. 인간이 성장하여 야망이 커지게 되면 사랑하는 시간이 점점 줄어들었다. 소년은 이때부터 세속적인 일들에 마음을 빼앗기고, 나무에 대한 사랑도 멀어지면서 잊혀져 가고 있었다.

그러던 어느 날, 소년이 나무 곁을 지나가자 나무가 그에게 간절히 말했다.

"나는 네가 오기를 손꼽아 기다렸지만 너는 끝내 오지 않았어. 난 지금도 매일 너를 기다리고 있단다. 내 줄기를 타고 올라오렴. 가지에 매달려 그네도 뛰고 즐겁게 지내자."

나무는 소년에게 마음을 다 채워줄 수는 없지만 함께 행복을 나누자며 말했다.

그러자 소년이 나무에게 퉁명스럽게 말했다.

"난 이제 나무에 올라가 놀기에는 너무 커버렸는 걸. 난 물건을 사고 싶고, 신나게 놀고 싶단 말이야. 그래서 돈이 필요해. 넌 내게 돈을 줄 수 없잖아."

소년은 자신의 욕구를 내비치며 완강한 모습을 드러내 보였다. 사랑에는 동기가 없는 것인데 야망과 편견은 이유와 동기를 내세운다. 사랑은 그 무엇을 준다 해도 바꿀 수 없는 소중한 것인데 사랑의 온전함과 귀한 가치를 모른 체했다. 참으로 답답하고 무심하기 짝이 없었다. 나무는 소년의 말에 깜짝 놀랐다.

"넌 무언가 너에게 줄 때에만 나에게 오겠단 말이야? 그래도 난 너를 사랑한다. 나에게는 네가 좋아하는 돈은 없어. 바로 그 점이 아픔이지만 베푸는 사랑의 힘은 있어."

나무는 소년에게 좋은 이유를 계속 말했다.

"나에게는 향기로운 꽃이 있고, 많은 열매가 있어. 길 가는 나그네에게 그늘도 주고, 살랑거리는 바람에 춤도 추며 노래도 부른단다. 우리에게는 돈이 없어도 새들은 쩍쩍 노래 부르며 재미있게 뛰어 놀곤 하지. 만약 우리가 돈에 말려드는 날에는 너희들이 약한 인간이듯, 우리도 어떻게 평화를 얻을까를 배우기 위해, 또 값진 사랑을 어떻게 하면 찾아낼 것인가를 배우기 위해 사원이나 교회에 가야 할 거야. 하지만 우리에게는 줄 수 있는 것이 있기에 돈이 필요 없어."

그러자 소년이 말했다.

"나는 돈이 필요해. 나는 돈이 있는 곳으로 가야겠어. 알겠니?"

나무는 잠시 생각하더니 이렇게 말했다.

"사랑하는 이여! 아무 데나 가지 말고 내 열매를 따서 팔도록 해. 그러면 돈이 생기잖아. 그럼 돈을 가질 수 있잖아?"

소년은 표정이 금세 밝아지며 나무에 기어 올라가 열매를 땄다. 채 익지도 않은 것까지 모두 따 버렸다. 나무는 줄기나 가지가 부러지고 찢겨져도 행복했다. 상처를 받아도 소년을 사랑하기에 행복함을 느꼈다. 그는 열매를 얻은 후에도 더 많이 갖기 위해 열망에 빠져 있었다. 그의 야망은 어디가 끝인지 가늠이 되지 않았다. 소년은 나무에 고맙다는 인사는커녕 한 번도 뒤돌아보지 않았다. 그래도 나무는 서운해하지 않았다. 열매를 따서 팔도록 하라는 제의를 소년이 받아들였을 때 나무는 한없이 감사했다.

그 후 소년은 오랫동안 돌아오지 않았다. 그는 돈을 가지고 있었고 돈을 더 많이 버는 일에 바빴다. 그는 나무에 관한 일을 까맣게 잊고 있었다.

몇 해가 지나갔다. 나무는 슬펐다. 소년이 다시 돌아오기를 간절히 기다리고 있었다.

여러 해가 지난 어느 날 어른이 된 소년이 나무에게로 다가왔다. 나무는 너무나 기쁜 나머지 외치듯이 말했다.

"어서 오너라. 나의 소년이여! 와서 내 줄기를 타고 올라오렴. 가지에 매달려 그네도 뛰고 즐겁게 지내자."

그러자 그 남자가 말했다.

"나는 이제 나무에 올라가 놀 만큼 한가롭지 않아."

훌쩍 나이를 먹어버린 남자는 나무와의 사랑 같은 것은 환상쯤으로 여겼다. 그러나 나무는 그를 기쁘게 맞아들였다.

"어서 와서 내 가지에 힘껏 매달려 보렴. 그리고 함께 춤을 추며 놀자."

그 남자가 나무에 말했다.

"그런 쓸데없는 말은 그만둬. 나는 지금 따뜻하게 지낼 집이 필요해. 아내도 맞아야 하고, 사랑하는 아이도 있어야겠어. 그래서 집이 필요하단 말이야. 너는 나에게 집을 지어줄 수 없잖아."

그러자 나무가 그 남자에게 힘주어 말했다.

"집이라고! 나에겐 집이 필요없지만 너에겐 집이 필요하다면 나의 가지를 잘라 갈 수 있잖니? 그러면 집을 지을 수 있을 거야."

그 말을 들은 남자는 잠시도 지체하지 않고 톱으로 나뭇가지를 잘라 가지고 갔다. 나무는 덩그런 몸통만 남게 되었다. 나무는 사랑하는 이를 위해 사지가 잘려나갔지만 마음은 변치 않았다.

그러나 그 남자는 나무에게 감사할 생각조차 하지 않았다. 그는 나뭇가지로 집을 지을 수 있었고, 가족과 함께 살게 되었다.

나무는 이제 전신주처럼 몸통만 남은 채로 있었지만 그래도 사랑하는 마음으로 그 남자를 기다렸다. 남자는 좀처럼 나타나지 않았다. 보고 싶은 나무의 마음은 그 남자를 하염없이 기다렸다.

세월은 흘렀고 그 남자 역시 이제 늙어 흰머리가 삐쭉삐쭉 나게 되었다. 어느 날 그는 초라한 모습으로 지나가는 길에 나무로 와서 옆에 서게 되었다. 나무가 그 늙은이에게 말했다.

"너를 위해 난 무엇인가를 해주었으면 하는데, 내가 해줄 수 있는 것이 없을까?"

오랜만에 만나 무척 반가워하면서 나무가 늙은이에게 말했다. 그러자 늙은이가 말했다.

"나는 돈을 벌기 위해 먼 나라로 가고 싶은데 그렇게 하려면 배가 필요해."

나무는 그 말에 반갑다는 듯이 말했다.

"사랑하는 이여! 그럼 내 몸뚱이를 베어다가 배를 만들게나. 먼 나라로 가는 것을 도울 수 있다면 이보다 기쁜 일이 어디 있겠어. 그렇게 해서 돈 버는 일을 도울 수 있다면 나는 행복할 거야. 그럼 언제까지나 기다리고 있을게."

그는 톱을 가져다가 나무 몸뚱이마저 잘라 배를 만들어 멀리 떠나갔다. 나무는 이제 그루터기만 남게 되었다.

나무는 사랑하는 그가 돌아오기만을 기다리고 또 기다렸다. 하지만 그 남자는 돌아오지 않았다. 나무는 그에게 주고 또 주었다. 사랑과 관용으로 끊임없이 요구하는 것을 들어 주었다. 사랑은 주는 왕이요, 아낌없이 주는 것임을 보여 주었다.

세월이 흘렀다. 어느 날 밤 다 늙은 그가 나무 그루터기에 힘없이 앉아 있었다. 그러자 나무가 반갑다는 듯이 속삭였다.

"사랑하는 이여! 난 얼마나 걱정했는지 몰라. 혹시 물에 빠진 것은 아닐까? 아니면 길을 잃어버리지는 않았을까? 그것도 아니면 살아 있지 않을지도 몰라 애가 탔는데, 이렇게 돌아와줘서 고마워."

그루터기에 앉아 따스한 온기가 올라오자 너무나 여윈 늙은이에게 말했다.

"사랑하는 이여! 미안해. 난 이제 그대에게 줄 게 아무것도 없어. 열매를 줄 수도 없고, 그네를 뛰며 놀 수 있는 가지도 없고, 타고 올라가 놀 수 있는 몸뚱이도 없어. 어쩌면 좋지?"

나무가 줄 수 있는 게 없다고 한숨을 쉬자, 그가 힘없이 말했다.

"나도 이제 필요한 게 별로 없어. 그리고 이제 난 늙고 나약해.

나무 열매 같은 건 이가 없어 먹을 수도 없고, 나뭇가지에 매달리고 그네를 뛰기엔 너무 나이를 먹었어. 더구나 줄기에 오르기엔 너무 힘이 없단다."

흰 수염의 늙은이가 헐떡이며 그루터기에 말했다.

"난 이제 편안하게 앉아서 쉴 곳만 있으면 좋아. 난 지금까지 네게서 받기만 했는데 지금도 넌 줄게 아무것도 없어 미안해하니?"

나무 그루터기가 말했다.

"난 지금도 너에게 무언가 주고 싶은데 이제 그루터기뿐이야. 그래도 앉아 쉬기엔 괜찮을 거야. 이리 와서 편히 쉬도록 해."

흰 수염의 주름진 늙은이가 숨을 헐떡거리며 말했다.

"난 몹시 피곤해. 그래도 너의 그루터기에서 이렇게 쉴 수 있어 좋아. 넌 언제나 나에게 주기만 했고 지금도 내 곁에 있어 줘서 행복했어."

"아니야. 네가 항상 나에게 사랑의 향기처럼 와 주어서 나 또한 한없이 행복했어. 진실로 고마워."

※ 쉘 실버스타인Shel Silverstein(1930~1999)은 미국 시카고에서 태어나 야구선수가 되려고 했으나 소질이 없어 그림을 그리고 글을 쓰기 시작했다. 이 글은 『아낌없이 주는 나무』의 원제에 글쓴이가 뼈대에 살을 붙여 누구나 읽으며 느낄 수 있도록 가필을 했다. 다만 원제에 훼손이 없었으면 하는 마음이다.
쉘 실버스타인은 1950년대에 한국에서 군인으로 근무한 적이 있으며 시인, 만화가, 일러스트레이터, 음악, 극작가로 폭넓게 활동했다. 1964년에 출간한 『아낌없이 주는 나무Giveing Tree』는 그의 대표작품으로 30개 이상의 언어로 번역되었으며, 수천만 부가 팔려 세계인의 사랑을 받고 있다.

유엔 제5사무국
한반도 유치의 당위성

유엔, 즉 국제연합UN:United Nations은 1945년 10월 24일 전쟁방지와 인간의 기본적 인권의 존중, 정의와 국제법 권위유지 그리고 사회적 진보와 생활향상을 목적으로 발족했다.

세계 제1차대전 후 결성된 국제연맹League of Nations은 경제제재밖에 권한을 갖지 못했다면, 국제연합은 무력제재를 행할 수 있는 권한으로 국제경찰군을 보유하고 있다.

한반도는 이 지구상에 유일한 분단지역으로 남아 있다. 휴전선이라는 38선을 가운데 두고 남북으로 갈라져 부모와 형제가 생이별을 한 채 반백 년을 훌쩍 넘기고 있다. 휴전선이라는 말 그대로 전쟁을 멈춘 채 지척에 혈육을 두고도 애만 태우면서 만나지 못하고 쓰러져 가고 있다.

21세기 대명천지에 이 땅 한반도에서 벌어지고 있는 비참상이다. 이처럼 세계에서 유일하게 두 동강이로 갈라져 있는 불안한 조국을 우리 후손들에게 물려줄 수는 없다. 부끄럽게도 외세에 의해서 38선이 그어지게 되었지만 독일이 분단된 동독과 서독이 장막을 헐고 통일을 이루었듯이 우리도 분단된 조국을 통일로 마무리지어야 한다.

우리나라는 남북한이 역사의 뿌리가 같은 민족이며 말과 글을 함께 쓰는 문화민족이다. 그래서 세계에서 문맹률이 제일 낮은 나라이지만 부모와 형제가 흩어져 서로 편지도 주고받지 못하고 만날 수조차 없이 70여 년을 살아왔다. 피를 나눈 혈육들이 서로 그리워하면서 철조망에 가로막혀 만날 수 없이 사는 것은 이제 끊어야 한다.

우리 민족은 5천 년 동안 백의민족으로 평화를 사랑하며 정의롭게 살아왔다. 밝고 바르게 살아온 우리는 선한 심성이 하늘을 닮아 순백하다. 높고 고상한 성품의 우리 민족은 선비적 사상으로 평화를 사랑하며 자연과 더불어 유유자적하며 살아왔다. 긴 역사를 이웃과 더불어 허물없이 정담을 나누며 오순도순 살아온 민족이다. 그러나 가을 하늘처럼 높은 이상이 있어 IQ도 세계에서 제일 높으며, 나누는 정으로 IMF 외환위기도 단시일 내에 극복하여 세계를 경악케 했다.

인류의 문명 역사를 돌이켜 보면 삼면이 바다로 둘러싸인 반도 국가에서 문명의 꽃을 피웠음을 알 수 있다. 위대한 종교이념이나 사상이 반도국가에서 출현하여 인류의 정신세계를 지도해 왔다.

발칸반도에서 시작된 그리스 철학, 이탈리아 반도에서 꽃이 핀 기독교 문화, 아라비아 반도에서 출발한 이슬람문화가 그렇다. 이처럼 반도국가에서 출현한 정신문화가 세계에 큰 영향을 미쳤다.

작금의 문명은 미국을 중심으로 대륙문명이 일본 도서문명을 돌아 반도로 집입하고 있다. 문명의 순례는 이제 한반도에 이르러 지금까지 남북이 적대적이고 이질적인 이념의 고리를 끊고 통합과 융합의 문화를 이루어 지구성에 평화의 무드를 조성하는 통섭統攝의 시대를 열어야 한다. 이것이 세계의 마지막 분단국가인 대한민국이 꼭 해내야 할 절체절명의 몫이다.

이런 중차대한 인류의 꿈을 짊어진 한국인들의 기상은 강자 앞에 좀처럼 굽히지 않고 약자를 돕는 마음은 우리 민족만이 가진 마음의 성향이다. 그것은 예부터 선조들이 겸손을 가르치고, 남을 존중하도록 엄중한 타이름으로 나누고 타협하고 서로 손을 내미는 미덕을 알기 때문이다. 이처럼 높은 역사 인식으로 살아온 우리 민족은 유엔에서 문자가 없는 나라에 한글을 제공하도록 권장하는 슬기로운 문화 민족이다.

그런데 어쩌다가 38선이라는 비운의 상처인 철장을 걸어 놓고 살아야 하는 운명에 처하게 되었다. 이제는 우리의 힘으로 이 굴레를 벗어나야 한다. 21세기는 어떤 나라도 국경 없이 넘나들 수 있는데 같은 민족끼리 오가지 못하는 것은 진영논리에 빠진 나약함의 전형이다. 우리는 한민족이고 한 형제이므로 이제 형과 아우

가 손을 맞잡고 가로 놓인 장애물이 있다면 걷어치우고 평화의 시대를 열어가야 한다.

묵정밭에는 잡초가 무성하듯 지금까지 손써보지 못한 일이기에 어려움도 있겠지만 하고자 하는 의지로 분연히 일어설 때, 천운도 그 도수에 맞춰 함께 한다는 것을 알아야 한다. 자각은 스스로 깨닫는 것으로, 지금 우리는 단군 이래 모처럼 은산덕해의 호기를 맞고 있다.

극동 반도의 작은 나라가 세계 10위권의 경제 대국을 이룩했다. 이제 우리 스스로의 힘으로 분단의 사슬을 끊고 분연히 일어설 때가 되었다. 돌아보건대 한반도에서 남과 북이 첨예하게 대립하게 된 것은 동양과 서양의 문명권의 요충지였기 때문이었다. 따라서 한반도의 대립을 이해하려면 과거 역사를 더듬어 현재와 미래를 내다봐야 한다.

동서양의 대립의 축은 유신有神과 무신無神으로, 바꿔 말하면 선善과 악惡의 투쟁의 역사이다. 이 두 축이 부딪쳐 전쟁이 일어났을 때 북한을 돕기 위해 소련과 중공의 공산권이 동원되었고, 남한을 돕기 위해 미국을 중심으로 한 16개국이 군대를 파견했다. 이는 세계 역사상 그 유례를 찾아볼 수 없이 많은 나라가 참전한 세계 대전이었다.

동방의 작은 나라 한반도에서 벌어진 전쟁에 전 세계가 참여한 것은 절대 양보하면 안 되는 중요한 가치, 즉 선과 악을 나누는 결전이었기 때문이다. 전쟁의 결과 한반도 대한민국을 남과 북으로 갈라놓았고, 한반도에 사는 우리는 그 멍에가 씌워진 운명을 안고 몸부림치며 살아왔다. 이제 우리는 외세가 씌운 굴레를 스스로의 힘으로 극복해 내야 한다.

역사의 흐름은 대서양 문명권에서 새로운 환태평양 문명권 시대의 도래를 알리면서 한반도에 새로운 변화의 문이 활짝 열리고 있다. 서울이 세계 10대 거대도시가 되었고, 세계 각국의 유수 대학에서 우리 자녀들이 우수한 성적을 휩쓰는 인재 보유국이 되었다. 이런 국운 상승기를 맞아 세계 무대라는 필드에서 AI(인공지능), IoT(사물인터넷), AR(가상현실), 홀로그램, 드론, 자율주행자동차 등 LTE보다 20배 빠르고 많은 데이터로 4차 산업혁명 시대를 활짝 열어가고 있다. 이제 사람과 사물을 연결하는 대동맥인 5G 서비스로 벤처의 날개를 달고 스마트하게 활공하는 시대를 맞이하게 된 것이다.

한반도의 작은 나라가 이 엄청난 4차 혁명시대를 주도해 나간다면 통일의 문을 여는 것도 얼마든지 가능하다. '어머니는 병이 들었어도 어린아이에게 젖을 먹여야 하는 것처럼 우리는 이 한반도에 평화를 심어야 한다'며 이종철 중앙추진위원장은 유엔 제5사무국을 한반도에 유치해야 한다고 혈혈단신 목청껏 부르짖고 있다.

이 중앙추진위원장의 말처럼 우리 대한민국이 안전보장을 받기 위해서는 유엔 제5사무국을 한반도에 기필코 유치해야 한다. 그렇지 않으면 주변 강대국들의 압력에서 벗어날 수가 없다. 유엔사무국 유치만이 유일한 선택의 길이며, 그렇게 되면 우리나라도 스위스처럼 중립국으로 갈 수 있는 길이 있다며 미처 생각지 못한 깨우침을 주고 있다.

선택의 길이 좁은 이 한반도 주변에는 중국과 러시아 그리고 미국과 일본 등이 첨예하게 대립하고 있다. 이 강국들을 어떻게 조정하느냐가 관건이다. 그래야 비로소 우리 한반도에 통일이 오고 세계 평화가 열릴 것이다. 이 비밀의 열쇠는 우리 민족이 정체성을 확립하고 비핵화라는 터전 위에 국제기구인 유엔 제5사무국을 유치해야 지구상에 평화의 꽃을 피우는 신기원이 열리게 될 것이다. 이것은 우리 겨레의 반만년 역사의 꿈을 이루어가는 것이고 천운을 받아 국운 상승기를 열어가는 길이다.

우리에게는 세계 도처에서 인류를 위해 일하는 기라성 같은 지도자들이 천운의 기회를 열어보라는 듯 준비되어 있다. 생각하기에 따라서는 그 분야에서 만큼은 '세계 대통령'이라고 부를 만한 위치에 있는 훌륭한 분들이다.

먼저 유엔에서 인류평화를 위해서 10년 동안 헌신한 반기문 사무총장이 있다. 또한 세계 금융계에서 국제개발협회IDA와 국제금융공사IFC, 국제투자보증기구MIGA와 국제투자분쟁해결본부ICSIP 등 세계금융을 맡아 일했던 김용 세계은행 총재가 있다. 지구의 2/3가 바다인 지구에서 선박 안전 및 보안 해양오염 등을 관장하는 임기택 국제해사海事기구의 사무총장이 있다. 21세기 들어서 부쩍 관심이 높아진 환경문제를 다루는 유엔 기후변화협의체의 의장으로 추대된 이회성 세계회장이 있다. 그리고 세계 194개국 형사기구이며 국제기구 인터폴 총재로 김종양 총재 등이 있다.

사실상 국제정치기구인 유엔과 세계 살림을 맡은 경제 사령탑 금융, 바다에 떠다니는 선박과 오염을 관장하는 지도자, 갈수록 심각해지는 지구 환경을 맡은 수장 그리고 세계의 치안을 담당하는 총재 등 세계를 양어깨에 메고 뛰는 한국의 눈부신 지도자들이 준비되어 있다. 이처럼 세계를 위해 각처에서 눈부신 활동을 하는 대한인大韓人들이 뛰고 있는 것은 하늘이 우리를 돕는 것이요, 우리를 대표해서 뛰고 있으니 우리나라의 힘이 그만큼 커진 것이다.

유엔 설립목적이 전쟁방지라면 유엔 제5사무국을 한반도에 유치하는 일이야말로 유엔의 목적과도 완전히 부합하기에 충분한 설득력이 있다. 또한 미국, 유럽, 아프리카에는 있지만 세계 인구의 60%와 지구 육지 1/3의 영토가 있는 아시아에만 유엔 사무국이 없다.

유엔 193개국 중 유일하게 분단국이 있어 언제 분쟁이 일어날지 모르는 중요한 요충지에 유엔 사무국이 없는 것은 되짚어 생각해 볼 일이다. 모든 조건을 따지고 볼 때 아시아를 대표하고 유엔의 목적인 전쟁방지를 위해서 유엔 제5사무국이 반드시 한반도에 있어야 한다는 당위론이 합당하게 성립되고 있다.

한반도에 제5사무국이 들어선다면 아시아의 평화는 물론 세계 평화의 길이 열리는 시금석이 될 것이다. 이종철 제5사무국 중앙 추진위원장의 말에 의하면 유엔 스스로가 전쟁유예를 선언하고 휴전한 상태로 반세기를 넘기고도 그 해결책을 찾지 못하고 있다. 이제 21세기 시대적 요청은 세계 평화를 위해 휴전선 위에 세계 모든 지성인이 모여 양심의 모닥불을 피워 38선을 걷어 치우고 꽃나팔을 불면서 축제를 벌여야 할 때가 무르익었다.

같은 말과 같은 글을 쓰는 한반도에서 지구상의 마지막 분단국의 비극적인 운명을 전화위복의 계기로 만들어 민족의 통일을 이루고 숙원인 평화세계를 성취해야 한다. 이 길만이 유엔의 화약고와 같은 이 지역을 세계인들의 뜻을 모아 평화의 완결지로 만들어 모처럼 신기원을 세워야 한다.

그렇지 않으면 언제까지 핵이라는 무서운 원폭을 머리에 이고만 있을 것인가? 유엔의 설립목적대로 전쟁을 방지하고 그러면서 예방까지 할 수 있으며 세계 평화를 이뤄갈 수 있는 절호의 기회이다. 이 기회를 놓치면 유엔도 그 책임에서 자유로울 수 없다. 만약 한반도에서 평화가 깨지면 세계도 결코 안전할 수 없다.

누구 한 사람의 바람이라기보다 확실히 유엔사무국 유치야말로 5천 년 우리의 역사를 일깨우는 일이요, 바로 세계인도 한반도 통일이 세계 평화의 길임을 쌍수를 들어 환영할 것이다.

그럼 유엔 제5사무국이 우리나라에 유치된다면 어떤 일을 할 수 있을까?

뉴욕에 있는 유엔 제1사무국은 사회개발위원회와 여성회를 두고 있다. 스위스에 있는 유엔 제2사무국은 국제노동 기구와 국제무역개발 위원회, 국제법과 마약범죄 등의 기구를 두고 있다. 오스트리아에 있는 유엔 제3사무국은 원자력 기구와 유엔 개발 기구 등이 있다. 아프리카 케냐 나이로비에 있는 유엔 제4사무국은 유엔 환경과 주거 관련 기구들을 두고 있다.

2016년 9월 9일 발족한 유엔 사무국 추진위원회 이종철 중앙추진위원장에 의하면 유엔 제5사무국이 한반도에 유치될 경우 다음과 같은 기구를 예단해볼 수 있다고 말하고 있다.

먼저 장애인 기구와 노인 기구다. 그리고 동북아 안보평화와 다문화이다. 그다음은 4차 산업혁명과 5G 시대를 맞아 사이버 기구 및 언론기구 그 외 종교·테러 기구 등을 예측해 볼 수 있다.

꿈의 21세기를 맞이하여 한반도의 휴전선이 세계 평화를 여는 신기원인 통섭의 원대한 문명의 꽃을 피워 인류 역사 최초로 전쟁이 없는 평화의 문을 여는 모델이요, 그 단초가 되었으면 한다. 그리고 유엔 제5사무국을 한반도에 유치함으로써 동방의 밝은 빛이 세계를 밝게 비춰 이 지구가 평화의 동산이 되고 자손만대에 평화의 꿈을 이루는 21세기의 빛나는 시금석이 되길 바란다.

얼룩말의 변명

『아낌없이 주는 나무』는 주고 또 주는 한없는 부모의 사랑을 떠올리게 한다. 이 작품을 쓴 쉘 실버스타인은 풍부한 해학과 이지로 꿈을 잃어가는 현대인들에게 자연이 인간에게 주는 영혼을 눈 뜨게 하고 희망을 심어준다. 소제 '그림자 경주'에서는 해를 등지고 뛰면 그림자는 늘 나를 이긴다. 그런데 해를 마주 보고 뛰면 이기는 것은 언제나 나였다며 용기를 주는 식이다. 그는 작품 '얼룩말의 물음' 중에서 이렇게 묻고 있다.

"넌 검은 바탕에 흰말이니, 흰 바탕에 검은말이니?"

어느 날 얼룩말 한 마리가 푸른 초원에서 놀고 있는데 흰말 한 무리가 신나게 뛰어가는 것이었다. 그러자 흰말들 틈에 끼어 얼룩말도 함께 뛰었다. 뛰다가 흰말 한 마리가 "넌 검정말인데 왜 우리 흰말과 함께 뛰니?" 하고 물었다. 그러자 얼룩말이 말했다.

"난 원래 흰말인데 검은 점이 하나씩 박혔을 뿐이야."

그리고 한참 뛰어가는데 숨이 차오르기 시작했다. 그때 마침 뒷

편에서 검정말 한 떼가 뛰어오고 있었다. 얼룩말은 흰말 틈에서 빠져나와 얼른 검정말 틈에 끼어 뛰기 시작했다. 그러자 검정말 한 마리가 말했다.

"넌 흰말인데 왜 우리 검정말 틈에 끼어 뛰고 있니?"

그러자 얼룩말이 대답했다.

"난 원래 검정말인데 흰점이 하나씩 박혔을 뿐이야."

세상 살기가 참 만만찮다. 그럴 때마다 이러지도 저러지도 못한 채 방황하다 보면 얼룩말과 같은 처지에 빠지는 수가 있다.

그런가 하면 중국 서남부 쓰촨四川성에는 '변검變臉'이라는 변장술로 얼굴을 바꾸는 연극이 있다. 얇은 천으로 여러 가지 형태의 그림을 그려 모자를 쓰고 얼굴을 가린 뒤 얼굴의 그림을 한 장씩 떼어 내면서 얼굴에 맞는 연극을 연출하는 것이다. 험악한 도깨비 상, 고운 얼굴에 웃는 여인상, 근엄한 장군상, 농사짓는 평민상 등 변신을 거듭하면서 얼굴에 맞는 연출을 한다.

중국 4대 기서 중의 하나인 『서유기』에서 손오공이 요괴를 물리칠 때마다 군두운법을 써서 여러 가지로 변신한 다음 요괴를 물리치는 것과 같은 맥락이다.

쉘 실버스타인의 얼룩말의 변이나 쓰촨성의 변검이나 손오공이 변신하여 요괴를 물리치는 것 등은 모두 오늘 이 시대를 사는 현대인들의 마음을 이야기하는 것이다.

필자도 이런저런 내용을 알록달록하게 꾸며서 책으로 묶어 놓고 보니 결국 얼룩말의 변명 같다는 생각을 지울 수 없다. 그런가 하면 쓰촨성의 얼굴 바꾸기인 듯해서 민망스럽기도 하다.

하지만 바람 따라 닻을 올리고 시원스럽게 달리다 보면 때에 맞춰 적절히 대응하는 '임기응변臨機應變'이 되고, 상황을 봐가면서 일을 처리하는 '견기행사見機行事'가 되며, 몸을 잰 다음에 옷감을 재단하는 '양체재의量體裁衣'가 되는 것을 책을 읽다 보면 조금은 느낄 수 있으리라 믿는다.

흔히 변신의 동물로 박쥐와 카멜레온을 꼽지만 글을 쓰다 보면 박박 기는 쥐가 되었다가 하늘을 나는 박쥐가 되고, 때로는 주제에 따라 다양하게 몸의 색깔을 바꾸는 카멜레온보다 더 많은 변신으로 독자들을 헷갈리게 한 것도 있다.

그러나 혹시 읽다가 고개를 끄덕이게 되는 대목이 있다면 큰 위안으로 삼겠다. 허나 마음에 안 드는 대목이 있어 질책한다면 겸허히 받아들이겠다. 부디 읽는 이마다 편안하고 행운이 함께 하기를 두 손 모아 기도한다.

참고문헌

『황혼에 쓴 낙서』 장기천, 문왕사, 1969년

『별을 헤이는 마음』 김태창, 유림사, 1979년

『동양화의 원리』 조지 로울리, 김기주 역, 중앙일보사, 1980년

『대학 · 중용』 박일봉 역저, 육문사, 1983년

『성서 인물연구』 염병수 편저, 한국문서선교회, 1989년

『개미집과 하루살이』 경해법인, 불지사, 1996년

『무문관 참구』 장휘옥·김사업 제창, 민족사, 2012년

『전등록 1~5』 문재현 옮김, 바로보인, 1995년

『삶은 고가 아니다』 혜원 스님, 서혜원 역, 여시아문, 1996년

『세존이 꽃을 들자 가섭이 미소지은 뜻은』 김동호, 한국문원, 1997년

『정통선의 향훈』 성윤불서간행회 편, 금윤출판사, 1992년

『한 · 이슬람 교류사』 이희수, 문덕사, 1991년

『신역 논어』 도광순 역주, 문예출판사, 1977년

『길을 묻는 나그네에게』 변우량, 카이로스&기독한교, 2008년

『우리의 생활예절』 전례연구위원회 편저, 성균관, 1992년

『춘추전국시대』 이계향, 융성출판, 1985년

『이야기 장자』 김종윤, 오롬시스템, 1994년

『더불어 사는 지혜』 정우현, 성현출판사, 1997년

『젊은이여 어디로 가는가』 이어령, 기린원, 1989년

『록펠러의 장수 비결』 예종규, 삼일서적, 2011년

『동방의 등불 한국』 김삼룡, 행림출판, 1994년

『마음을 다스리는 102가지 이야기』 김도빈 엮음, 미래문화사, 2001년

『한국인답게 사는 길』 김종빈·이명자 편, 우석, 1991년

『토인비의 청어 이야기』 예종규, 삼일서적, 2011년

『인물중국선종사』 불교전기문화연구소 편, 불교영상회보사, 1994년

『해동고승전』 장휘옥, 민족사, 1991년

『과녁』 B.S.라즈니쉬, 이용주·이성룡 역, 미래문화사, 1991년

『성철스님 시봉이야기 1,2』 원택, 김영사, 2001년

『동양철학 에세이』 김교빈·이현구 공, 이부록 그림, 동녘, 1993년

『캔터베리 이야기』 제프리 초서, 김진만 역, 탐구당, 1976년

『황제내경과 생명과학』 남회근, 신원봉 옮김, 부키, 2015년

『예화모음』 박법종 편, 원불교출판사, 1992년

『지식의 대통합 통섭』 에드워드 윌슨, 최재천·장대익 역, 사이언스북스, 2005년

『동양육천년야사』 신순갑, 창문사, 단기 4291년

『과학으로 세상읽기』 김보일, 휴머니스트, 2007년

『도화집』 이행원, 법보원, 1965년

『지혜의 눈을 뜨자』 유보산, 미래문화사, 1994년

『동물의 심리와 행동』 이금영, 예일출판사, 1984년

『세상에서 가장 아름다운 꽃과 나무 이야기』 마리안네 보이레르트, 이은희 역, 을유문화사, 2002년

『벌레만도 못하다고?』 조영권, 필통, 2009년

『국역 익재집 1,2』 이제현, 민족문화추진회, 1979년

『코스모스』 칼 세이건, 홍승수 옮김, 사이언스북스, 2004년

『탈무드 유머』 마빈 토케이어, 임유진 편, 미래문화사, 2008년

『인간의 모든 감각』 최현석, 서해문집, 2013년

『세계교회사』 김수학, 보문출판사, 1993년

『월간 MG새마을금고 6월』 새마을금고중앙회, 2018년 6월

『이야기 철학』 채필근, 성문학교, 1972년

『이것이 유대인이다』 막스. 다이몬트, 김영수 역, 한국기독교 문학연구소, 1979년

『우주의 비밀』 이양희, 지혜, 1997년